堀池春峰監修

東大寺文書を読む

綾村宏・永村眞・湯山賢一編集

思文閣出版

東大寺本坊経庫(印蔵)

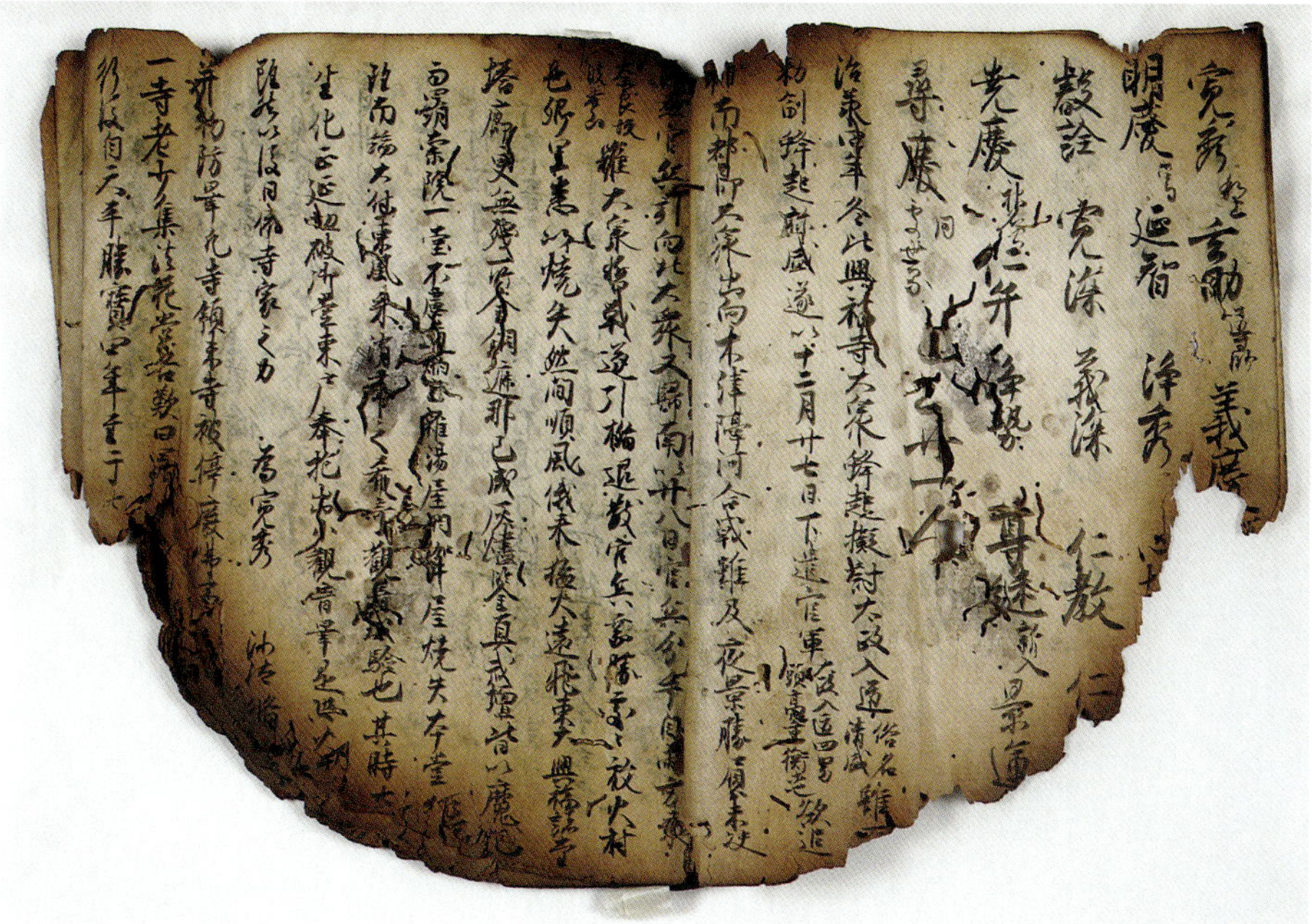

二月堂修中練行衆日記

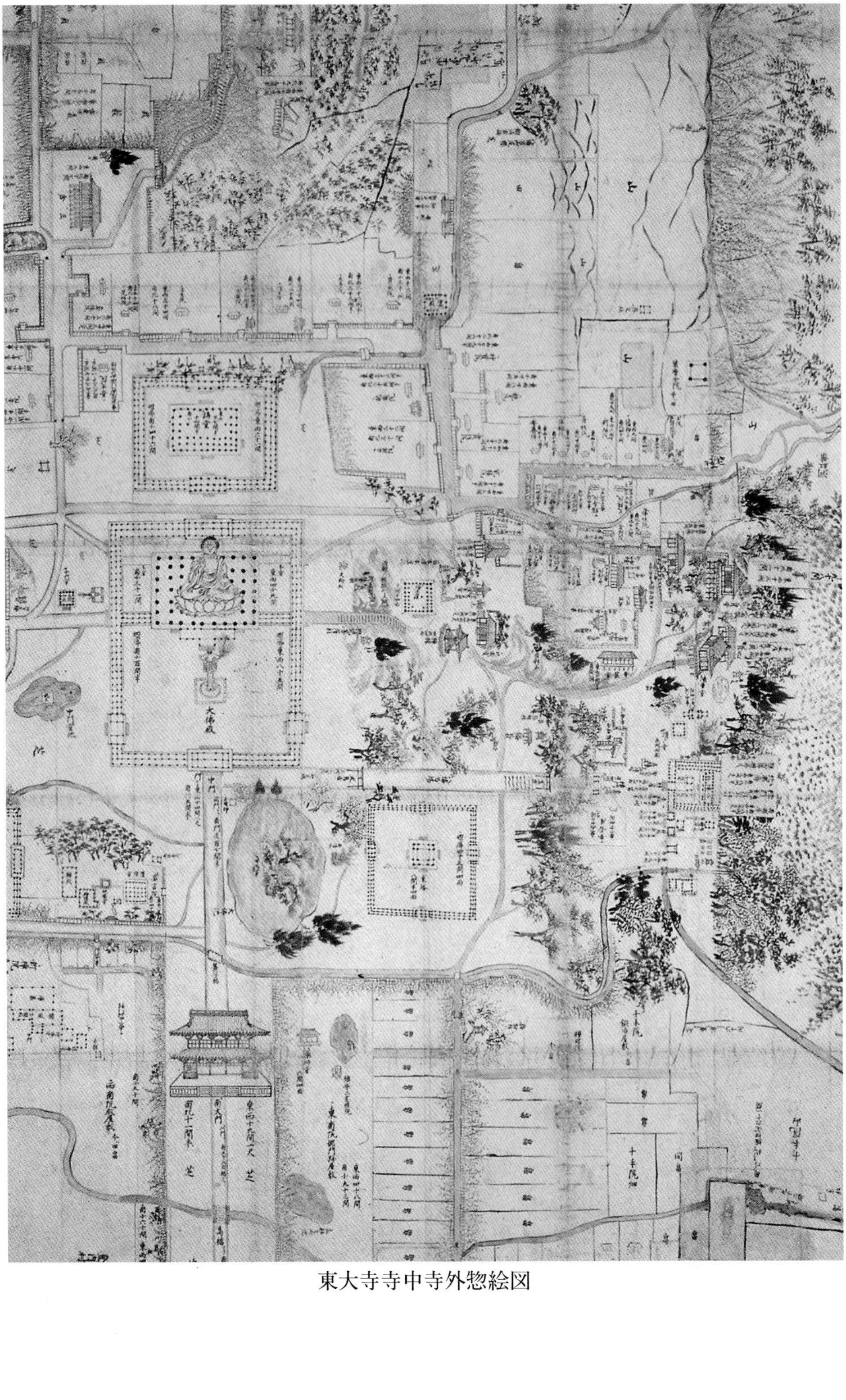

東大寺寺中寺外惣絵図

鎌倉時代の弘安三年（一二八〇）十月、時の造東大寺大勧進聖守は、寛信の印蔵文書を収納した唐櫃を造り替え、公験唐櫃《くげんからびつ》を造った。このうち第二櫃（奈良国立博物館）が最も原形をとどめているようで、材は檜素木で鉄製の蝦錠《えびじょう》も附属し、櫃の身面には、納入された文書が一見して識別できるように、勅書《ちょくしょ》とか美濃（国）といった刻銘があり、片方の側面には弘安三年十月に「五合の辛櫃を造り替え、累代の公験を納入す」と明記している。現在正倉院南倉に保管されている第一櫃だけは、平安後期を偲ばせる華麗な花鳥文様を描き、他とは趣を異にしている。私は第一櫃は寛信の印蔵文書整理返還の仁平三年の唐櫃で、たまたまこれだけは使用可能と認めて修理を施し、旧態を伝えたものと思う。

その後上司《かみつかさ》に在った印蔵は正徳四年（一七一四）頃には大破の状態にあり、七月に東南院庭上に移建修理の上建立された。今日の東大寺本坊の宝蔵がこれである。印蔵文書は一時どこに移されたか明らかではないが、宝暦十二年（一七六二）二月の奈良町北部の大火には、幸いに八幡宮一帯は類焼をまぬがれ、新造屋印蔵は僧達の守護で無事「天平勝宝已来の古文書等は安全」であった。古文書等は新造屋の宝蔵、即ち法華堂南方の校倉《あぜくら》に移され、この校倉が印蔵と呼ばれていたようである。

東大寺文書は創建の八世紀後半より鎌倉時代末にかけては、当寺の宗教的権威と経済的基盤を支える機能を果たす上で大なり小なり有効に作用したが、近世幕藩体制下になり、文治政策の進展により、『大日本史』『群書類従』や藤堂藩の『三国地誌』などの採訪により、歴史史料として重視されるようになった。幕府も寺社奉行を通して、享保六年（一七二一）には詔勅書・官符目録の提出を求めたり、寛政四年（一七九二）には、柴野栗山などに命じ宝物・文書等の調査を行ったこともあって、寺内の古文書などに対する関心が一段と高まった。

しかし明治維新後の廃仏毀釈《はいぶつきしゃく》の嵐は印蔵文書も例外ではなかった。印蔵文書は廃仏毀釈による南都諸大寺の文書・典籍類の散逸を憂慮し、南都諸大寺の蔵書を収集することを意図して明治三十六年（一九〇三）六月に開設された南都仏教図書館に塔頭《たっちゅう》諸院の蔵書と共に収められた。東大寺文書を今に伝える東大寺図書館はこの南都仏教図書館を前身として現在に至っている。

東大寺の古文書類は当寺の歴史史料である一面、寺領荘園や封戸《ふこ》を通して、諸国に関係をもち、その支配保持をめぐって、国衙や権門と時に論争し、裁庭に裁決をもちこんだ訴陳状などには、史書にはあらわれぬ生きた史実が宿されている。文書数も多いがバラエティーにも富んでいるといえるだろう。

序

堀池春峰

東大寺では創建時代以来から太政官《だいじょうかん》を始めとする官庁が発給した文書や、寺領荘園に関する重要な文書を印《いん》蔵《ぞう》に収納し、印蔵文書として大切に伝えてきた。今日東大寺に伝わる成巻文書百巻（九百七十九通）と、未成巻文書八千五百十六通のほかにも、明治五年（一八七二）八月に皇室に献上されて正倉院に保存されている東南院文書百十二巻（八百六十七通）や、内閣文庫・東京大学（文学部・法学部・史料編纂所）・京都大学文学部・早稲田大学図書館・天理大学図書館・根津美術館・大東急記念文庫・大倉集古館・お茶の水図書館・エール大学・真福寺などに所蔵されているものを含めた東大寺文書の総数は二万通に達すると思われる。

印蔵の由来は明らかではないが、律令制の行われていた八世紀頃は、勅詔書や太政官など官庁発給文書には必ずその該当の朱印が捺印されたし、正式な文書として扱われ、収納保管するところからその名が起こったのであろう。印蔵の初見は永延元年（九八七）六月に大仏殿に落雷し、勅使や僧綱所《そうごうしょ》などの実検記を印蔵に納めたというのが始めだが、恐らくはそれ以前より名付けられていたと思われる。印蔵の開閉は「東大寺別当・所司五師検校して印蔵を封ず」とあるように、出蔵文書名を注記し、係の僧が署名、返納にはその文書に年月日を担当僧が署名している。正倉院のような勅封《ちょくふう》の蔵や仏教界を統率する僧綱所の綱封蔵の如くその開閉は極めて厳重に行われた。

久安三年（一一四七）正月に別当に就任した勧修寺の寛信は、印蔵文書を自坊の勧修寺に取り寄せて、分類整理の上、巻子装《かんすそう》に装幀し、古文書の保存を図った。しかし途中で亡くなったため、仁平三年（一一五三）四月に東大寺へ五合の唐櫃《からびつ》に入れて返納された。今も勧修寺へ送付した当時の「印蔵文書目録」が東南院文書中に伝わり、返納された仁平三年の文書目録は「東大寺諸庄園文書目録」として京都国立博物館に保存されている。この寛信の印蔵文書の整理と目録の完成は、当時としては画期的な作業で、古文書保存と活用の重要性を寺僧に喚起するものがあった。

目次

三　寺家と寺領

三綱所—古代東大寺の経営と寺奴碑
別当と政所
寺外別当と別当坊政所
僧団と集会
年預五師と年預所
僧団と嗷訴
大勧進職と勧進聖
油倉と勧進所
学侶と堂衆
公人・小綱・堂童子
寺領開発
封戸経営
荘園の成立—便補
地頭—茜部庄
悪党—大部庄
造営料国—周防国衙
関銭—兵庫関
末寺—筑前観世音寺
東大寺七郷

四　法会と教学

五　文書の姿

凡　例

一　東大寺図書館架蔵の東大寺文書のうち、歴史的な史料として、また古文書として興味深いものを収録し、その文書名は、概ね東大寺図書館で用いられている名称にしたがった。一部、東大寺本坊で管理されている古文書も、(本坊宝物)として収録した。

一　東大寺図書館架蔵の東大寺文書は、成巻文書、未成巻文書、宝庫文書、薬師院文書、貴重書部などに部類されているものと、単品管理されているものに分類される。収録文書の整理番号については、文書名の下にそれぞれ、(成巻　巻―号)(部―類―号)(宝庫　号―子番号)(薬師院　部―号)(貴　部―号)と表記し、単品で重要文化財に指定されているものは(重要文化財)と記した。

一　古文書の釈文は、通用文字を用いた。但し、佛、處、燈などの文字は正字体を使用し、圓、應、壹などは原本の使用文字にしたがった。

一　追筆、別筆は「　」で表し、朱書は『　』で示した。また合点は＼、朱合点は⋮で示した。

一　荘園については、地名の場合のみ庄の文字を使用した。

一　文書の伝来

綾村　宏

東大寺には惣寺としての宝蔵や経蔵があり、さらに寺内の尊勝院、東南院や薬師院など数多くの塔頭諸院がそれぞれに、経庫《きょうこ》を持ち、多量の古文書や経巻を伝えてきた。それら経蔵経庫のうち、江戸時代中頃まで大仏殿の東北方の上司《かみつかさ》（上政所）にあった双倉《ならびぐら》のうち、南の一倉を印蔵と称して、東大寺惣寺の文書収納の倉庫に当てていたようである。印蔵の名称は、「東大寺印」など公印を保管していた倉であったためと考えられる。その経庫に収められていた文書は印蔵文書と称され、東大寺伝来文書の中核であった。校倉《あぜくら》が二倉並んだ双倉の様子は、江戸時代初期の「東大寺寺中寺外惣絵図」にみえる。江戸時代には、大仏燈油料田から納められた燈油を保管するようになっていたため、この倉は油倉《あぶらぐら》といわれるようになり、文書も油倉文書と称されるようになった。この文書を収めた南側の倉は、江戸時代の正徳四年（一七一四）七月に、破損が甚だしかったので修復したうえ、東南院へ移築された。現在、東大寺本坊の南庭にある東南院経庫と呼ばれる校倉がそれにあたる。北側のいま一倉は、安永九年（一七八〇）に解体されていたのを、文化年間に手向山八幡宮の楼門南側で再建された。こちらには器物が収納されていたらしい。二倉ともに正面二十九・五尺、側面十九・七尺で共通の体裁を示し、双倉であったことを物語る。

この印蔵文書が、現在国宝に指定されている東大寺文書の主体である。この印蔵に伝来した古文書のうち、六櫃一帙百十二巻の巻子装に装幀された奈良時代から鎌倉時代の八百六十七点の古文書は、そのすべてが東南院伝来とはいえないが、東南院文書という名称で明治五年（一八七二）に東大寺から皇室に献納され、現在正倉院に収蔵されている。そのなかには奈良時代の題簽をもつものもみられ、さらには平安時代末期、別当寛信が仁平年間（一一五一～五三）の整理で付した内容別、荘園別などの分類を示す題簽をもつものなども多く存在し、当時の文書整理管理の努力を窺わせる。なお明治時代に、経巻の光明皇后願経五月一日経などを収蔵していた尊勝院経庫が、明治の大仏殿大修理の費用捻出のために、明治二十七年に皇室に献上され、聖語蔵《しょうごぞう》と称され、これもまた正倉院に収蔵されている。

東南院文書として献上された以外の古文書のうち千通ほどは、明治二十九年に寄進状、売券、譲状、起請文《きしょうもん》、官宣旨などに分類されたうえ、九十六巻の巻子本に成巻された。比較的売券が多く、それらは地価や地名表記を示す好個の史料である。成巻された文書のうち、第三十九巻にあたる東大寺奴婢見来帳が単独で昭和二十七年に重要文化財として指定されたのち、残りの九十五巻に新たに成巻された五巻を加え、合わせて百巻が昭和三十六年になって「東大寺文書（千二十六通）　百巻」（いわゆる成巻文書、百巻文書）として重要文化財に指定された。

一方成巻されずに残った未成巻の文書の方は、大正以降昭和の初めにかけて、中村直勝氏らによる整理が行われ、第一部寺領（伊賀国黒田庄、美濃国大井庄など荘園別に細分）、第二部寺法、第三部文書部（綸旨院宣等、寄進状、起請文、売券など内容別に細分）、第四部訴訟、第五部造営及勧進、第六部楽人及舞人、第七部～第九部未整理文書、第十部未整理文書・題籤、の十部構成の目録が作成され、その目録に従い文書は束ねて整理保管されてきた。昭和五十年代になって文化庁の依頼を受けた奈良国立文化財研究所が未成巻文書調査を行い、その調査目録が『東大寺文書目録』六冊として刊行された。その目録を踏まえ、未成巻文書も昭和五十九年に重要文化財に指定されたが、そのときに当時東大寺図書館に収蔵されていた宝庫文書、薬師院文書と、図書館に巻子本部・記録部として架蔵されているうちで古文書の範疇に含まれるものも併せ一括して、「東大寺文書　八千五百十六通」（いわゆる未成巻文書）として指定されたのである。

なお宝庫文書とは、印蔵文書のほとんどが油倉の校倉から東大寺図書館に移された後も、校倉に残っていた文書である。源頼朝書状や足利尊氏などの寄進状、御教書、大内氏、毛利氏発給文書や江戸時代の朱印状写などが含まれる。昭和二十六年に東大寺図書館に移された薬師院家文書は、子院薬師院の住職であった薬師院家伝来の文書で、そのうちには重文の「願文集」も含まれていた。それら既指定を除いた古文書がこのとき未成巻文書とともに、重要文化財の一括指定のなかに東大寺文書として入れられたのである。

現在、東大寺文書を収蔵する現東大寺図書館は昭和四十三年に完成した。東大寺図書館の前身は寺内真言院灌頂堂に開設された南都仏教図書館である。それが大正九年（一九二〇）に東大寺図書館と改称され、印蔵文書を中心に、それまで寺内各所に伝来した典籍、古文書は次第に図書館に集められつつあったが、さらに現位置に本格的な収蔵施設として建設されたのである。

そして平成十年六月には、「東大寺文書」としてそれぞれ別件で重文であった成巻文書と未成巻文書とを併せ一括して、「東大寺文書　百巻（九百七十九通）、八千五百十六通」として国宝に指定された。成巻文書の通数が昭和三十六年重文指定のときと異なるのは、昭和五十九年未成巻文書指定のときに成巻文書の員数が再確認修正されたためである。

なお、東大寺所蔵では、国宝東大寺文書の他、東大寺奴婢見来帳や、明治二十九年に成巻文書とともに修理成巻された越前国田使解、阿弥陀悔過料資財帳のように、単独で重文指定になっている文書もあり、これらも本来は印蔵文書に含まれていたものである。それ以外の伝来をもつものでも単独で重文になっているものも数多い。また、寺外へ流出した東大寺文書も多く、そのうちに重文指定されているものもある。

東大寺文書は、奈良時代から江戸時代に及ぶが、とくに他の文書群には比較的数少ない平安時代のものが多いという特徴がある。点数も東寺文書に次ぐ量の文書群である。内容的には、官宣旨、国司庁宣、院宣、御教書《みきょうじょ》などの公文書や田畠売券、譲状、寄進状などの証文類、起請文や切符など多岐にわたる。どちらかといえば公験《くげん》帳簿など寺院の経済関係の文書が多い。なかでも未成巻文書の第一部寺領の分類に含まれる荘園文書は、伊賀国黒田庄関係文書をはじめ中世社会経済史の史料として白眉のものである。二月堂牛玉宝印《ごおうほういん》紙を使用した起請文や多数束ねた河上庄年貢切符の花押印など古文書の形態上興味深いものも多い。東大寺文書はまた文書草案である土代の文書も多く、文書作成の過程を窺わせて貴重である。また未成巻文書は、修理や装幀を加えていない生《うぶ》な文書であり、古文書本来のかたち、肌触りを現在に遺している点でも得難い存在であるといえる。

現在の東大寺文書の状況は、以上のようであるが、東大寺文書の伝来で、重要な意味を持つものは、平安時代末期の別当寛信の文書整理である。東大寺は、越前国や越中国に多くの荘園を有していた。その保持のためには、荘園所有の根拠となる官符、官牒や宣旨、庁宣、証文、検田帳などを公験として、厳重に保管する必要があった。寛信の整理以前には、①東大寺諸庄文書并絵図目録にみられるごとく、国別、荘園別には目録化されているが、絵図を除いては文書それぞれは通単位で表記され、この当時は文書は巻物などになっていない状況がわかる。寛信没後すぐの仁平三年（一一五三）四月には三綱五師の署判のある東大寺諸荘園文書目録が作成されたが、その末尾に「件印蔵文書公験絵図等、時代推遷、年紀久積、或竹簡朽損、或文字消失、仍為加修補、去久安三年（一一四七）法務法印大僧都（寛信）被取寄彼文書等、随則散在文書等、相尋在在処処、分部類加修補先畢、」とみられ、別当寛信は、それら文書について、整理、探索、分類、修理に多大な尽力をしたことがしられる。寛信は、仁平三年三月に遷化したが、その趣旨を受け継ぐかたちで編年で文書目録が作成されたのである。文書は、五合の唐櫃に、国別、荘園別に分類され、多くは巻子に成巻され、成巻されてない文書も一通ごとに紙数を記し、束ねたかたちで収納されていることがわかる。東南院文書には、寛信の調巻した巻子の文書が多く含まれている。

寛信以前でも、文書の出納は三綱の管理下のもと厳重に行われていた。③玉滝杣文書東大寺印蔵返納目録をみれば、その様子がしのばれる。そして寛信の文書整理の努力は、東南院文書にその調巻の現物をみるように、その整理が現在にも生きていることを示している。寛信の整理以後の文書の出納については、④東大寺文書取出日記に見られるごとくである。

東大寺文書には、東大寺の末寺になった寺院の文書も含まれ伝来している。②観世音寺文書記録所進上目録土代がその状況を示している。平安時代末期、東大寺はその経済的基盤を支えるために、それまで関係の深かった寺院の末寺化を押し進めている。筑紫の観世音寺も保安元年（一一二〇）に末寺化し、そのとき各荘園の公験案などがまとめられて成巻され、東大寺に提出された。保元元年（一一五六）九月、保元の新制で荘園記録券契所が設けられ、その要請により、東大寺でも各荘園の文書目録が作成され、提出されている。末寺観世音寺の文書の目録が保元三年段階で提出されたわけであるが、観世音寺が康治二年（一一四三）に焼亡していることからみても、東大寺文書のなかに観世音寺文書の写が存在することは貴重である。

その後も文書の保管については、いろいろな尽力がされている。鎌倉時代、弘安三年（一二八〇）に大勧進聖守により文書収納の唐櫃が五合作られた。公験を納めた唐櫃は二合現存し、そのうち一合が正倉院南倉に、そしていま一合が奈良国立博物館に伝わっている。南北朝時代の文書の引継は、⑤観応二年分文書勘渡帳で判明する。

文書の管理の責任は、時代の変遷により東大寺組織の変化に対応して変わっていくとはいえ、その文書を内容を掌握しながら、維持管理していく姿勢は、現在東大寺文書を収蔵している東大寺図書館でも変わらないところである。

最初の文書目録

①東大寺諸庄文書并絵図目録〔平安時代　大治五年〕（成巻7-1）

寺院であれ、公家や武家であれ、ある組織が発給し、或いは受け取った文書を保管しておくことは、後々の職務遂行や、権益確保のために欠かすことができない。従って将来にわたって必要となる文書はそれぞれの組織で大切に保管された。寺院における文書の保管には、本堂や御影堂《みえいどう》の内陣や堂蔵を用いることもあれば、独立した蔵に保管することもあった。それらは寺院に所属するもの、院家や寺内の寺僧組織など寺の一部の構成員組織に属するものと、複数ある事が多い。組織の代表者が箱に入れて保管し、交替時に引き継ぐ形態もあった。保管場所によって、保管される文書の種類・性格等や、保存と廃棄の原則に差があった。

東大寺においては、惣寺の文書は、寺務機関である上《かみ》司《つかさ》の印蔵に収納されていた。印蔵は大仏殿の東北に建っていた校倉《あぜくら》で、現在は移築されて東大寺本坊経庫となっている。国家管理であった勅封蔵（今の正倉院）とは異なり、あくまでも東大寺の管理下にあった。

ここに掲げた文書は、大治五年（一一三〇）に三綱《さんごう》の手で作成された、印蔵保管の寺領荘園関係の公験《くげん》と絵図の目録である。この目録作成から十年余り後、別当寛信は印蔵文書の修理・整理・分類を行い、六箇の唐櫃《からびつ》に収納した。その内容は仁平三年（一一五三）のA東大寺諸荘園文書目録（京都国立博物館蔵）で知られ、整理のために寛信のもとへ文書が送付された際の目録も残されている（B久安三年〈一一四七〉東大寺印蔵文書目録）。本目録をA・Bと対比すれば、この目録が印蔵文書のすべてを記載したものではないことが判明する。京都へ下し遣わした文書は除いたことが明記されているし、封戸《ふこ》施入の勅書や銅板勅書、阿弥陀悔過願文等の奈良時代以来の重書が掲載されていない。

この目録作成以前に、印蔵に収蔵された文書を整理したり、目録を完備することはなかったようである。本目録の中に、「端なきに依りて、いづれの庄か知らず」と記されて、どの荘園の文書や絵図か分からなくなっているものや、「そなわらざるに依りて、委しく注することあたわず」と散逸しているものも混じっている。末尾にまとめて記載された雑券は「大辛櫃《おおからびつ》」に納められているが、各荘園の文書の保管形態は分からない。文書の単位が「通」となっていることから、巻子などに仕立てられず、ばらばらか、せいぜい束ねられる程度であったと思われる。

寛信の整理によって年代順に並べていくつかを束にして括り、複数の国毎にまとめて公験唐櫃に収納されることになるが、本目録はその整理以前の状況を示すものである。

この目録の作成には、伊賀国黒田庄の経営などに辣腕を振るうことになる寺僧覚仁が関わっている。封戸荘園の衰微による財政悪化を回復すべく三綱が荘園経営のてこ入れを行うために、この目録が作成されたのであろう。その成果は寛信に引き継がれることになるのである。（山岸常人）

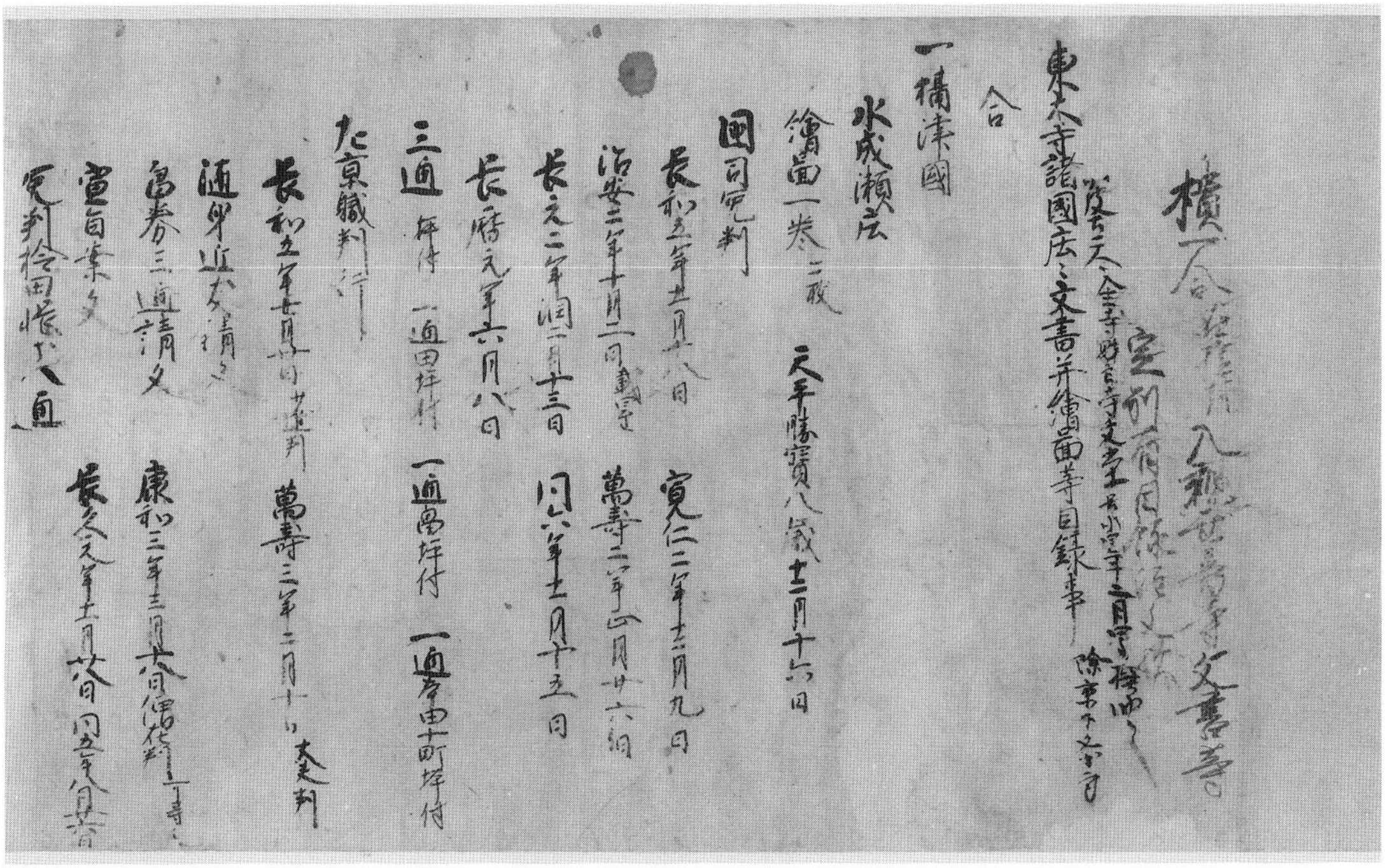

(28.8×719.0)〈部分〉

「(別筆)櫃一合、在検封、入観世音寺文書等、
定別有目録注文歟、
小皮古二合、入末寺財良寺文書等、長承四年二月四日撰納之、
除京下文書定、」

東大寺諸国庄々文書并絵図等目録事

合

一摂津国

水成瀬庄

絵図一巻二枚、天平勝宝八歳十二月十六日

国司免判

長和五年十一月十八日　寛仁二年十二月九日

治安二年十月二日 載四至、 萬寿二年正月廿六日

長元二年潤二月十三日　同六年十一月十五日

長暦元年六月八日

三通 坪付、 一通 田坪付、 一通 畠坪付、 一通 本田十町坪付、

左京職判行

長和五年七月廿日 少進判、 萬寿三年二月十日 大夫判、

随身近友請文

畠券三通請文　康和三年三月十八日僧在判 可尋之、

宣旨案文　長久元年十一月廿八日　同五年八月廿六日

免判検田帳等八通

……………………(紙継目)……………………

(中略)

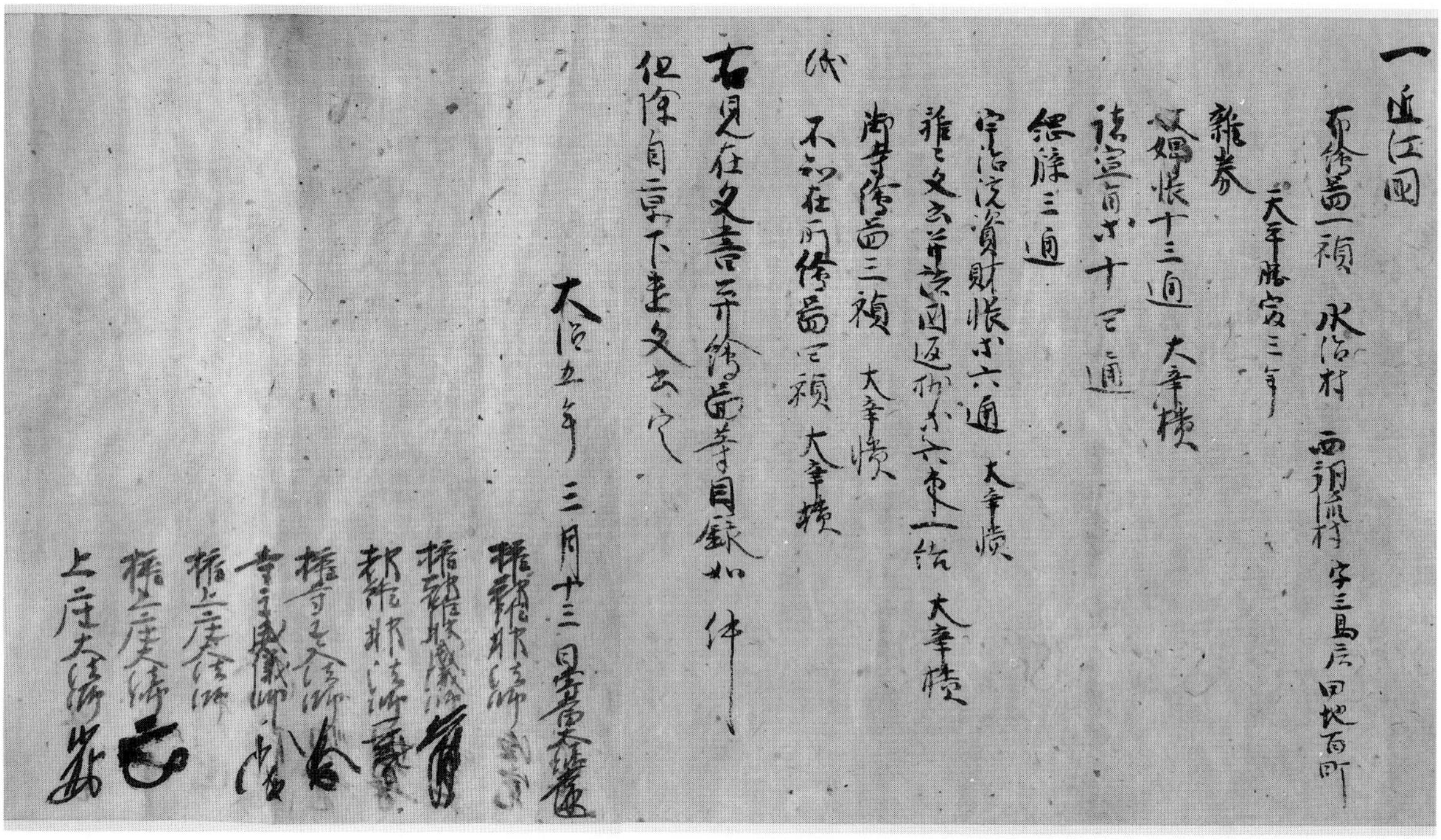

一近江国

布絵図一禎　水沼村、覇流村 字三島庄、田地百町、

天平勝宝三年

雑券

奴婢帳十三通　大辛櫃

諸宣旨等十四通

綱牒三通

宇治院資財帳等六通　大辛櫃

雑々文書并諸国返抄等六束一結　大辛櫃

御寺絵図三禎　大辛櫃

紙　不知在所絵図四禎　大辛櫃

右、見在文書并絵図等目録如件、

但除自京下遣文書定、

大治五年三月十三日　専当大法師（花押）（裏書、以下同じ）「範賢」

権都維那法師　「浄寛」

権都維那威儀師（花押）「覚仁」

都維那法師（花押）「円尊」

権寺主大法師（花押）「順覚」

寺主威儀師（花押）「隆意」

……………（紙継目裏花押）……………

権上座大法師　「林圓」

権上座大法師（花押）「林幸」

上座大法師（花押）「賢快」

文書の蓄積

②観世音寺文書記録所進上目録土代〔平安時代　保元三年〕（成巻99-7）

この文書は、東大寺三綱が末寺の観世音寺の寺領関係の文書を書写して保元の記録所に提出したさいの目録である。

筑前国の観世音寺は、保安元年（一一二〇）に東大寺の末寺となった。そのとき各荘園の公験案がまとめて成巻され、東大寺に提出された。同年六月二十八日に観世音寺の検校・三綱と大宰府の官人が奥に連署した文書二十四巻が現存している。またそのとき検校と三綱が作成した文書目録も残っており、そこには各荘園文書の巻数と、各巻が何枚の継紙からなるかが記録されている。

その後、東大寺は大治五年（一一三〇）三月に各荘園の文書目録を作成しており、その外題に観世音寺文書は別に目録があると記されている。また仁平三年（一一五三）四月にも荘園文書目録が作成されており、それにも観世音寺の目録が含まれている。

保元の記録所は、保元元年（一一五六）閏九月十八日の新制にもとづいて設置された。新制には新立荘園の停止、寺社の用途の注進命令が含まれており、寺領目録の提出が必要になったのである。これを受けて、保元二年八月には摂津国や播磨国の荘園目録、九月には美濃国大井・茜部《あかなべ》庄《しょう》の文書目録が作成されている。

また二年九月十四日には上座《じょうざ》・権都維那《ついな》・勾当《こうとう》が政所の命を受けて観世音寺領目録を注進している。そして三年六月十二日には上座・権上座・寺主・権寺主・都維那・権都維那・威儀師・従儀師・等覚房・禅宗房の十人がそれぞれ四巻から七巻を手分けして書写することが決まり、十五日になってこの文書目録が作成されたのである。ここには保安元年の公験案について「大宰府の帥ならびに府官、判を加え捺印を行う、仍て正文の如し」との文言も認められる。

この目録にみえる公験は、おおむね保安元年・仁平三年の目録にも確認でき、巻数・枚数もほぼ一致している。大半が保安元年以前の公験であるが、庄々注文は仁平目録にみえる久安三年（一一四七）庄々田数注文（永慶進）のようである。また保安・仁平の目録にみえないが、この目録に載っているものもある。山鹿庄桑沙汰文・相博田色目・大府施行文・施入供料等注文など、荘園の立券証文ではない文書である。このことは、記録所がそうした文書まで要求したことや、保安・仁平の目録がすべての文書を記載しているわけではないことを示している。

東大寺文書出納日記によると、保元四年五月に観世音寺文書が記録所から返却され、唐櫃に納められている。その出納日記や保元二年九月十四日の観世音寺文書目録には、上座や勾当が押署している。また観世音寺文書ではないが、文治四年（一一八八）五月十六日の東大寺所司文書進納日記や、文永四年（一二六七）六月十一日の東大寺所司文書出納日記からも三綱と勾当が文書の出納に当たったことが知られる。

（岡野浩二）

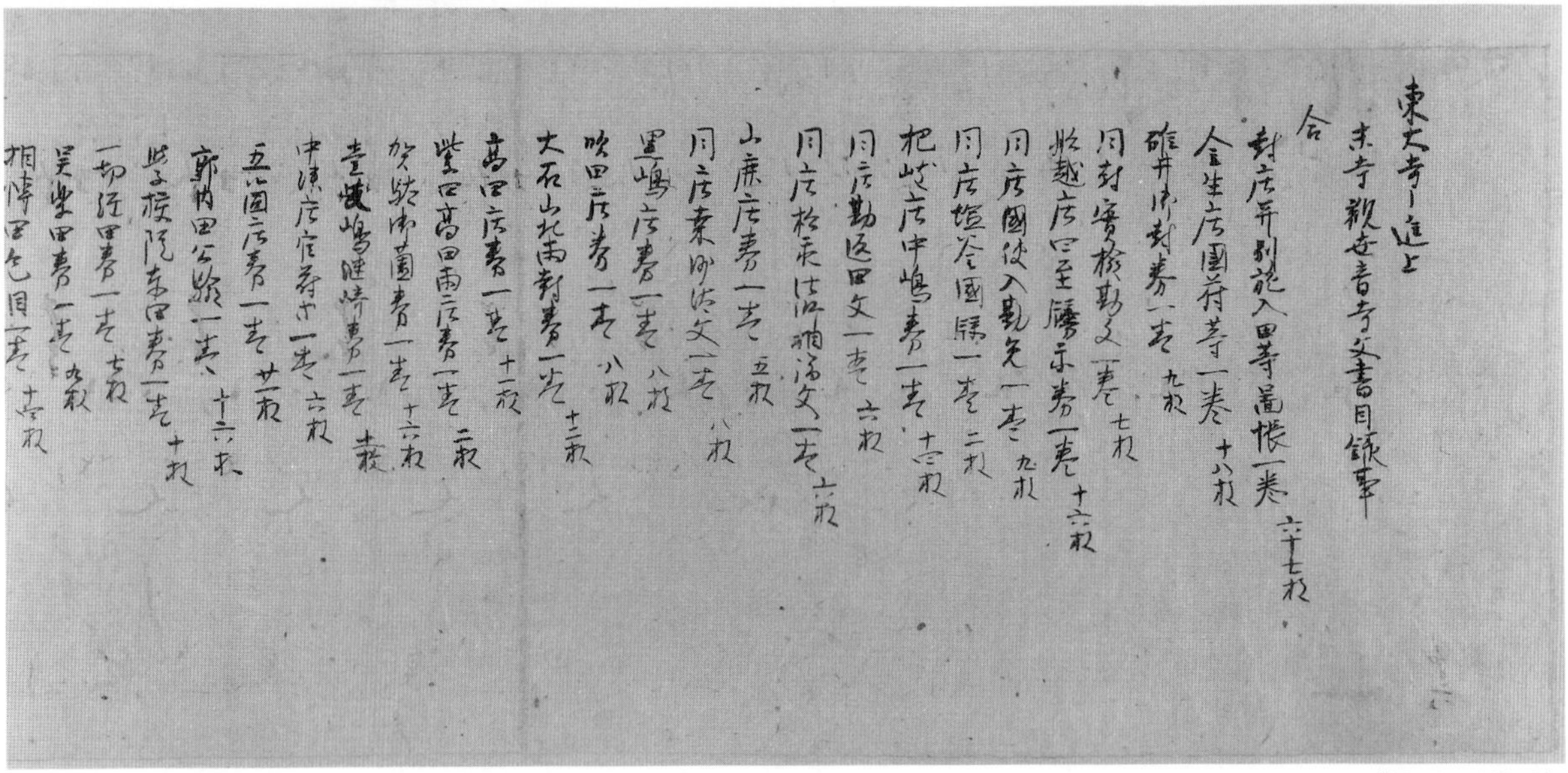

(29.7×133.8)

東大寺｜進上
　末寺観世音寺文書目録事
合
封庄并別施入田等図帳一巻 六十七枚
金生庄国符等一巻 十八枚
碓井御封券一巻 九枚
同封實検勘文一巻 七枚
船越庄四至牓示券一巻 十六枚
同庄国使入勘免一巻 九枚
同庄塩釜国牒一巻 二枚
把岐庄中嶋券一巻 十四枚
同庄勘返田文一巻 六枚
同庄松永法師相論文一巻 六枚
山鹿庄券一巻 五枚
同庄桑沙汰文一巻 八枚
黒嶋庄券一巻 八枚
吹田庄券一巻 八枚
大石山北両封券一巻 十二枚

……………（紙継目）……………

高田庄券一巻 十一枚
紫田高田両庄券一巻 二枚
賀駄御薗券一巻 十六枚
壹岐嶋継崎券一巻 十一枚
中津庄官符等一巻 六枚
五箇庄券一巻 廿一枚
郭内田公験一巻 十六枚
学校院東田券一巻 十枚
一切経田券一巻 七枚

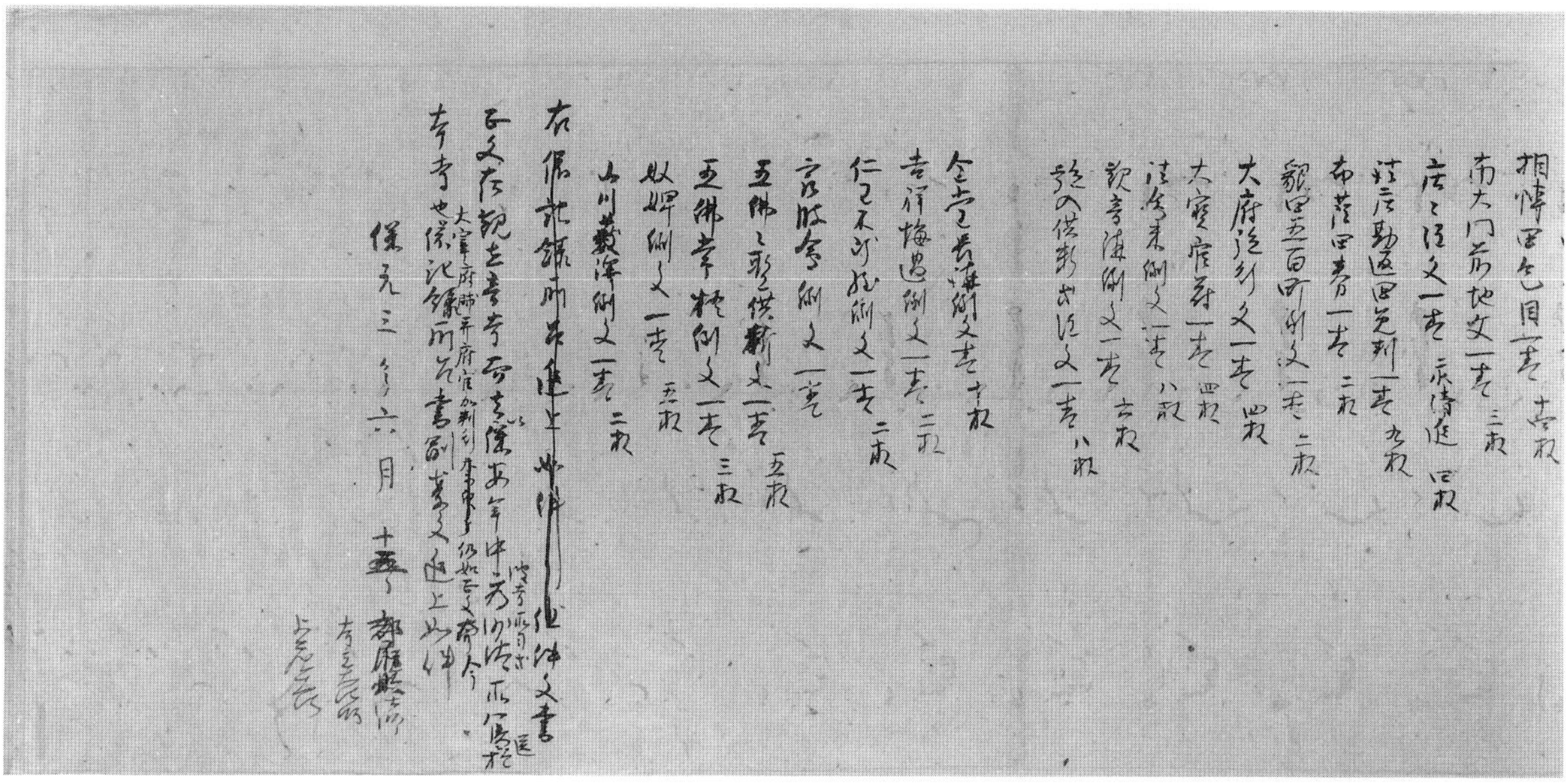

呉楽田券一巻 九枚
相博田色目一巻 十四枚
南大門前地文一巻 三枚
庄々注文一巻 永清進、四枚
諸庄勘返田免判一巻 九枚
布薩田券一巻 二枚
墾田五百町例文一巻 二枚
大府施行文一巻 四枚
大宝官符一巻 四枚
法會米例文一巻 八枚
観音講例文一巻 六枚
施入供析等注文一巻 八枚

（紙継目）

金堂長講例文〔一脱カ〕巻 十枚
吉祥悔過例文一巻 二枚
仁王不断経例文一巻 二枚
宸勝會例文一巻
五佛々聖供析文一巻 五枚
五佛常燈例文一巻 三枚
奴婢例文一巻 五枚
山川藪沢例文一巻 二枚
右、依記録所召進上如件、但件文書
正文、在観世音寺、而去○以保安年中○彼寺所司等為沙汰、所写○送於
本寺也、○大宰府帥并府官加判行奈印了、仍如正文而今依記録所召、書副案文、進上如件、
保元三年六月十五日
都維那法師
寺主大法師
上座大法師

文書出納の実態

③玉滝杣文書東大寺印蔵返納目録〔平安時代　大治元年〕（成巻92-10）

文書に限らず蔵の収納物を持ち出すことは、収納物の紛失を招く危険な行為である。そのために、出納の確認は古くから行われていた。たとえば八・九世紀の飛鳥山田寺の宝蔵では、経典類の貸し出しの際に、経典名・管理責任者・貸出日等を書き、返納されると合点《がってん》を付す板を宝蔵の壁に吊っていた。文書に関しても、一般的にはこのような素朴な管理が行われていたと思われる。しかし寺内の組織運営、対外的な交渉などでクリティカルな場面が増える平安時代後期以降は、文書の管理に様々な方式がうみだされて、管理を厳重に行うようになる。その基本となるのは、所蔵し、出庫し、返納される文書の目録作成であった。とりわけ一度に多数の文書を移動させねばならない訴訟に際しては、目録作成は不可欠であった。

伊賀国の北端部にある玉滝杣《たまたきのそま》に関して、永長二年（一〇九七）に、平正盛が玉滝庄域内にある鞆田村《ともだむら》を六条院領として立券したことに端を発し、正盛を継いだ忠盛と東大寺の間で、鞆田・予野・真木山の三村の帰属をめぐって相《そう》論《ろん》が起こった。この相論は五年以上続いたが、結局、大治元年（一一二六）頃、一応の決着がつき、東大寺の主張が認められた。支証として太政官に提出されていた文書は東大寺印蔵に返還された。この玉滝杣文書東大寺印蔵返納目録は、その際に作成された文書目録である。

なお、この相論は実際はこれで決着したわけではなく、この後、①東大寺諸庄文書并絵図目録にも記した覚仁が登場し、武力を用いた解決へと向かうことになる。

この目録には、一通ごとに列記された各文書の冒頭に合点が二つずつ付けられている。これはこの目録を作成した上座と五師が印蔵への文書収納に際して、現物と照合して確認した際に付したものである。ただしこの合点がない三通はすべて「尊勝院文」との註記があり、これらは東大寺の華厳宗僧の拠点である院家、尊勝院に返納された。提出の際、尊勝院から借り出されていたからである。

この目録は上座と五師が署判を加えているが、これは僧団の代表である所司と五師が、文書の管理に責任を持っていたことを示している。しかしこの目録の元となる目録が、出庫時に既に作成されていたのか、あるいは返還時に太政官から目録が付されてきたのか、は不明とする他はない。

なお、訴訟に際して支証として提出した文書が返還されないことももままあったようで、よほどのことがない限り正《しょう》文《もん》は寺外に出さず、案文《あんもん》で代用するという規則を作った寺もある。

（山岸常人）

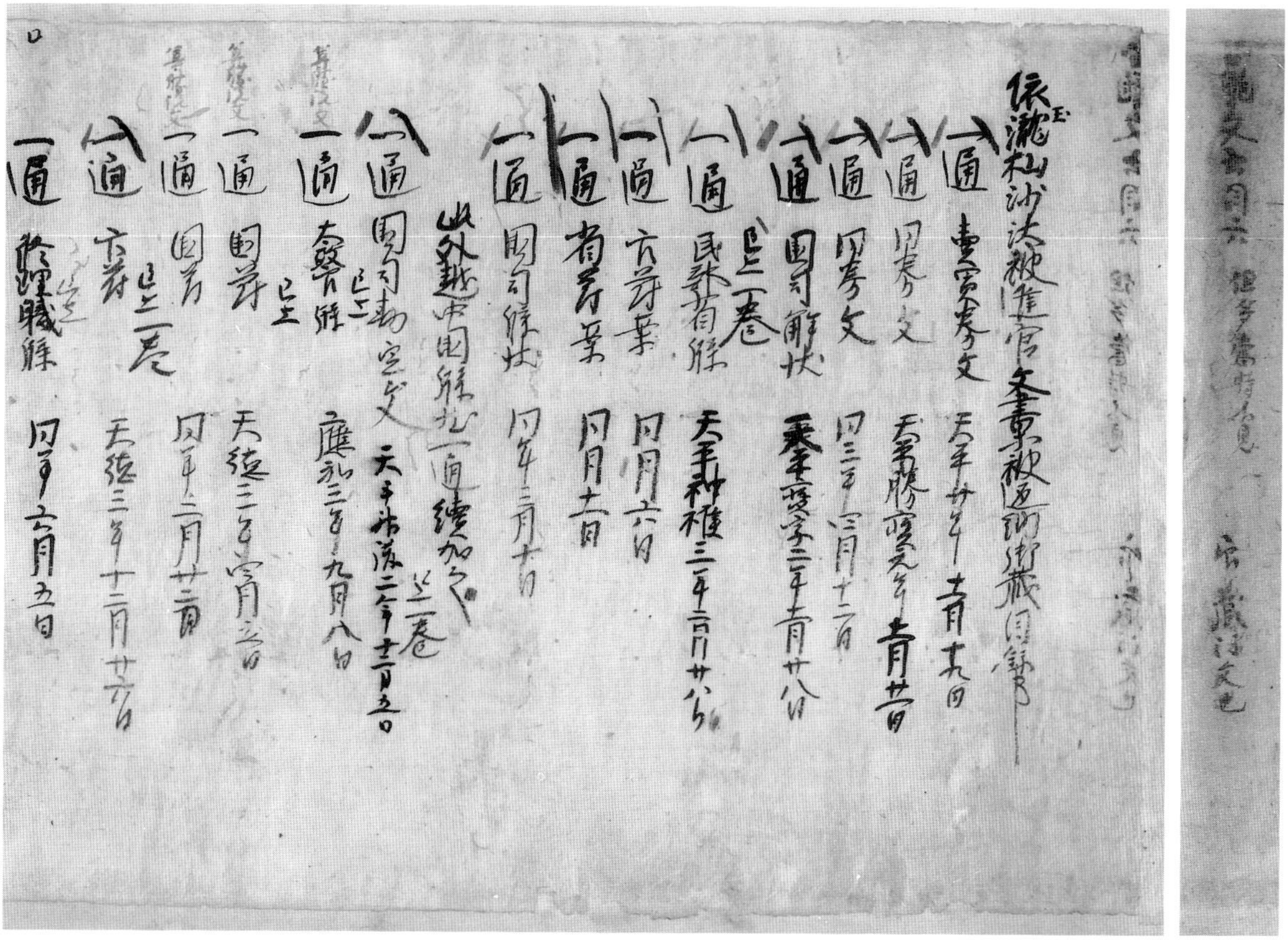

(30.4×84.5)

(端裏書)「玉瀧文書目六、　但多当時不見、　印蔵注文也、」
依玉瀧杣沙汰、被進官文書等、被返納御蔵目録事
一通　売買券文　天平廿年十一月十九日
一通　同券文　天平勝宝元年十一月廿一日
一通　同券文　同三年四月十二日
一通　国司解状　天平宝字二年十一月廿八日
已上一巻、
一通　民部省牒　天平神護三年二月廿八日
一通　官符案　同月六日
一通　省符案　同月十一日
一通　国司牒状　同年三月十日
此外越中国牒状一通続加之、
已上一巻、
一通　国司勘定文　天平神護二年十二月五日
已上、
『尊勝院文』一通　太政官牒　應和三年九月八日
已上、
『尊勝院文』一通　国符　天徳三年四月五日
『尊勝院文』一通　国符　同年二月廿二日
已上一巻、
一通　官符　天徳三年十二月廿六日
已上、
○一通　修理職牒　同年六月五日

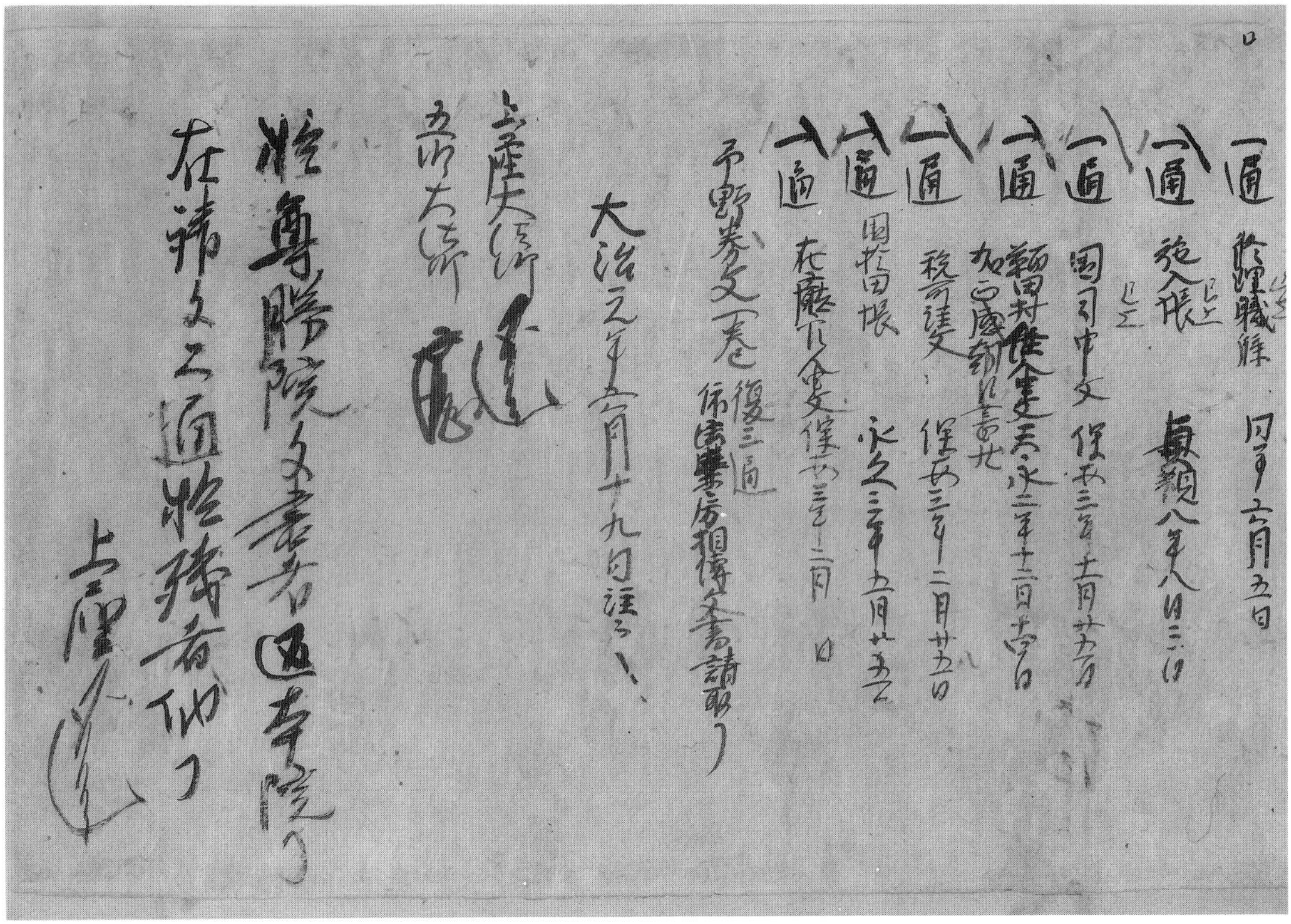

已上、

一通　施入帳　　貞観八年八月三日

已上、

一通　国司申文　保安三年十一月廿五日

（紙継目裏花押）

一通　鞆田村住人申文　天永二年十二月十四日

加正盛朝臣書状、

一通　税所注文　保安三年二月廿五〔八〕日

一通　国検田帳　永久三年五月廿五日

一通　在庁官人申文　保安三年二月　日

予野券文一巻　復三通、依法業房相伝文書請取了、

大治元年六月十九日注之、

上座大法師（花押）

五師大法師（花押）

（追筆）「於尊勝院文書者、返本院了、

在請文二通、於残者納了、

上座（花押）」

文書の出納記録

④東大寺文書取出日記〔平安時代　久寿三年〕（3—11—81）

印蔵に保管されていた文書のうち、第二櫃に収納されていた文書の出納記録である。伊賀国玉滝庄の公験十二巻と絵図一帖は権上座厳寛、大和国雑役文書四通は五師定祐が受け取り、彼らと勾当・寺主の四人が連名で証判を加えて責任の所在を明らかにしている。四月十七日に取り出されたこれらの文書は、櫃に返納されるたびにこの取出日記と照合し、確認済みの物に合点を加えた上で、返納の旨が直接書き込まれた。合点の附されていない大和国雑役文書の二通は、注記のあるように、一通は長尾威儀師の請いによって政所へ、もう一通は宮殿（威）儀師の請いによって東南院の櫃に移され、第二櫃には戻されなかったようだ。

この取出日記は取り出された文書の保管形態がわかる点でも興味深い。玉滝庄関係の公験は、壱から捌の八巻に軸装されていた。紙数の注記があるのは、これらがそれぞれ二次的に貼り継がれて連券を成していたからである。玉滝庄関係の文書（第一部第二）の現状とは必ずしもきれいには対応しないが、天喜・康平といった百年余り前の文書群が整然と整理されていた様子が窺える。これに対して大和国雑役文書の方は、巻物にはなっていなかった。

ところで久寿三年（一一五六）といえば、久安・仁平年間（一一四五〜一一五四）に行われた別当寛信による古文書整理の直後にあたる。中世東大寺では、公験《くげん》と呼ばれる特に重要な文書類を、五つの唐櫃《からびつ》に内容ごとに分類して保管していた。正倉院南倉には、花鳥模様がある四脚の「公験辛櫃第一」が現存し、またかつて大倉集古館には同形態の「公験辛櫃第二」があった（関東大震災で焼失）。一方、弘安三年（一二八〇）の銘のある六脚で模様のない公験唐櫃の存在も知られており、これは重源を継承して東大寺の復興に努めた聖守による文書整理の成果と考えられる。この二種類の唐櫃は全く同じ分類によって文書が収納されており、弘安三年銘の唐櫃は、それ以前の収納・整理状況を踏襲した上で新調した唐櫃であることがわかる。

ここに掲げた久寿三年の取出日記によると、この時閲覧に供された伊賀国玉滝庄関連文書と大和国雑役文書は、第二櫃に収納されていた。弘安三年の「公験辛櫃第二」には「伊賀　大和　院宣　分附　学生帳」が納められていたから、この分類はさらに百二十年余り遡ることになる。また、寛信の文書整理以前には文書は大唐櫃に収納されていたようなので、公験唐櫃にみられる整理・分類方法は、寛信が文書整理を行う際に採用したとみてよいであろう。従って、大倉集古館にかつてあった「公験辛櫃第二」は、この取出文書に見える第二櫃そのものであった可能性が高い。

五合の公験唐櫃による文書保管形態が中世を通じて守られたことからすると、東大寺文書の伝来において寛信の果たした役割の大きさに思いをいたすべきだろう。

（渡辺晃宏）

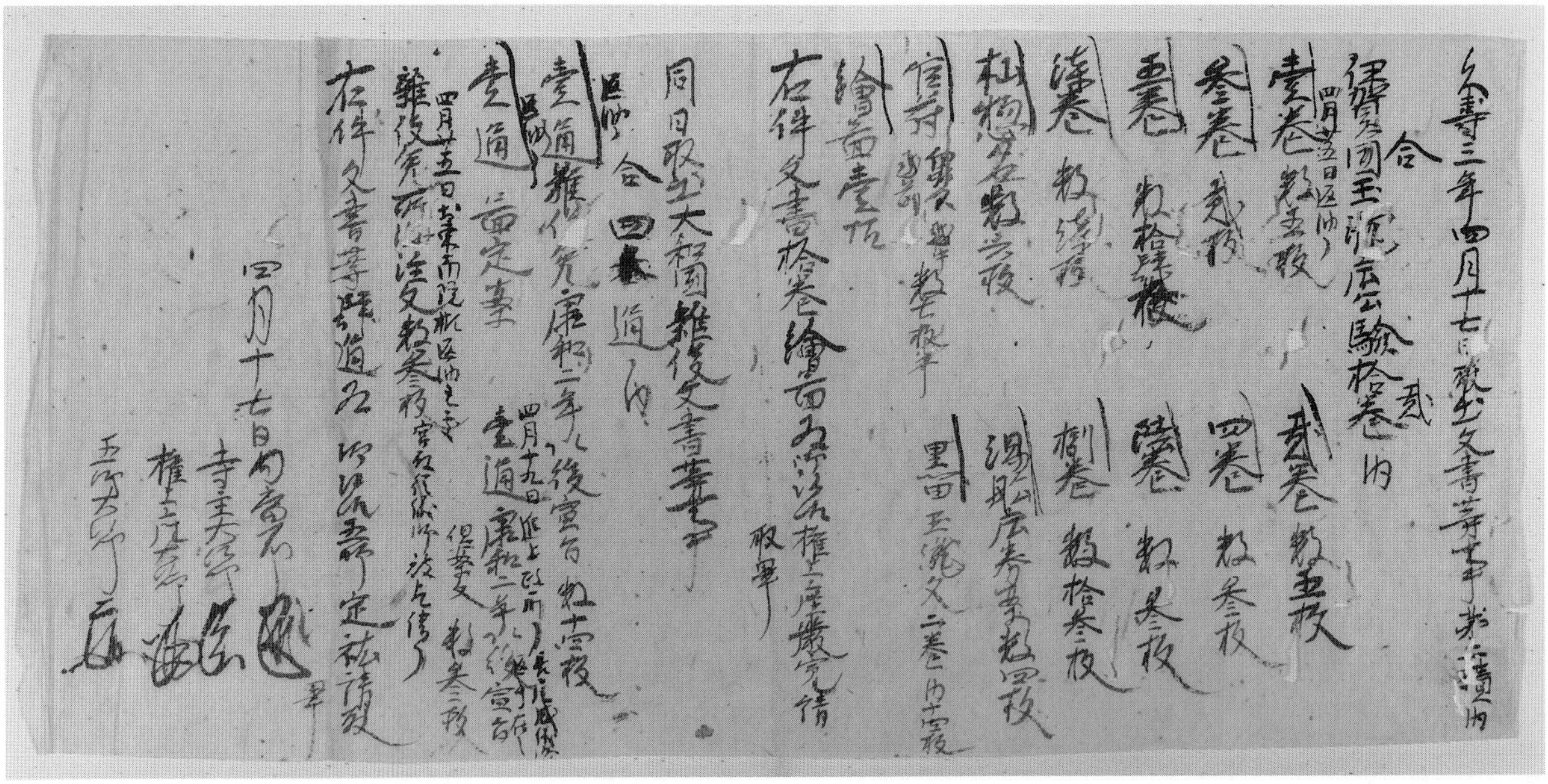

(25.4×54.0)

久寿三年四月十七日取出文書等事 第二櫃内、

合

伊賀国玉瀧庄公験拾貳巻内

壹巻 数五枚 「四月廿五日返納了、」　　貳巻 数五枚

参巻 貳枚　　四巻 数参枚

五巻 数拾肆枚　　陸巻 数参枚

涞巻 数涞枚　　捌巻 数拾参枚

杣惣名 数六枚　　湯船庄券案 数四枚

官符 伊賀、越中、越前、 数七枚半　　黒田玉瀧文 二巻内十四枚

絵図 壹帖

右、件文書拾巻、絵図、為御沙汰、権上座厳寛請

取畢、

同日取出大和国雑役文書等事

合四巻通之内

「返納了、」

壹通 雑役免康和二年以後宣旨、 数十四枚

「返納了、」

壹通 図定案　　壹通康和二年以後宣旨 「四月十九日進上政所了、長尾威儀師返事在之、」

但案文、数参枚

雑役免所渡注文数参枚、「四月廿五日於東南院櫃返納之處、宮殿従儀師被乞請了、」

右、件文書等肆通、為 御沙汰、五師定祐請取

畢、

……………………（紙継目）……………………

四月十七日　　勾当大法師 （花押）

寺主大法師 （花押）

権上座大法師 （花押）

五師大法師 （花押）

文書の引継

⑤観応二年分文書勘渡帳〔南北朝時代　正平七年〕（3—11—10）

端裏書に「勘渡帳《かんとちょう》」とあり、書出文言にも勘定して渡す意である「勘渡」または「勘定」とある勘渡帳は、年預所《ねんよしょ》の責任者である年預五師が任期交代のときに、一年間年預櫃に収め管理してきた文書を、次年度の年預に引き継ぐときに、点検し作成した文書目録である。年預五師は五師の中からその年度の責任者として選ばれ、任期は毎年三月から次年度の二月までであり、文書の引継は毎年二月二十五日に行われた。観応二年分として文書を引き渡した年預五師は顕春であり、文書を受け継いだ勘渡五師、すなわち次年度の五師は実専である。南北朝の動乱期、観応二年（一三五二）十月に、足利尊氏が一時南朝に降り、十一月に南朝が、北朝の天皇、皇太子、年号を廃止して、いわゆる正平一統が実現したため、勘渡帳の日付は南朝年号の正平七年二月二十五日となっている。一通の文書に北朝年号の観応と南朝年号の正平がともにみられることとなった。東大寺では、正平一統の五ヶ月間の文書の年号は正平が使用されている。

先年預からの唐櫃などに関する送文をはじめ、寺家下知状や法会の請定《しょうじょう》など寺内文書、川上庄、大部庄《おおべのしょう》や茜部《あかなべの》庄《しょう》など各地の寺領荘園から送付された文書などが、員数と名称、概要を記し、目録化されている。

この種の勘渡帳は、鎌倉後期の正応から室町前期の嘉吉のものまで二十点ほどが遺っている。そのうち正応の四通はそれぞれ六紙から十紙ほどの続紙に書かれているが、その四通は四年分、三年分、二年分、元年分の順に後年のものが巻首として貼り継がれている。さらに四年分の袖には五年分の末尾と思われる墨痕も残っている。すなわちこの頃の勘渡帳は巻首に新年度分を次々に貼り継ぐかたちを採っていたことが判る。そして各年とも前年分目録をほぼそのまま書き写し、その年に増加した文書を末尾に追記する形を取っており、年預から次年度の年預への文書引継が、継続的に引き継ぐ文書群に、その年の増加文書を追加するかたちで行われたことが判明する。その後は、建武元年分、ここに掲載の観応二年分、次いで応永年間のものと、とびとびで現存するために、引継文書の継続性は確認しづらいが、いずれも文書ごとに通数と文書名を記載する目録である。観応二年分の勘渡帳はとくに整然とした体裁になっているものであるが、点数もそれほど多くなく、前の勘渡帳と重複してみえる文書もないことから、当該年増加分文書の目録かと思われる。

その後、応永年間の三十年分以降のものや、永享三年分、嘉吉元年分のいずれもが、文書が一段から十五段もしくは十六段に分類されて記載され、各段ごとに文書の通数と文書名が記される体裁に変化する。引継文書が、応永三十年頃までには簞笥に収納されることになったのをうかがわされて興味深い。

（綾村宏）

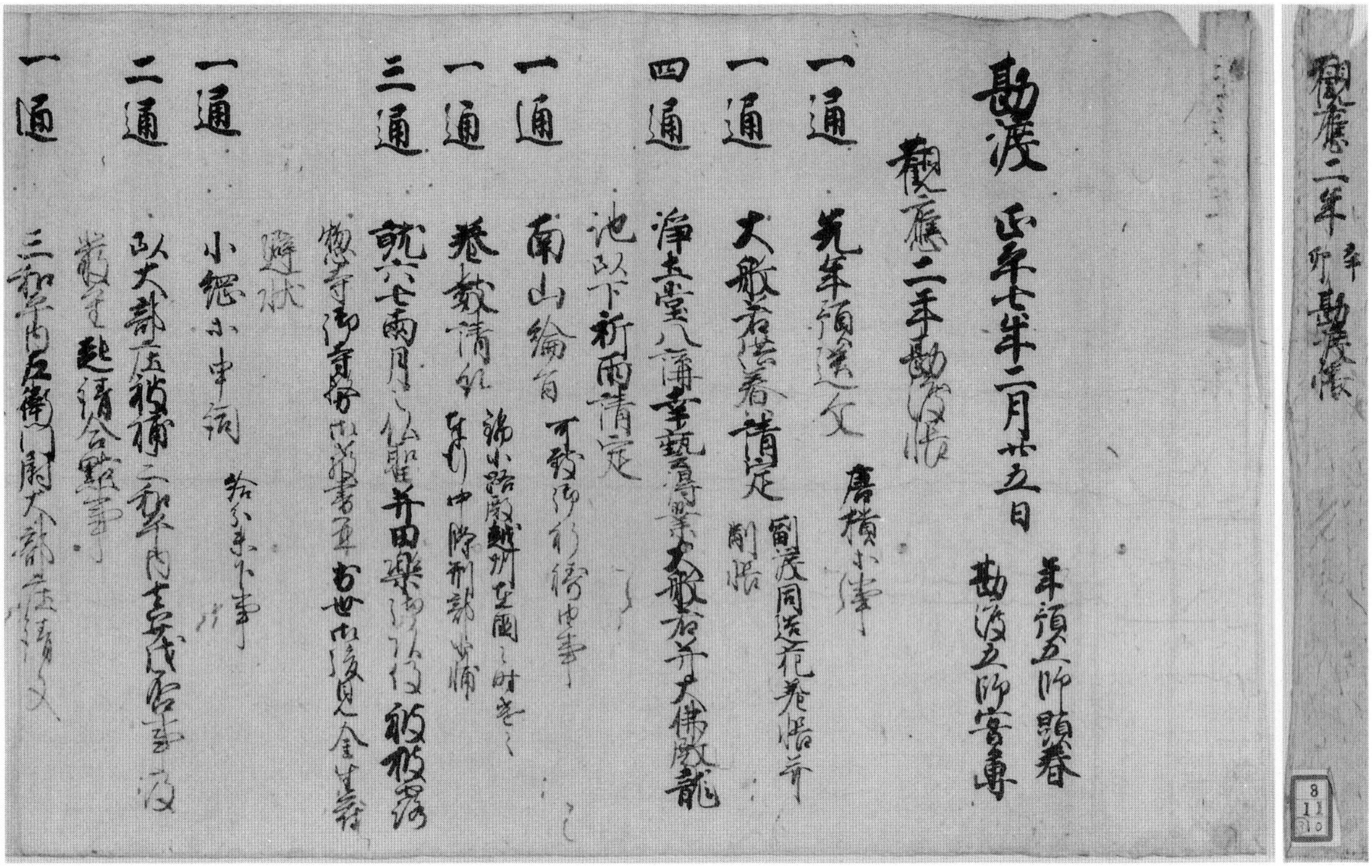

(33.3×151.8)〈部分〉

（端裏書）
「観應二年辛卯 勘渡帳」

勘渡　正平七年二月廿五日　年預五師顕春
勘渡五師實専

観應二年勘渡帳

一通　先年預送文　唐櫃等事、

一通　大般若供養請定　副渡同造花差帳并制帳、

四通　浄土堂八講幸藝得業大般若并大佛殿龍
池以下祈雨請定

一通　南山綸旨　可致御祈禱由事、

一通　巻数請取　錦小路殿越州在国之時遣之、奉行中條刑部少輔、

三通　就六・七両月之佛聖并田楽御頭役被披露
惣寺、御寺務御教書并出世御後見金生符
避状

一通　小綱等申詞　給分未下事、

二通　以大部庄被補三和平内真茂否事及
厳重起請合点事

一通　三和平内左衛門尉大部庄請文

……………（紙継目）……………

（中略）

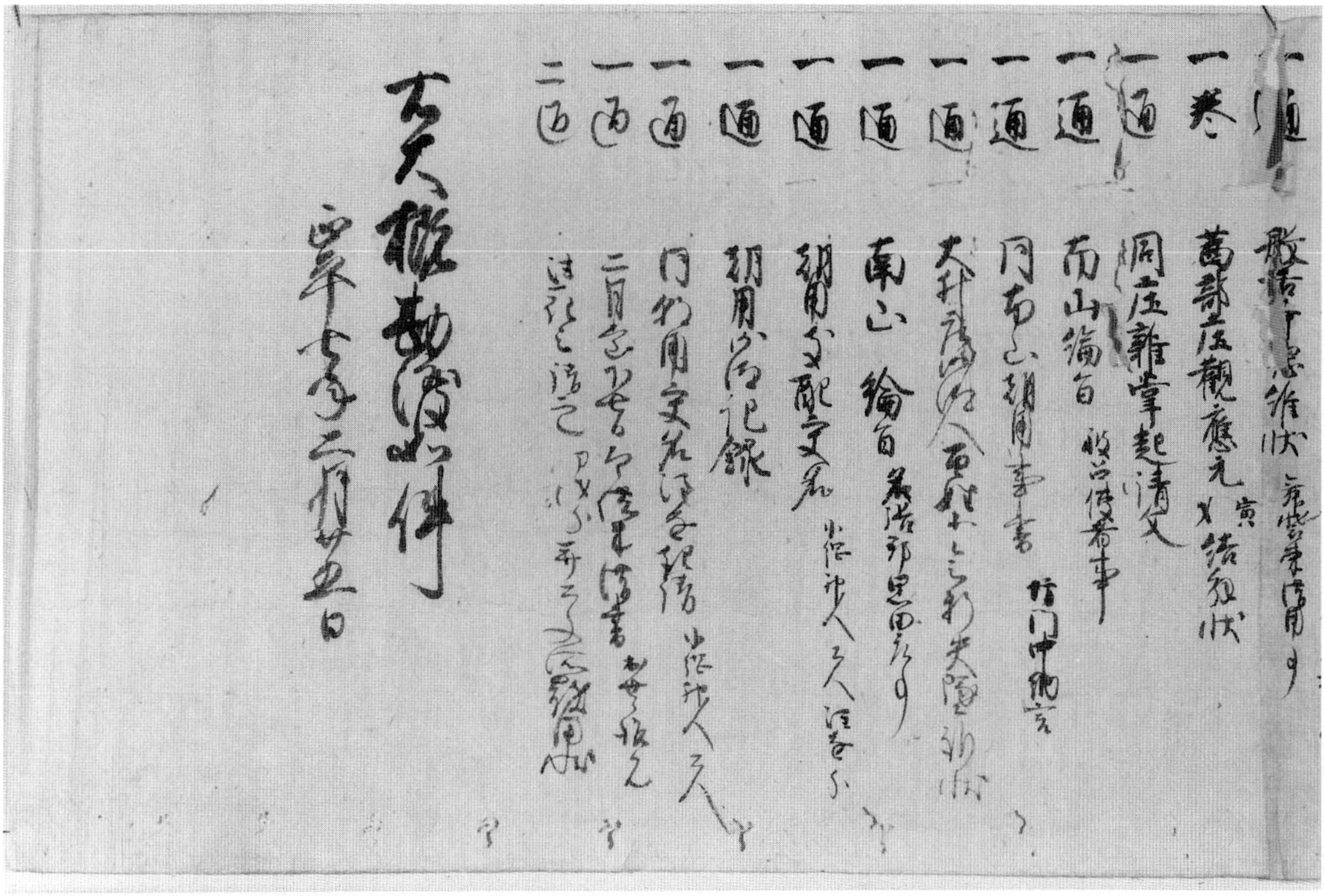

一通　般若寺綱維状 舞装束借用事、

（紙継目）

一巻　茜部庄観應元寅才 結解状

一通　同庄雑掌起請文

一通　南山綸旨 被召使者事、

一通　同南山朝用事書 坊門中納言、

一通　大井庄沙汰人百姓等會粁失墜訴状

一通　南山　綸旨 名張郡黒田庄事、

一通　朝用支配交名 小綱、 神人、 公人注進分、

一通　朝用沙汰記録

一通　同朝用交名注進起請 小綱、 神人、 公人、

一通　二月堂下七日御供米借書 出世御後見、

二通　法花會請定ヲ才分 并公文所散用状

右、大概勘渡如件、

正平七年二月廿五日

東大寺文書のいま

現在、東大寺文書が所蔵されている東大寺図書館の源流は、明治三十六年（一九〇三）の南都仏教図書館の開設にさかのぼる。南都仏教図書館とは、東大寺知足院住職三宅英慶師が、南都諸大寺の古書や古文書の散逸を防ぐために、興福寺・法隆寺・唐招提寺等に呼びかけ、各寺の蔵書を収集しようとしたものである。しかし、その計画はうまくいかなかったようで、南都仏教図書館は東大寺の古書・古文書等を主体として発足し、東大寺真言院灌頂堂に開設された。その後大正九年（一九二〇）に東大寺図書館と名称を変更している。

私が東大寺図書館に入ったのは昭和二十一年（一九四六）十一月で、その当時の図書館は東大寺本坊の西向かい、旧東大寺学園の敷地にあった。昭和二十七年には、今の図書館がある南大門南東側に収蔵庫ができていて、昭和三十九年十二月に収蔵庫西側に図書館事務所を移転、昭和四十三年に同地に鉄筋の図書館を新築し、現在に至っている。

東大寺図書館では昔から、研究者には原本を閲覧に供している。私が入館した当時は、東大寺の塔頭の人々がよく聖教類や古記録などを閲覧しに来られていた。常に原本の内容を確認しながら出納・整理するというのが、東大寺図書館での文書管理の基本姿勢であり、今でも変わらない。

図書館に伝来する聖教《しょうぎょう》や記録類については、昭和三十年代、当時から図書館常勤となっていた堀池春峰氏が中心になって、一点一点の調書を作成している。罫紙に墨で書くもので、寸法は尺寸で書かれている。聖教類は出納のたびに、大正大蔵経《たいしょうだいぞうきょう》と照合してみる、これは私自身の大蔵経好きもあるかもしれないが、そうすることによって、伝来の聖教のこともよく分かってくるものである。

図書館で文書や経典に携わってきたことで、私自身も正倉院聖語蔵《しょうごぞう》の調査に参加させてもらっている。二月堂焼経（昭和五十三年重要文化財に指定）の整理作業は特に思い出深い。あの焼経は、三枚か四枚の華厳経《けごんきょう》の断片を貼り合わせて一点にし、もとは屏風に貼ってあったもので、それを断片ごとに切りとっておいたものを、図書館で整理・修理しようということになったので、断片ごとに頭と末を書き出して、順番に並べる作業をしたが、どうも大正大蔵経の六十華厳の分類とは合わない。いろいろと調べていくうちに、ようやく本来の並びが判明した。当時文化庁におられた山本信吉氏が興味をもたれたので、経緯を詳しく書いて送った。それが重要文化財に指定されたときは嬉しいものであった。

東大寺図書館には各機関から研究者の方々が集まってきて、研究者の交流の場となっているようにも思う。図書館勤務五十年の中で、研究者の方々の思い出も多い。

古いところでは、戦前から東大寺文書を整理されていた中村直勝氏。筒井英俊師らと本坊広間で古い大きい木箱よ

堀池春峰氏と新藤佐保里氏（東大寺図書館にて）

り文書を取り出し、御覧になっていたと聞いている。土田直鎮氏、皆川完一氏など、東京大学史料編纂所の方も、大日本古文書の東大寺文書の編纂や、また正倉院その他の調査のおりによく立ち寄られた。また、奈良国立博物館、奈良国立文化財研究所（奈文研）は言うまでもなく、多くの方々のお話を聞くことができた。奈文研は昭和五十五年の庁舎移転以前には今よりも距離近くにあったので、特に、みなさんの集まりが違ったように思う。昭和四十九年からは文化庁の依頼による未成巻文書の大調査がはじまり、奈文研歴史研究室室長・田中稔氏の指導のもと、多くの方が東大寺文書の調査に関与され、平成十年の国宝指定につながった。

原本を出納すれば、多少なりとも文書が変化してしまうのは仕方のないことで、その分文書にとっては過酷な環境かもしれないが、各研究機関、研究者の方々のご協力に恵まれ、東大寺図書館伝来の史料は現在に遺されていると言える。

東大寺文書のうち未成巻文書八千通は、平成十二年から修理にはいっている。完成に十年かかるという大がかりな作業で、完成を心待ちにしている。私も現在は嘱託だが、まだまだ図書館で伝来の史料に関わり、修理の完了を見届けるつもりである。

（新藤佐保里　談）

二　勧進と檀越

綾村　宏

東大寺文書が現在のかたちで伝来するのには、文書の価値、保管する人の意志、収蔵する施設が当然のことながら必須条件であった。さらに東大寺の教義、組織と伽藍を維持するためには大仏をはじめとする東大寺寺内の諸尊にたいする深い信仰心と、そして広大な東大寺を護持するに必要な経済的基盤を保持することが必要であった。その上に経庫については、幾多の難を免れる幸運があってこそ、文書が時空を超えて今日に伝わったのである。

東大寺を経済的に支える存在は、創建当初は国家であった。鎮護国家思想に基づいて、聖武天皇は、天平十五年（七四三）金銅盧舎那仏《こんどうびるしゃなぶつ》の造立を発願し、はじめ近江国紫香楽《しがらき》の地で造仏が始められたが、平城に還都されると、天平十七年、場所を平城京東山の地、山金里《やまがねのさと》に移して盧舎那大仏の鋳造が開始された。天平勝宝元年（七四九）にはその大仏は完成し、さらに天平勝宝三年には大仏殿が出来上がり、翌年四月に大仏開眼供養が営まれた。大仏開眼供養は、釈尊降誕の四月九日に開眼師菩提僊那、講師隆尊律師、読師延福法師などにより、孝謙天皇、聖武太上天皇、光明皇太后の臨席のもと、厳粛に行われたのである。開眼師が筆を持って開眼するとき、その筆には五色の縷《る》が結ばれ参集する人々の上も結縁するための糸が垂れて、開眼に加わる喜びに浸れたのである。

二月堂修二会、すなわちお水取りのとき、三月五日と十二日の二回、過去帳の読み上げの作法が行われる。その過去帳記載の人名は、東大寺創建から現代に至る二月堂ゆかりの人たちであり、読誦されるため独特の音節がつけられている。ところで巻子本の⑩東大寺上院修中過去帳は、上院すなわち二月堂にゆかりの深い人々を中心に、東大寺に有縁の人々の名前を、創建から近世に至るまでの分を記しているが、それは現在読誦されている過去帳の原本に当たるものである。天皇から庶民までこの過去帳に記されている人数は、二千四百十二名にのぼる。

先ずその冒頭には、「大伽藍本願聖武皇帝　聖母皇大后宮　光明皇后　行基菩薩　本願孝謙天皇　不比等右大臣　諸兄左大臣　根本良弁僧正」と、光明皇后の父故藤原不比等を含む東大寺造営に尽力をした人々の名前があがる。東大寺には、五千戸の封戸と四千町歩の寺田の開発許可、それにつづいて続日本紀や東大寺要録にもみえる「造寺材木知識記」記載の「材木知識五万一千五百九十八人　役夫五十一万四千九百二人　米五千石奉加利波志留志……稲十万束屋十間倉五十三間地五町施入夜国麻呂」と、行基の大仏勧進に応じて材木やこがねを結縁のために寄進したり、役夫をした人々の数を記し、さらに米、銭、車、牛、鍬、布などを多大に奉加した人々の名前があがる。

国家規模で東大寺造営を宿願とした聖武天皇と、造営のための勧進を託された行基、そしてその行基の勧進に応えて知識奉加した多数の人々、それらの力が造営に結集されてこそ東大寺が完成したのである。

東大寺の造寺造仏の工事がおわり、延暦八年（七八九）に造東大寺司が廃止された。平安時代は、一部焼失した堂舎の再建が行われたり、また寺内に新しく真言院、東南院、尊勝院などの子院が創られた時代であった。東大寺は、寄進された荘園により、その伽藍と組織を維持したのである。

ところが末法の時代になった平安時代末、平氏打倒のため挙兵した以仁王、源頼政を支援したため、東大寺と興福寺は、治承四年（一一八〇）十二月平氏による南都焼き打ちをうけ、その伽藍のほとんどを焼失した。東大寺では、正倉院などわずかを除き、大仏殿、講堂、食堂、回廊、僧坊、東塔などが灰燼に帰したのである。

この衝撃的な事件に対し、朝廷では、翌養和元年（一一八一）清盛の死後に、造東大寺官を任命し、再興を志した。さらに六十一歳の重源《ちょうげん》を東大寺大勧進職《だいかんじんしき》に補任して、彼の諸国における勧進の活動による東大寺再建を目指したのである。だが、藤原氏の氏寺である興福寺の再建が速やかなのに対して、東大寺の方は進捗状況は芳しいものではなかった。そのようななか、養和の飢饉の最中にもかかわらず、「一粒半銭、寸鉄尺木」の寄進を求めて重源は勧進に奔走し、さらに宋人鋳師陳和卿《ちんわけい》の起用や、後白河法皇や源頼朝、藤原秀衡などの金や水銀の寄進により、文治元年（一一八五）八月には大仏開眼にこぎつけた。平氏はその年三月に壇ノ浦で滅亡している。開眼供養では、後白河法皇自らが開眼作法を行い、大仏開眼の墨を入れているのである。この開眼供養には、結縁を望む庶民の参加も許され、庶民の熱狂はすさまじいものであったと伝える。文治三年頃の頼朝と重源との交流を示すのが⑥源頼朝書状である。

次いで重源は、大仏殿の造営に取りかかった。文治二年後白河法皇により良質な材木がある周防国が造東大寺料国にあてられ、建久四年（一一九三）後白河法皇が没すると、その後は、源頼朝によって造営事業の後押しがされ、備前国の東大寺寄進などの尽力を行い、支援した。その結果、建久六年大仏殿がようやく完成し、三月に頼朝の上洛を待って、後鳥羽天皇の行幸をえて、落慶法要が営まれたのである。警護は頼朝の御家人たちが勤めた。すなわち後白河法皇の死後は、頼朝の主導により東大寺再建が進められたことがしられるのである。仏敵ともいえる行為で平氏が焼失させた東大寺を、平氏を亡ぼした源氏の手によって復興させてみせるという政治的な配慮もあったかと思われる。上院修中過去帳では、後白河法皇は「後白河天皇」とのみであるが、頼朝は「当寺造営大施主将軍頼朝右大将」、重源は「造東大寺勧進大和尚位南無阿弥陀仏」とみえるのも興味深い。

大仏殿に引き続いて、大仏殿の脇侍や四天王像、南大門と仁王像などが造られ、建仁三年（一二〇三）十一月には後鳥羽上皇の行幸があって、東大寺総供養が行われた。そのときの将軍実朝も上院修中過去帳に「当寺造営大施主将軍実朝右大臣」とみえる。

その後もさらに、⑦重源上人勧進状にみえるごとく重源は東塔の再建に意欲を示したが、重源は建永元年（一二〇六）六月没し、東塔の再建（嘉禄三年　一二二七）を見ることはなかった。重源の死後、大勧進職は、栄西、行勇と引き継がれて、東塔のほか講堂、僧坊などの造営が行われた。彼らも、上院修中過去帳では、「大勧進栄西」「造東大寺大勧進行勇法印」とみえる。

次いで上院修中過去帳で注目されるのは、再興に尽力し「当寺再興将軍源尊氏前大納言贈左大臣」「当寺再興征夷大将軍勝定院一品禅定贈大将国道詮《（義持）》」「当寺再興征夷大将軍普広院一品贈太政大臣源義教」と記されている足利家の将軍たちである。足利家からの文書は、四巻の巻子に調巻されている。一巻は、題簽に「尊氏公義持公義政公御書并畠山書」とあり、足利尊氏周防国大前村地頭職寄進状など五通、一巻は題簽に「尊氏等御書六代」とあり、足利尊氏椋橋庄《くらはしのしょう》寄進状など十四通、一巻は題簽に「尊氏等御書四代」とあり、足利義詮御判御教書など十三通が巻子となっている。そして今ひとつの一巻が、東大寺別当光経の添書とともに調巻されている⑧足利義持経巻施入状である。足利氏発給の文書が寄進状や寺領荘園にかかわるものが多いことは、再興に尽力した証といえよう。

重源により再興された東大寺は、十六世紀の戦国時代、多聞城に拠った松永久秀と大仏殿に陣を構えた三好三人衆の争乱により、永禄十年（一五六七）四月、南大門、鐘楼、二月堂、法華堂、念仏堂、正倉院、転害門、閼伽井屋などを残すのみで、堂舎のほとんどを焼失してしまった。そして大仏は、江戸時代の元禄の再興まで露座のままであった。

焼失した大仏殿の再興に努力したのは、公慶上人である。彼は、貞享元年（一六八四）に幕府から許可を得て、龍松院に根拠を置き、大仏殿再建のための勧進を始めた。江戸で勧化するとき、「大仏縁起」の講談で庶民に勧進した。公慶上人の勧進帳は⑨「南都大仏修復勧進帳」「南都大仏殿勧進帳」「大仏講名帳」「南都大仏後光勧進帳」の四種が存在する。修理をおえた大仏の開眼供養は、元禄五年（一六九二）に行われた。

しかし大仏殿の再建は簡単なことではなかった。しかし公慶の努力は、護持院隆光や桂昌院などの協力を得ることができ、宝永二年（一七〇五）閏五月には、大仏殿上棟式を終えた。公慶は二十二年もの間、大仏の修理と大仏殿再建に生涯を捧げ、その六月五十八歳で入寂した。大仏殿の落慶供養は宝永六年三月から四月にかけて、盛大に営まれた。現在の大仏殿がそれである。

現在の東大寺の伽藍の様相は、その後の明治、昭和の大仏殿の修理を踏まえて、存在するものである。その時々、寺内総意の力と相俟って、歴史的な宝物を遺すことに対する国民の総意を代表する国と、それに結縁する人々の存在は、過去の再建の心を引き継ぐものと思われる。

⑥源頼朝書状・三条西実隆極書〔鎌倉時代　文治三年〕（宝庫68-2・3）

治承四年（一一八〇）十二月二十五日、平清盛は重衡に南都の攻撃を命じた。重衡はただちに官軍を率い宇治に経廻し、二十八日に奈良攻を敢行したが、南都勢の厳強な抵抗に遭い、結局は火攻により南都を灰燼と化し結着を見ることとなったのである。

この合戦による東大寺、興福寺等の被害は甚大で、東大寺は大仏殿・講堂・食堂《じきどう》・四面廻廊・三面僧房・戒壇院・尊勝院・真言院・薬師堂・東南院・八幡宮の諸伽藍《がらん》を焼失し、「堂舎少々、宝蔵僧房少々、龍花院内本堂已下堂舎少々、僧房在家三分二」（『山槐記』）を残すのみであった。

この時期、頼朝は安房国より鎌倉に入ったばかりであり、権力の基盤も未だ安定せず、南都諸寺に援助するような余裕はなかった。元暦二年（一一八五）三月七日、頼朝は重源上人の許に米一万石・砂金一千両・上絹一千疋を寄進すると共に、同日付で東大寺に書状を送り「如当時者、朝敵追討之間、依無他事、若令遅御欤」（『御書案文』）と、当時、援助の手を指し伸ばせなかったことを述懐している。

当該の文書が発給された文治三年（一一八七）十月の時点で、平氏はすでに壇の浦で滅亡し、頼朝は平氏追討の功により従二位に叙せられている。幕府機構も着々と整備され安定した政権になりつつあり、東大寺修復・再建の有力な援助者となり得る状況にあったといえる。

この頼朝書状中の「八月廿七日貴札」とは、東大寺（重源）より、仏敵である平氏を頼朝が討伐してくれたことにたいする礼を述べてきたものであり、と同時に国家鎮護と頼朝（幕府）の除災招福を祈請する大般若経転読を行い、その転読の巻数を届けてきたのがおおよその内容であったと考えられる。この東大寺側からの書状に対して、頼朝は平氏が朝廷に対して逆略する余り、大仏殿を焼払うという暴挙を行い、このような行為にいよいよ平氏征伐の思いが強くなり、遂に平氏を誅戮したが、これも仏徳によるところであると述べている。ついで大般若経祈禱巻数の送付の礼を述べるとともに、今後は月を追っての巻数「捧賜」は、使者の煩いがあるので中止してほしい旨を丁重に申し入れ、署名ともいえる花押を書いて書状を完結している。頼朝の東大寺に対する思いを示す一通である。

源頼朝書状には極書《きわめがき》ともいうべき三条西実隆の奥書が一紙付されている。何故に東大寺は実隆に頼朝文書の鑑定を依頼したのであろうか。実隆の子息西室公順は当時東大寺の別当であり、天正三年には東大寺所蔵の『右大将家御書案文』（頼朝文書写）の一部が朽損し、その補写と伝来の奥書の揮毫を依頼している。本文書の奥書は翌天文四年（一五三五）十月上旬に成されており、西室公順は先の『御書案文』に引続き鑑定を依頼し、八十一歳と高齢の実隆がこれに答えたものと思われる。

（黒川高明）

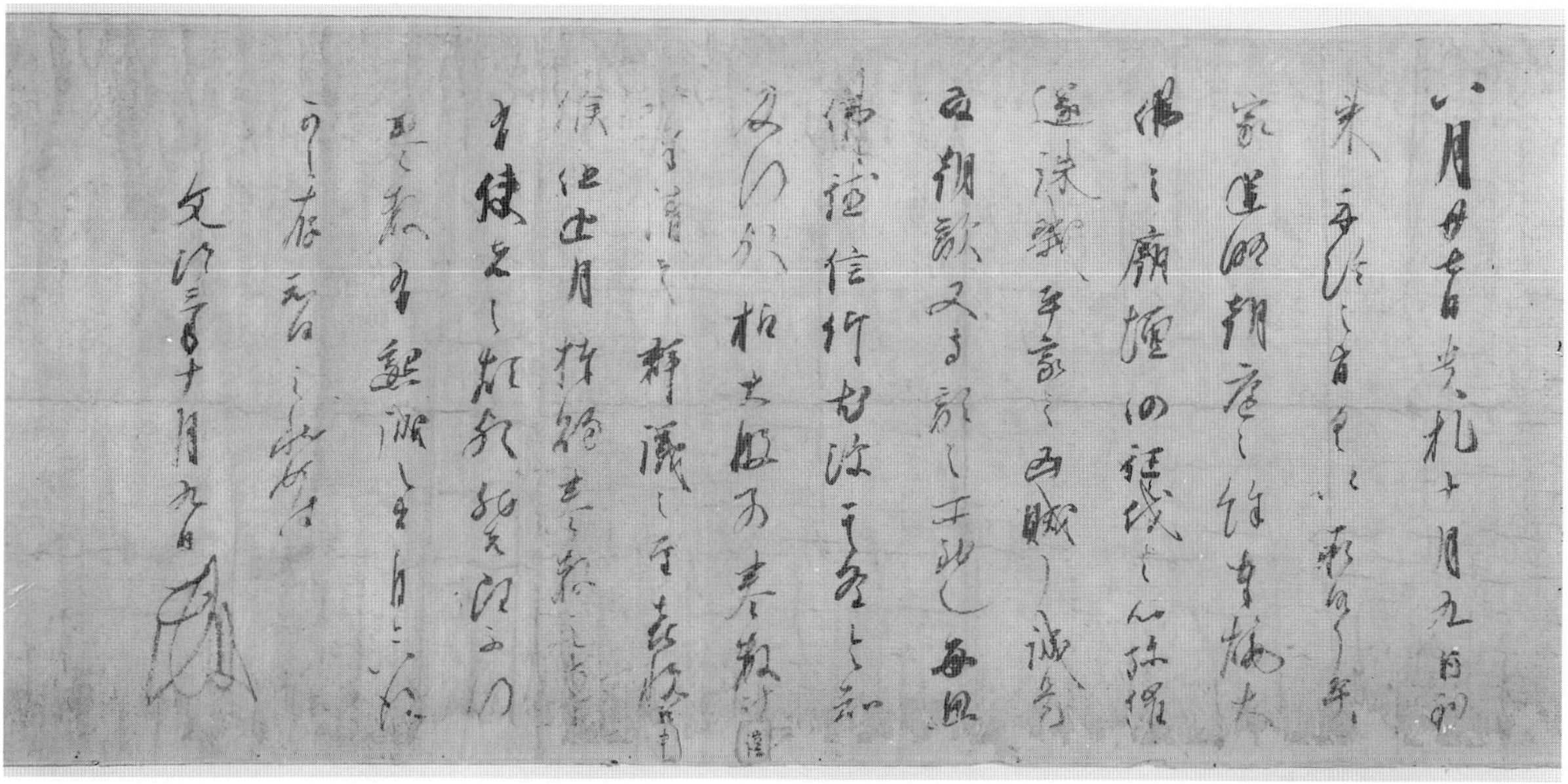

(31.6×79.5)

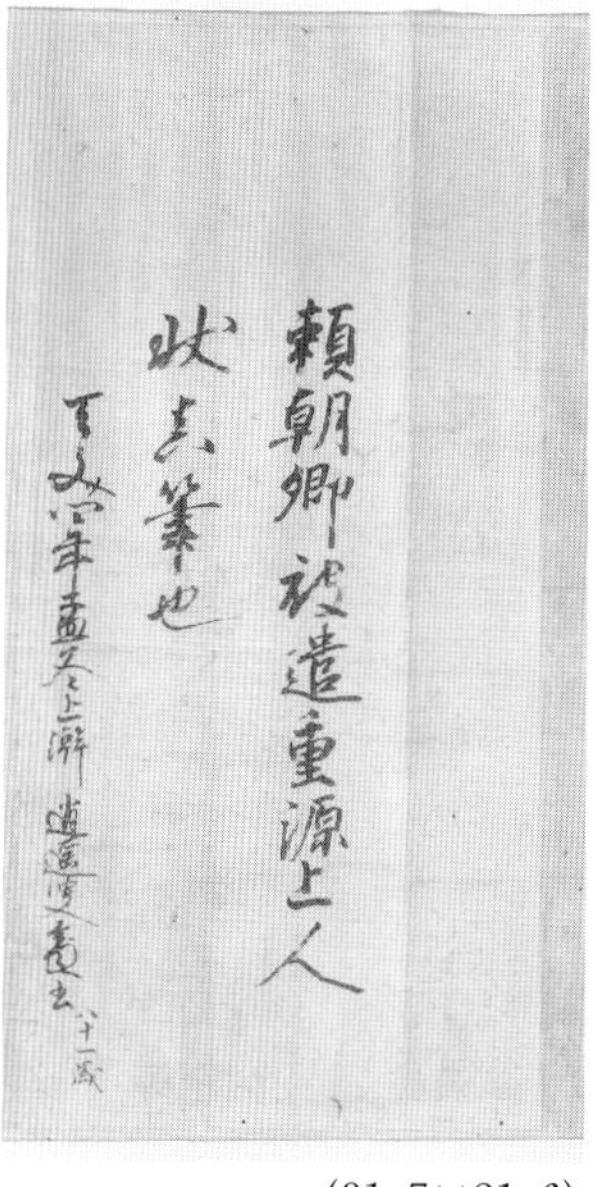

(31.7×21.6)

八月廿七日貴札、十月九日到
来、示給之旨、具以承候了、平
家逆略朝庭之余、奉焼大
佛之廟壇、仍征伐之心弥催、
遂誅戮平家之凶賊了、誠是
為朝敵又寺敵之所致也、毎思
佛徳信仰尤深、其条令知
及給歟、抑大般若巻数、□（謹）
以奉請之、群議之至、喜悦□□（令申）
候、但追月捧賜巻数之事、

…………（紙継目）…………

有使者之煩歟、然者雖不給
巻数、有懇誠之旨、自今以後、
可令存知候之状如件、
文治三年十月九日（花押）

…………………………

（貼継補紙）
「頼朝卿被遣重源上人
状真筆也、
天文四年孟冬上澣　逍遙叟堯空書（三条西実隆）八十一歳」

大勧進重源上人

⑦重源上人勧進状〔鎌倉時代　元久二年〕（重要文化財）

保安二年（一一二一）に、紀季重の子として誕生したと伝えられる重源上人が、建永元年（一二〇六）六月に八十六歳で入滅する六ヶ月前の元久二年（一二〇五）十二月にしたためた勧進状である。

東大寺の伽藍《がらん》は、治承四年（一一八〇）十二月、平氏の焼き討ちにあい焼失した。その再興にあたって、入宋三度といい、中国の新しい建築技術を習得していた俊乗房重源が東大寺大勧進職に補任され、その後の大仏、大仏殿をはじめとする再建の勧進に精力的に取り組むのである。宋人陳和卿《ちんわけい》の協力を得て、まず大仏鋳造の功が成り、文治元年（一一八五）八月大仏開眼供養が行われ、建久六年（一一九五）三月には大仏殿落慶供養、そして南大門上棟（正治元年、一一九九）と再建が進行していった。大仏開眼供養のときには、大仏の仏身はいまだ鍍金がされていない状態であったが、後白河法皇自らが開眼を行い、三月に壇ノ浦で平氏が滅亡して国内が静まった機運を身を以て示した。

大仏殿竣工の功で、重源は大和尚位を授かった。その後重源が余命を懸けて建立を願ったのが、六角七重の宝塔の建立であった。衆徒が僧坊と講堂の再建を主張し、対立したこともあったが、塔の造営は元久元年四月に開始された。そしてその翌年、この勧進の趣旨を記す勧進状がしたためられた。

巻首に「東大寺大勧進大和尚南無阿弥陀仏　敬勧進」と、南無阿弥陀仏すなわち重源が自ら敬みて勧進することを明確に示し、本文では、法華経は「三世諸仏出世本懐、一切衆生成仏直道也」の経典であることをいい、その功徳について述べる。そして法華経を読誦することを勧めるとともに、今新たに建立している六角七重の宝塔が完成したならば、大仏殿内と宝塔前において、白直垂に小袴のうえに不動袈裟を着た童子達に法華経千部の転読を行わせよう、との趣旨の勧進状である。数少ない重源自筆の筆跡の中でも、最晩年ものであるが、気迫がほとばしりでる感がする。巻末の日付の下に「大和尚（花押）」とある署名の花押は、「俊乗房重源」の俊乗の房号を花押にしたものである。なお、重源の自筆はこの署名部分のみとみるむきもあるが、本文と大和尚の署名との筆跡は一連のごとくと思われる。

重源が熱望した宝塔は、残念ながら重源の生前には完成しなかった。完成は、安貞元年（一二二七）となる。東大寺大勧進職は、重源の死後、栄西、行勇へと引き継がれ、塔、鐘楼、講堂、僧坊などの造営が継続して行われていくことになる。

なおこの重源上人勧進状の巻末には、江戸時代文化十四年（一八一七）、江戸の芳村観阿が寄進したことを記す跋があり、また添付の巻物には、昭和十二年中村雅真・正勝両氏の施入記があり、そのときどきに当勧進状は寺外にあったことがしられる。

（綾村宏）

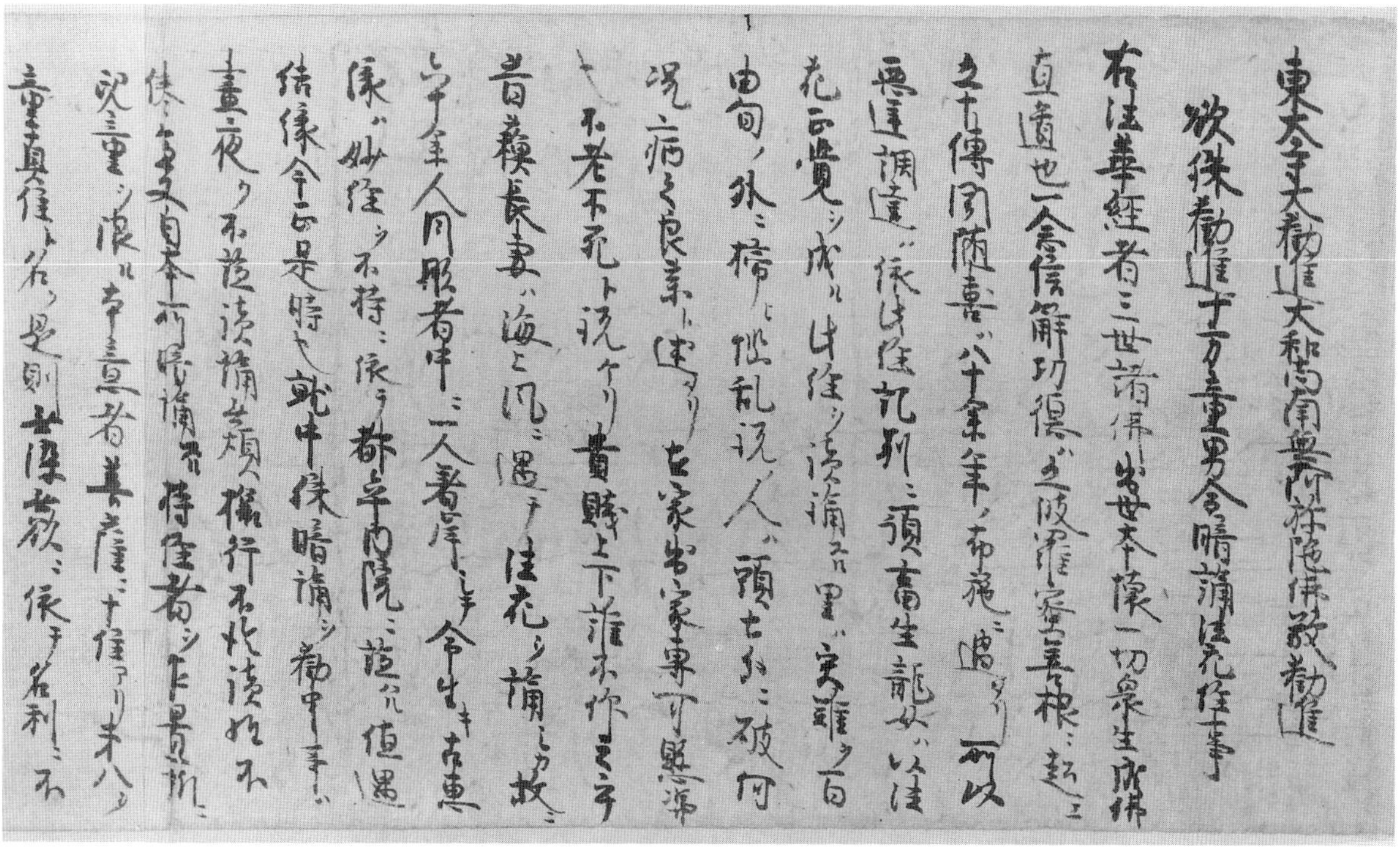

(34.5×156.3)

東大寺大勧進大和尚南無阿弥陀佛敬勧進
　欲殊勧進十方童男令暗誦法花経事
右、法華経者、三世諸佛出世本懐、一切衆生成佛
直道也、一念信解功徳ハ五波羅蜜善根ニ越エ、
五十伝聞随喜ハ八十余年ノ布施ニ過タリ、所以
悪逆調達ハ、依此経記判ニ預、畜生龍女ハ以法
花正覚ヲ成ル、此経ヲ読誦スル里ハ、災難ヲ百
由旬ノ外ニ掃ヒ、悩乱説ノ人ハ頭七分ニ破、何
況病之良薬ト述タリ、在家出家専可懸憑
也、不老不死ト説ケリ、貴賤上下誰不仰之乎、
昔蘇長妻ハ海上風ニ遇テ法花ヲ誦シカ故ニ、
六十余人同船者中ニ一人着岸シテ命生キ、古恵
縁ハ妙経ヲ不持ニ依テ、都率内院ニ謙ハル、値遇
結縁今正是時也、就中、殊暗誦ヲ勧申事ハ、
昼夜ヲ不謙読誦無煩、旅行不冷読経不
倦、兼又自本所暗誦スル持経者ヲ乍置、新ニ
……………………（紙継目）……………………
児童ヲ限ル本意者、菩薩ニ十住アリ、第八ヲ
童真住ト名ク、是則無染無欲ニ依テ名利ニ不

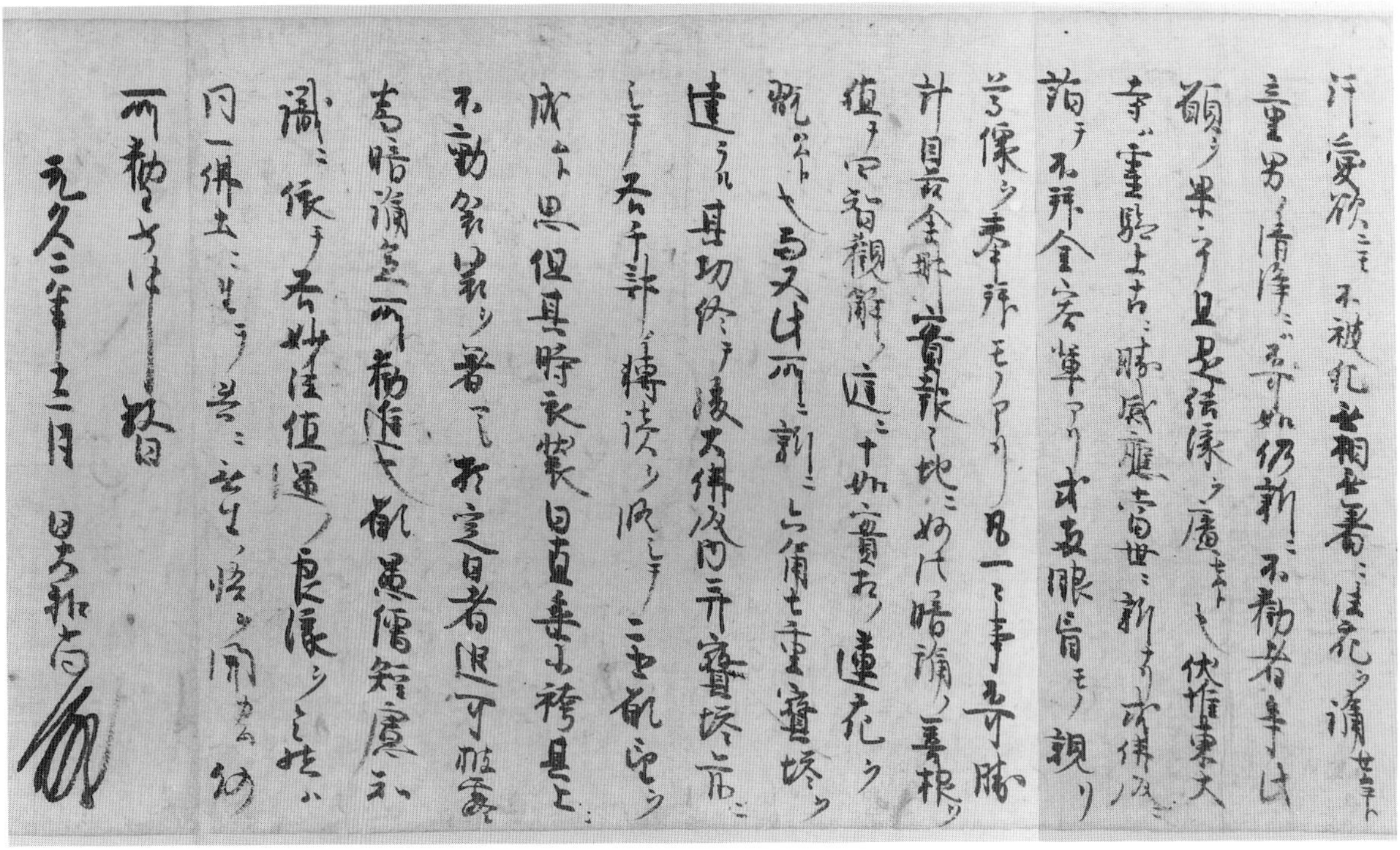

汗、愛欲ニモ不被犯、無相無着ニ法花ヲ誦セムヨト、
童男ノ清浄ニハ不可如、仍新ニ不勧者、争此
願ヲ果乎、且是結縁ヲ廣セムト也、伏惟、東大
寺ハ霊験上古ニ勝、感應当世ニ新ナリ、或佛殿ニ
詣テ不拝金容輩アリ、或両眼盲モノ親ク
尊像ヲ奉拝モノアリ、凡一々事、不可勝
計、因玆、舎那實報之地ニ、妙法暗誦ノ善根ヲ
殖テ、四智観解ノ庭ニ、十如實相ノ蓮花ヲ
翫ハムト也、而又此所ニ新ニ六角七重宝塔ヲ
建ラル、其功終テ後、大佛殿内并宝塔前ニ
シテ、各千部ノ転読ヲ修シテ、二世願望ヲ
成ムト思、但其時衣装、白直垂小袴、其上ニ
不動袈裟ヲ着ヘシ、於定日者、追而可披露、
為暗誦兼所勧進也、願愚僧短慮知
識ニ依テ、各妙法値遇ノ良縁ヲ令結ハ、
同一佛土ニ生テ、共ニ無生ノ悟ヲ開カム、仍

…………（紙継目）…………

所勧進如件、敬白、

元久二年十二月　日　大和尚（花押）

足利将軍

⑧足利義持経巻施入状〔室町時代　応永二十三年〕（宝庫70－1）

室町幕府第四代将軍足利義持（一三八六～一四二八）自筆の経巻施入状《せにゅうじょう》である。東大寺別当（一四一四～一四一七）で尊勝院主であった光経の添書によると、等持院で行われた御八講に光経が参加したことを機縁として、応永二十三年（一四一六）五月二日に義持が東大寺ゆかりの経典を寄進した際のものであることがわかる。五月二日は天平勝宝八歳（七五六）に亡くなった東大寺の本願聖武天皇の祥月命日で、その六百六十年忌を期しての施入と考えられる。

足利氏と東大寺の関わりは深く、ことに初代尊氏、四代義持、六代義教はお水取りの際に読み上げるいわゆる「過去帳」にも「当寺再興」の肩書を付して特筆されている。足利氏から東大寺に充てられた文書は現在四巻に成巻されており、内容的には所領安堵の文書が多く、義持自身も山城国の銭司《でず》庄や玉井庄などを東大寺に寄進している。

この施入状で義持が施入した六巻の経巻のうち、不空羂《ふくうけん》索経《じゃくきょう》（不空羂索神変真言経の序品の別訳か）を除く五巻は現在も東大寺に伝来している。そのうち聖武天皇宸翰とされる須真天子経《しゅしんてんしきょう》は、通常の奈良時代の写経生の筆致とは異なるようで、新羅で書写されたものとする説もある。

一方、光明皇后御筆とされる三巻のうち、東大寺に現存する大愛道比丘尼経《だいあいどうびくにきょう》二巻は、天平十二年五月一日付の願文をもつ光明皇后発願の一切経、五月一日経の零巻である。光明皇后自筆ではないが、彼女の発願によって書写された由緒の明確な経巻である。

五月一日経は聖語蔵《しょうごぞう》に七百六十巻余りが現存するほか、百七十巻余りが諸氏に分蔵されている。その書写は、帰国した玄昉がもたらした最新の経典目録である開元釈教録（唐の智昇撰。七三〇年完成）に基づいて、天平八年（七三六）に開始され、その後、開元釈教録に収められていない仏典をも加えてそれを凌駕する一切経をめざして天平勝宝年間（七四九～七五七）まで続けられた。光明皇后の仏教信仰に基づいた一大文化事業となったのであり、その後の奈良時代の一切経の手本として重要な役割を果たすことになったのに加えて、個々の経巻が天平十二年五月一日付の願文をもつことが、五月一日経をいっそう著名なものにしている。しかも、正倉院文書に残された書写事業の管理帳簿によって、その書写の過程がわかる稀有な事例である。

ところで五月一日経は本来東大寺に保管されていた。正倉院文書にはその貸出記録が多数残されている。現在諸家に蔵されているものは、何らかの形で東大寺から流出したものと考えられるが、室町時代に既に流出していた経巻があったことが知られる点で重要である。義持の手許にもたらされた経緯は不詳だが、それが再び施入という形で、しかも光明皇后の夫聖武の忌日に東大寺に納められ本来の場所に戻されたのは、別の意味で「吾寺之光華希代之重事」（光経の添書）であったというべきであろう。（渡辺晃宏）

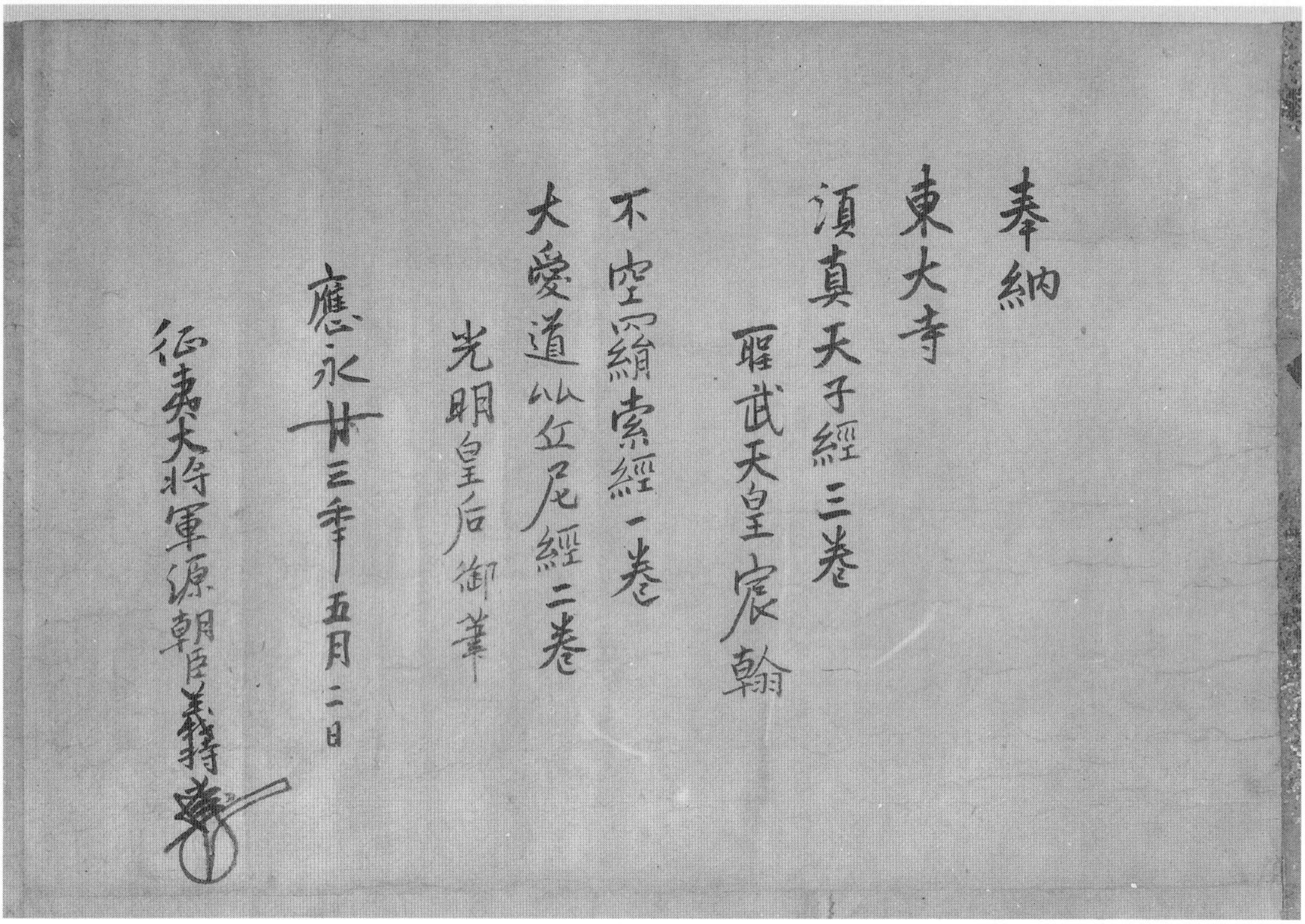

(35.2×47.9)

奉納
東大寺
須真天子経三巻
　聖武天皇宸翰
不空羂索経一巻
大愛道比丘尼経二巻
　光明皇后御筆
　應永廿三季五月二日
征夷大将軍源朝臣義持（花押）

江戸の再興

⑨公慶上人大仏殿修復勧進帳〔江戸時代　貞享二年〕（貴112—142）

世界最大の規模をもつ東大寺大仏殿と本尊盧舎那仏《るしゃなぶつ》の威容は、治承・永禄の兵火など数々の危機をくぐりぬけて、今、私たちの目の前にある。莫大な費用のかかる伽藍復興には、時の権力者の助力のみならず、常に庶民の喜捨《きしゃ》があった。ここでは江戸期再建の立役者、公慶《こうけい》上人（一六四八〜一七〇四）の勧進帳を取り上げ、民衆に支えられた再建事業の一端をみてみよう。

本書は、表紙に「南都大仏修復勧進帳」とあるように、永禄十年（一五六七）の兵火で焼損した大仏を修復する資金を集める勧進に使用された帳面である。近年になって大仏の胎内から取り出されたもので、同様の勧進帳が数多《あまた》納入されていた。折本仕立てで、紺紙の表紙・裏表紙には銀《ぎん》泥《でい》で蓮花が描かれ、雲母《うんも》の装飾が凝《こ》らされている。

表紙をめくると盧舎那仏の尊容と仏像の寸法が木版刷りされている。日付は貞享二年五月とあり、さらに公慶みずから署名をし黒印を捺《お》している。公慶が「大仏殿再興」を幕府に願い出たのは貞享元年（一六八四）、翌年には江戸をはじめ、奈良・京都・大坂で勧進を開始している。勧進帳は、この時大量に印刷されたのであろう。

続けて、寄進者と寄進額が列記されている。本史料は「宇陀郡田口組室生村」のもので、一口あたり五文、十文、十五文と小額ながら、計十八口の交名《きょうみょう》がある。主人とその家族（母、女房など）らしき名前が見え、亡父のための寄進もあるようだ。一家をあげて庶民が勧進に応じていた様子をうかがわせる。交名の後には、人数四百十四人・銭総計四貫八十七文とある。室生村の総計であろうか、人別十文程度の計算になる。公慶は、貞享二年十二月、大和国宇陀《うだ》城主に領内勧進を願い、翌年正月から近国・近郷を廻り歩いたという。本書は公慶自身が実際に室生村まで足を運び勧進した証拠でもある。

公慶は勧進の際に、さまざまな宝物を携え「大仏縁起」を講じ喜捨を乞うた。本書末尾に「大仏建立の年序」として、本願聖武天皇・行基による創建、後白河法皇・源頼朝・重源による再建の由緒が簡略に記され、最後に重源像が印刷されている。巻頭の大仏像・寸法といい、さらに所々に施されたふりがなや返り点などからは、公慶が人々にわかりやすく大仏の尊容や歴史を語り伝え再建の必要性を訴えた様子を髣髴《ほうふつ》させる。

大仏は元禄四年（一六九一）に完成。総費用金一万一千両余は、すべて公慶の勧進で集めたものという。現在、我々が目にする「大仏さま」は、当時の民衆の喜捨の賜物なのである。彼らは、胎内にひっそりと眠っていた勧進帳にその名をとどめている。大仏殿は江戸幕府の多大な援助のもと宝永五年（一七〇八）に完成した。だが公慶は伽藍の威容を見ることなく、再建途上の宝永二年に江戸で入寂。五十八歳であった。

（横内裕人）

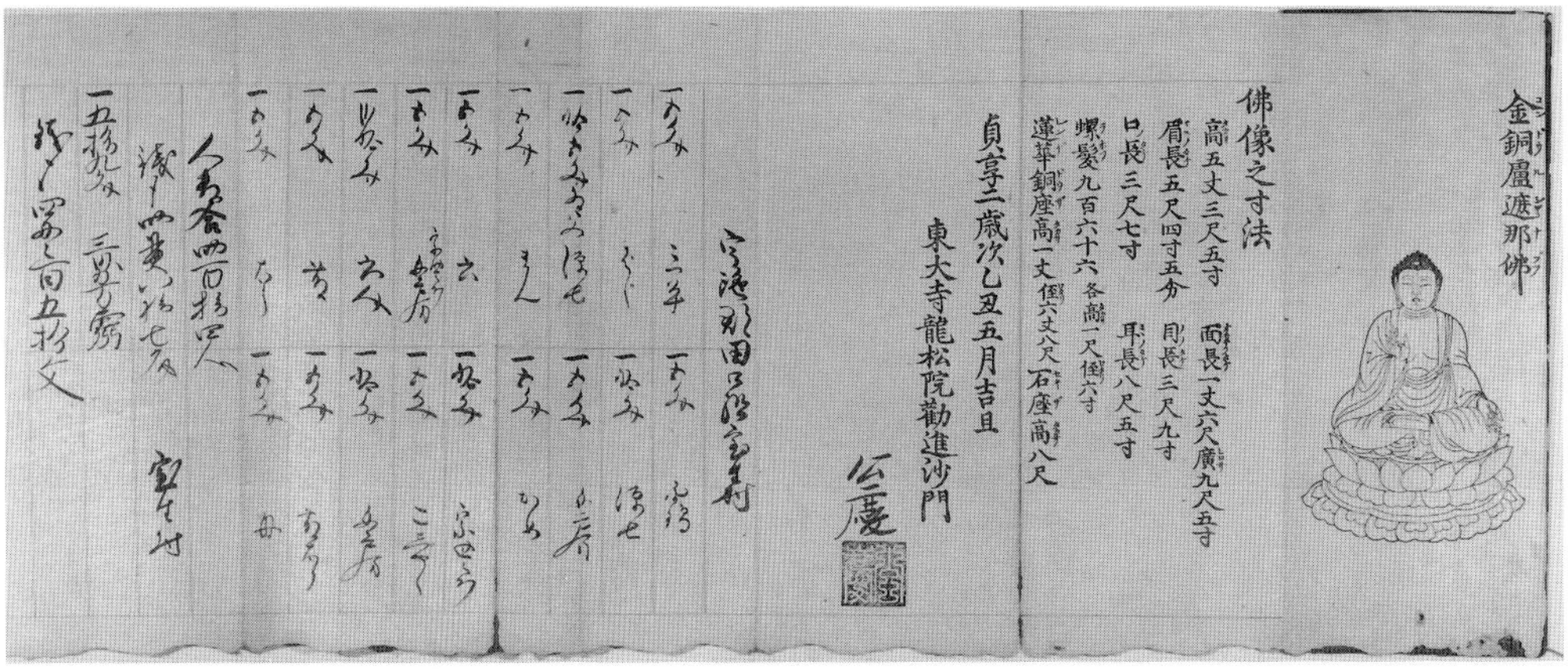

(30.1×342.0)

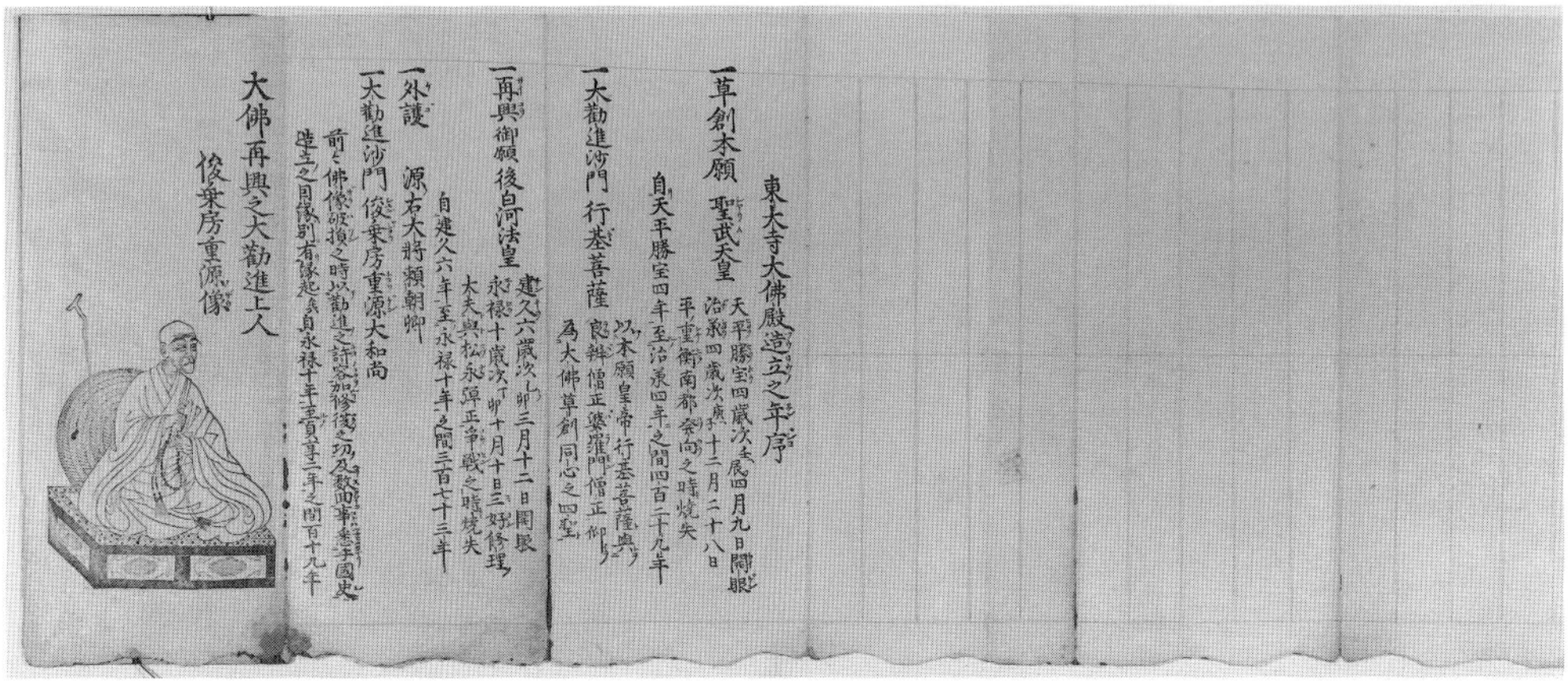

宇陀郡田口組室生村

一五文　三平　一五文　鶴
一五文　ばゞ　一拾文　源七
一拾五文　為父源七　一五文　女房
一五文　まん　一五文　かめ
一五文　六　一拾文　宗四郎
一五文　宗四郎女房　一五文　こじゃく
一弐拾文　六人　一拾文　女房
一五文　藤　一五文　藤太郎
一五文　太郎　一五文　母

人数合四百拾四人
銭〆四貫八拾七文　室生村

一五拾九文　三界万霊
銭〆四貫百五拾文

過去帳にみる支援者

⑩東大寺上院修中過去帳〔室町時代～江戸時代写〕（本坊宝物）

東大寺二月堂修二会《しゅにえ》は、奈良時代の悔過《けか》の行法を伝える法会である。天平勝宝四年（七五二）に実忠が創始したといわれるこの法会が、現在まで一度も断絶なく勤修されてきたのは、数多の人々の援助に支えられてきたからである。「東大寺上院修中過去帳」は、こうしたゆかりの過去尊霊をかき連ねたもので、全長三十四メートル余に及ぶ長大な巻子本である。修中の三月五日と十二日に読誦され、練行《れんぎょう》衆《しゅう》は諸霊の「皆成仏道」を祈願し、その資縁に報謝する。

記載された人物は「大伽藍本願聖武皇帝」以下、近世の道俗に至るまで計二四一二名に及ぶ。「練行衆日記」には、貞治五年（一三六六）分から過去帳読誦の配役が記載されるが、文和・延文年間の同日記に本過去帳が内陣の唐櫃《からびつ》に納められていたことが見え、二月堂の諸宝物とともに厳重に保管されていたことが知られる。冒頭には東大寺創建に関わった聖武・行基・良弁・実忠らの「四聖《ししょう》」をはじめ、造寺・造仏に携わった仏師・鋳師・大工の名や造寺料材木や役夫料を寄進した人々が旧記（『東大寺要録』所引「大仏殿碑文」・「造寺材木知識記」等）をもとに掲出されている。以後、歴代天皇や東大寺の高僧が連ねられているが、九世紀後半からの人名の中に香水杓《こうずいしゃく》・水精念珠・五体板などの宝物を施入した僧侶が散見されるようになり、上院すなわち二月堂の過去帳としての体裁を備えてくる。また十二世紀中頃の過去者の中に悔過行法を勤めた練行衆の名が現れる。その理由は明確ではないが、この頃二月堂修二会は京都の貴族にも知られる著名な行法となっており（「七大寺巡礼私記」）、寺内における本会の地位の上昇を見て取ることも可能であろう。

さて写真は、治承の兵火から復興を遂げた鎌倉初期の部分で、寺僧に交じり源頼朝や重源上人ら著名人の名が見える。東大寺再建を物心両面で支えた源頼朝は、まさに「当寺造営大施主」の名にふさわしい。二月堂との関わりでは水精念珠、四職《しき》袈裟、鏡、袈裟、田畠、燈油の施入者があり、とりわけ「御堂修理材木施入専阿弥陀仏」・「御堂修造勧進聖人礼阿弥陀仏」・「観音御厨子《みずし》造聖人法阿弥陀仏」らが注目されるが、これは鎌倉初期の二月堂拡張修理に関連があるらしい。また「二月堂縁起絵巻」でお馴染みの「青衣《しょうえ》女人」の名も見える。語り継がれたこの伝説を裏付けるように、本過去帳にはかなりの数の女性が記載されている。康治二年（一一四三）の「練行衆日記」には、石清水八幡宮寺別当「北方」（京都の貴族藤原宗能の息女）の参籠記事がある。現在も毎年参籠される方々のほとんどが女性であるのも興味深い。女性によって支えられた観音信仰の歴史に触れる思いがする。

過去帳という人名のみを連ねたものでありながら、東大寺伝来の文書・記録に現れない秘めた歴史を伝える好史料でもある。

（横内裕人）

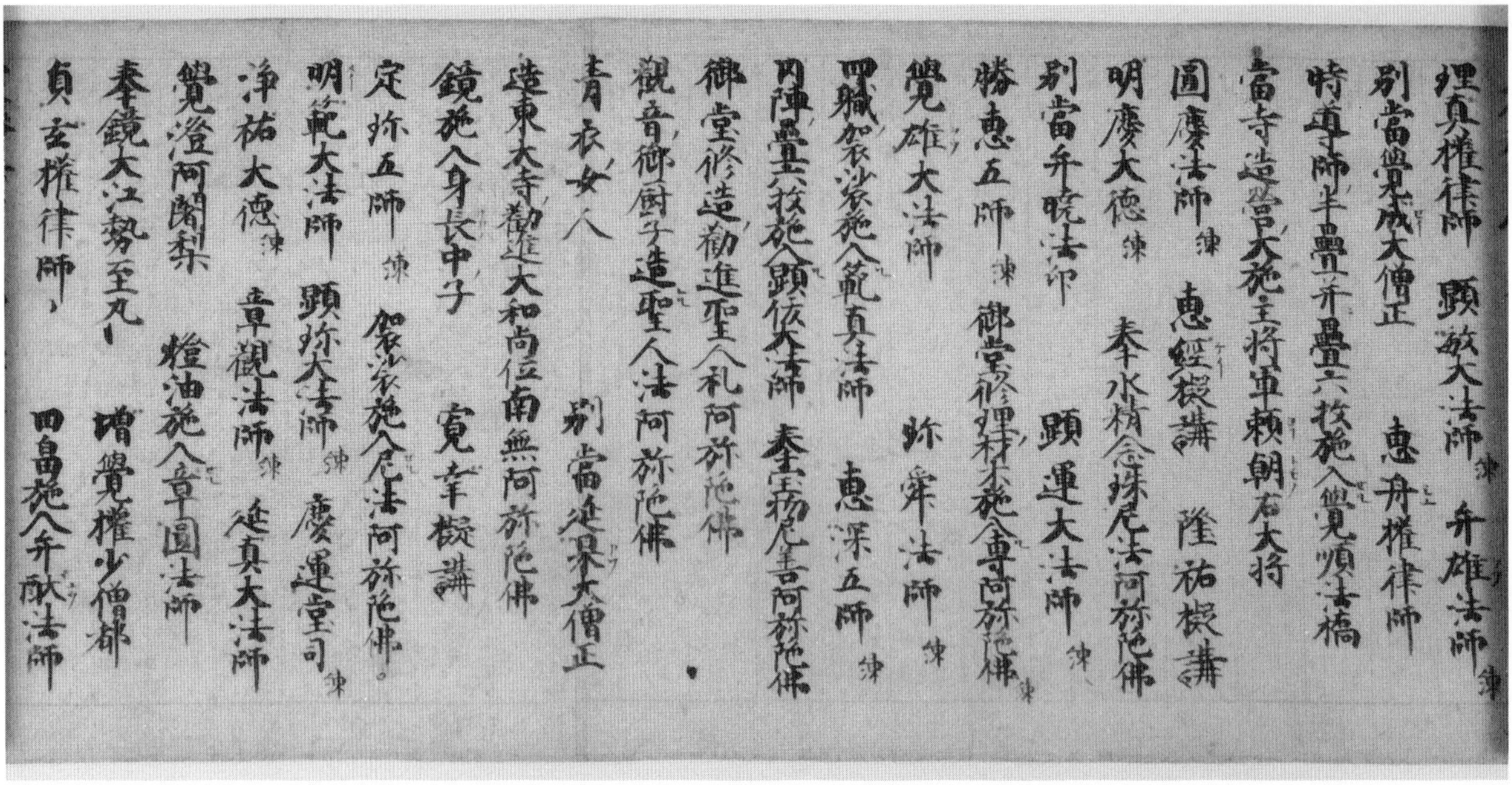

(28.0×3436.0)〈部分〉

理真権律師　顕敏大法師練　弁雄法師練
別当覚成大僧正　恵舟権律師
時導師半畳并畳六枚施入覚順法橋
当寺造営大施主将軍頼朝右大将
圓慶法師練　恵経擬講　隆祐擬講
明慶大徳練　奉水精念珠尼法阿弥陀佛
別当弁暁法印　顕運大法師練
勝恵五師練　御堂修理材木施入専阿弥陀佛練
覚雄大法師　珍舜法師練
四職袈裟施入範真法師　恵深五師練
内陣畳六枚施入顕俊大法師　奉宝物尼善阿弥陀佛
御堂修造勧進聖人礼阿弥陀佛
観音御厨子造聖人法阿弥陀佛
青衣女人　別当延杲大僧正
造東大寺勧進大和尚位南無阿弥陀佛
鏡施入身長中子　寛幸擬講
定珍五師練　袈裟施入尼法阿弥陀佛
明範大法師　顕珍大法師練　慶運堂司練
浄祐大徳練　章観法師練　延真大法師
覚澄阿闍梨　燈油施入章圓法師
奉鏡大江勢至丸　増覚権少僧都
貞玄権律師　田畠施入弁猷法師

○振仮名、送仮名は省略した。

三　寺家と寺領

永村　眞

寺院社会が時代をこえて存続するためには、宗教的のみならず世俗的な活動が必須となる。寺院とは仏法相承の場であり、仏法が断絶なく相承されるには、世俗社会のなかで存続するための世俗的な条件が不可欠となる。この世俗的な条件とは、第一に寺院を維持するための組織であり、第二に組織を支える経済的基盤であろう。寺院の組織とは、仏法と寺院空間を維持するための寺務組織と、それらを構成する階層化された寺僧・俗役の集団であり、経済的基盤とは財源とその経営に他ならない。そこで東大寺の存続を支えた二つの条件の具体的な姿を時代をおって概観し、その有様を物語る素材を「東大寺文書」の中に求めてみたい。

創建期の東大寺において、堂塔造営を推し進めたのは官司としての造東大寺司であり、造営された堂塔の移管をうけて活用したのが寺家《じけ》（法人としての東大寺）である。寺院社会の全体を統括する僧綱のもとで寺家単位に三綱《さんごう》（上《じょう》座《ざ》、寺主《てらじゅ》、都維那《ついな》）がおかれ、財務運営・法会勤修・寺僧統制の任にあたり、その執務組織は三綱所と呼ばれた（⑪東大寺三綱牒）。天平末年に寺号が登場した東大寺では、前身寺院である金鐘寺《こんしゅじ》・福寿寺・金光明寺を運営した良弁やその門下の三綱が、天平勝宝四年（七五二）の大仏開眼供養前後の寺家経営を支えていた。

聖武天皇の帰依のもとに発展をとげた東大寺であるが、寺院社会の急速な成長と政治への介入を大きな弊害と考えた桓武天皇により、造東大寺司の廃止、寺僧への統制強化という厳しい処遇をうけることになる。平安前期における厳しい政治的な環境のもとで、寺家経営を推進する中核として登場した寺家別当《じけべっとう》は、政所（かつての三綱所）を配下におき、さらに寺内造営組織である造寺所をも指揮下におさめ、寺家の代表者として「仏法」「伽藍」の維持に重要な役割を果たすことになった（⑫東大寺政所下文案）。

しかし平安中期以降、現世利益《げんぜりやく》・鎮護国家《ちんごこっけ》を大きく掲げる真言宗の興隆を背景に、他寺に止住しながら形式的には東大寺を「本寺」とする真言宗僧が、公家《こうけ》からの勧賞《けんじょう》として東大寺別当に補任され、寺内に止住しない寺家別当が次第に増加するようになった。寺外に住む寺家別当のもとにその職務を果たすため置かれた別当坊政所が、寺内側の実務組織である政所（公文所）と文書を授受し連携をとりあい寺家経営を進める体制が生まれた（⑬別当坊政所下文）。さらに院政期には寺内・寺外を問わず寺家別当のもとに別当坊政所が常置され、三綱を坊官として吸収し寺家経営をになう体制は、鎌倉時代を通して維持されたのである。

さて治承四年（一一八〇）平重衡の南都焼討により、東大寺は大仏殿を始め創建以来の堂宇を失った。いかに鎮護国家の道場ではあれ、当時の公家に東大寺を再建する余力はなく、まして寺家別当の力ではその再建は不可能であった。この東大寺の窮地を救ったのが、院政期より特定の寺院に属することなく造寺・造仏・写経の勧進活動に実績をあげていた勧進聖《かんじんひじり》である。いわゆる遁世者と呼ばれる勧進聖は、寺院社会の秩序の外にありながら様々な作善《さぜん》の場を設け、勧進（募縁）を通して広く俗人を仏法結縁に誘うことにより自らの功徳を積んだ。この勧進聖の一人であった俊乗房重源上人が、自ら大勧進として聖集団を率い、後白河上皇や源頼朝の後援をうけて東大寺の再建をなしとげた。そして大勧進と聖集団の活動拠点となった東大寺勧進所は、かつての造東大寺所・修理所にかわり造営修理を任務とする組織として存続した（⑰周防国阿弥陀寺領田畠注文）。また鎌倉中期に燈油勧進を行う燈油聖の執務所として生まれた油倉《あぶらぐら》が、大勧進を兼ねた戒壇院円照上人との関わりを通して鎌倉後期には勧進所を吸収し、「勧進所油倉」として文明年中まで造営・修理の実務をにない続けたのであった（⑱東大寺修理新造等注文）。

このような寺務組織によって経営された東大寺であるが、寺家の実体としてその存続を支えたのは寺僧集団（僧団）に他ならない。創建期に「六宗」として生まれた宗僧の集団は、時代とともに集団的な意思決定の手段を整え、単なる寺僧の集合でない僧団としてのまとまりを強めていった。そして平安後期には、五師を代表者として集会《しゅうえ》により全体の意思を固め、自らを拘束する寺法を定める僧団（「衆徒《しゅと》」「大衆《だいじゅ》」）が明確にその姿を現す（⑭東大寺満寺評定記録）。なお三面僧坊や院家に止住して六宗教学を相承する「学僧」と、諸堂に止住し堂固有の法儀に従う住僧が、院政期におのおの学侶・堂衆という寺内階層を形づくるが（⑲宗性書状）、学侶・堂衆の階層をこえて僧団は集会を催し全体としてのまとまりを保持したことは注目される。

僧団を構成する寺僧とりわけ学侶は、寺内にあって法会出仕や修学のみならず、世俗的な寺家経営への関わりを深め、寺領の預所職《あずかりどころしき》などに補任され在地経営に積極的に関与した。さらに鎌倉時代以降には寺領荘園など財源の経営を請負い、寺家に融通を行う学侶も現れ、その経済活動により寺家経営が支えられるという様相を示した。そして学侶の経済活動が寺家経営に重要な役割を果たせば、その発言力が強まるのは自然の成り行きであろう。僧団の中核にある学侶の発言力が強まることは、取りも直さず僧団の寺家経営や寺内諸階層への発言力の強化につながる（⑳小綱了賢・珍尊申状）。この力関係のもとで、僧団の代表者として集会を招集し衆議をまとめる年預五師《ねんよごし》（筆頭の五師）が、僧団自体のもつ発言力を背景に寺家経営に介入しこれを導くことになった。少なくとも鎌倉後期以降、年預五師は従来の寺家別当の役割を次第に吸収し、寺家経営の中心に位置するようになった（⑮年預所下知状）。これを反映して、寺家経営の幅広い分野で、年預五師の執務所である年預所の発給文書が見られるようになる。

さらに僧団は自らのまた寺家の利害・威信を守るため、寺外への武力行使や示威行為を行うようになった。例えば、僧団が自ら取得すべき年貢・公事を確保するため寺領荘園に「発向《はっこう》」し、寺領荘園の権益をめぐる訴訟を有利に進めるため大挙して公家・公卿に嗷訴《ごうそ》するという行為がこれである（⑯後宇多法皇院宣案）。社会的に見れば「僧兵」の横暴ともとれる僧団の行動であるが、僧団にとっては自らの利害・威信をまもるために必須の集団的な意思の表明であり、ここに寺院社会に特有の世俗社会との関わり方が見られるのである。

また古代から今日に至るまで絶えることなく東大寺が存続するためには、寺務組織や僧団とともに、経済的な基盤としての財源が不可欠の条件であった。そして各時代に特有の財源が東大寺に付与され、その経営によって寺家経営が維持されたわけである。

創建当初、新生の東大寺に勅施入された寺封五千戸が「修理破壊」「供養十方三宝」の財源に宛てられ、また造東大寺司の手で四千町を限りとする寺田の開墾が進められ、これらが財源に加わった（㉑越前国田使解、㉒東大寺要録・封戸水田章）。しかし平安前期には主要財源とされた寺封が他寺に割かれ、また寺田開墾も思うに任せぬまま、財源縮小に応じた経営規模の縮小とあわせて、新たな財源の確保が図られた。新たな財源確保には、既得権益としてあった封戸《ふこ》や正税物の便補《びんぽ》による寺領化（㉓後白河院庁下文案）、末寺の寺領化、施入された杣《そま》・田地に官物・雑事免除をうけ寺領化を図るという手段がとられ、いずれにも公家への奏請には創建以来の由緒が強調された。また既存の寺領荘園では、寺家別当や三綱の指揮により、様々な方法で寺域の拡張や年貢・公事の増収が図られ、国衙・近隣荘園や荘民との紛争も繰り返された。このような経済活動の結果、院政期の東大寺では諸国散在の拠点荘園（黒田・大井・茜部庄など）と筑前観世音寺御封《みふう》の年貢米（鎮西米）により（㉘東大寺衆徒申状土代）、安定した寺家経営が実現した。さらに平安中期以降、寺内には固有の財源をもつ院家・院房が登場し、寄進された田畠や私稲の正税加挙により、寺家に全面的に依存せぬ寺僧止住の場として存続した。

さて治承四年の平家による焼討と寺領没収は、東大寺に決定的な打撃を与えた。しかし時をおかず堂塔再建のため新たな財源が施入され、これらが寺領荘園と併せて中世東大寺の基幹的な財源となる。それは堂塔再建の財源としての造営料国であり、周防国を始め備前・筑前・伊賀・信濃国があいついで施入され、大勧進を国司として配下の在庁官人により国衙領が経営された（㉖太政官牒）。また初代大勧進重源上人は、造営料国の周防国に別所（阿弥陀寺）を設け在庁官人を檀越とし、再興した播磨国大部庄にも別所（浄土寺）を置き、支配と信心という両面から円滑な在地経営を図っている。また延慶元年（一三〇八）兵庫関が東大寺八幡宮の「修造」「顕密御願」料所として寄進され、関銭という新たな財源が加わった。これは建久七年（一一九六）に重源上人に寄進された摂津国大輪田泊《おおわだのとまり》の修固を名目に、着津する運上米から徴収する石別一升の得分という由緒をひくものである。兵庫関は八幡宮から東塔造営・東南院修造、寺内堂宇の修造料所と名目を移しながら、室町後期まで東大寺領として法会勤修を支えた（㉗兵庫北関代官職請文）。さらに寺域を取り囲む空間には、寺僧や寺家に従属する公人《くにん》・神人《じにん》の私宅が点在して町場をなし、店・宿がならび東大寺七郷と呼ばれた。東大寺は七郷に対し毎年均一の地子を賦課することはなかったが、臨時の有徳銭・棟別銭の徴収や、恒例法会における夫役などを課し、郷民に対する緩やかな支配を実現していた（㉙東大寺満寺評定記録）。

東大寺は安定した財源の確保と経営を図ったが、あわせてこれを阻害する在地の動きにも対応せねばならなかった。平安時代には寺領荘園の収公を企てる国司・郡司、これに与同する荘官・荘民が、鎌倉時代には幕府の威勢を背景に在地経営を横奪しようとする地頭や（㉔六波羅下知状）、荘園領主の支配に抗する在地の武装勢力としての悪党が東大寺の寺領経営を脅かした（㉕東大寺三綱大法師等申状）。これに対して寺家は公家・武家に訴訟を繰り返し、時に訴訟を有利に導くため衆徒の嗷訴が行われ、武装した衆徒が在地に「発向」し悪党などを攻撃したことは先にもふれた。加えて寺院特有の対抗手段として、寺家が排除したい反勢力の名を記した紙・札を堂内に納めて呪詛する、「籠名《ろうみょう》」という宗教的手段がとられたことは注目される（㉚二月堂縁起）。

このように世俗社会のなかで存続する東大寺は、各時代に経済的基盤を獲得し経営することにつとめ、寺院社会に特有の組織・機能を駆使して、その目的を果たしたといえる。

三綱所―古代東大寺の経営と寺奴婢

⑪東大寺三綱牒〔奈良時代　天平勝宝八歳〕（重要文化財）

日本の古代寺院には三綱《さんごう》という組織があった。上座《じょうざ》・寺《てら》主《じゅ》・都維那《ついな》からなる三綱の制度が整えられたのは、八世紀初期のこととされている。有能で清廉な僧尼がこれらの職につき、寺内の僧尼の統制、法会の勤修、財務の運営などにあたった。三綱はこのように古代寺院を統括し代表する存在だったから、俗官や他寺に一寺院全体としての意向を伝えるときにも、三綱牒という文書が用いられた。

　ここに取りあげた東大寺三綱牒は、天平勝宝八歳（七五六）八月、玄蕃寮に送達するべく作成された文書と考えられる。当時の東大寺上座は僧綱佐官を兼ねていた平栄、寺主は法正で、ともに自署を据えている。休暇中の都維那は等貴、もしくは仙主であろう。このうち平栄は、東大寺別当というべき地位にあった良弁の腹心である。東大寺領荘園の経営に辣腕をふるうなど、実務にたけた僧侶として知られている。

　さて、この三綱牒は良民身分に改められた奴婢七人につき、それぞれが所属することになる戸と、彼らが望んでいる姓を報告した文書である。七人はおそらく聖武太上天皇を重病から救うための功徳として、前年十月に解放された奴婢たちであった。

　奈良時代の東大寺にはたくさんの奴婢がいた。天平勝宝元年十二月、孝謙天皇は大仏が完成したばかりの東大寺に行幸し、封戸四千戸とともに奴百人・婢百人を施入すると詔した。この二百人は官奴婢、つまり天皇が所有する奴婢から選ばれた。そのほか諸国や個人が貢進した奴婢、寺が購入した奴婢などが集まり、総勢二百七十〜八十人が造営事業をはじめとする様々な仕事に使役されることになった。三綱牒の七人のうち、縄麻呂・鮑女・黒女・針間女の四人は、かつて飛鳥の嶋宮に仕えていた官奴婢である。望麻呂は近江国から貢進された奴とみられる。彼らの処分権・使用権・解放権は、東大寺施入後も天皇のもとに留保されていて、このたびの放賤もその現われと言える。

　解放の詔が出されると、縄麻呂たちは平城宮玄蕃寮に召され、その旨を告げられたらしい。そして良民になった後の処遇を、三綱牒で報告していただきたいと東大寺に伝えた。本文書はそうした経緯によって作成されたものである。ふつう奴婢の解放はその主人が国郡司に申請して行なわれるが、この場合は天皇によって放賤従良が決められ、事後手続が東大寺三綱と玄蕃寮によって進められたことになる。三綱は寺院資財の一部として奴婢を管理し、それを俗官である治部省・玄蕃寮が監督していたのである。

　しかしなぜ、七人の奴婢は割注に記された戸に編附されることになったのだろうか。特にもと官奴婢であれば、本主の戸ということはあり得ないのだが。そして、彼らが良民として過ごした残り少ない日々についても、私たちはほとんど何も知らないままでいる。

（吉川真司）

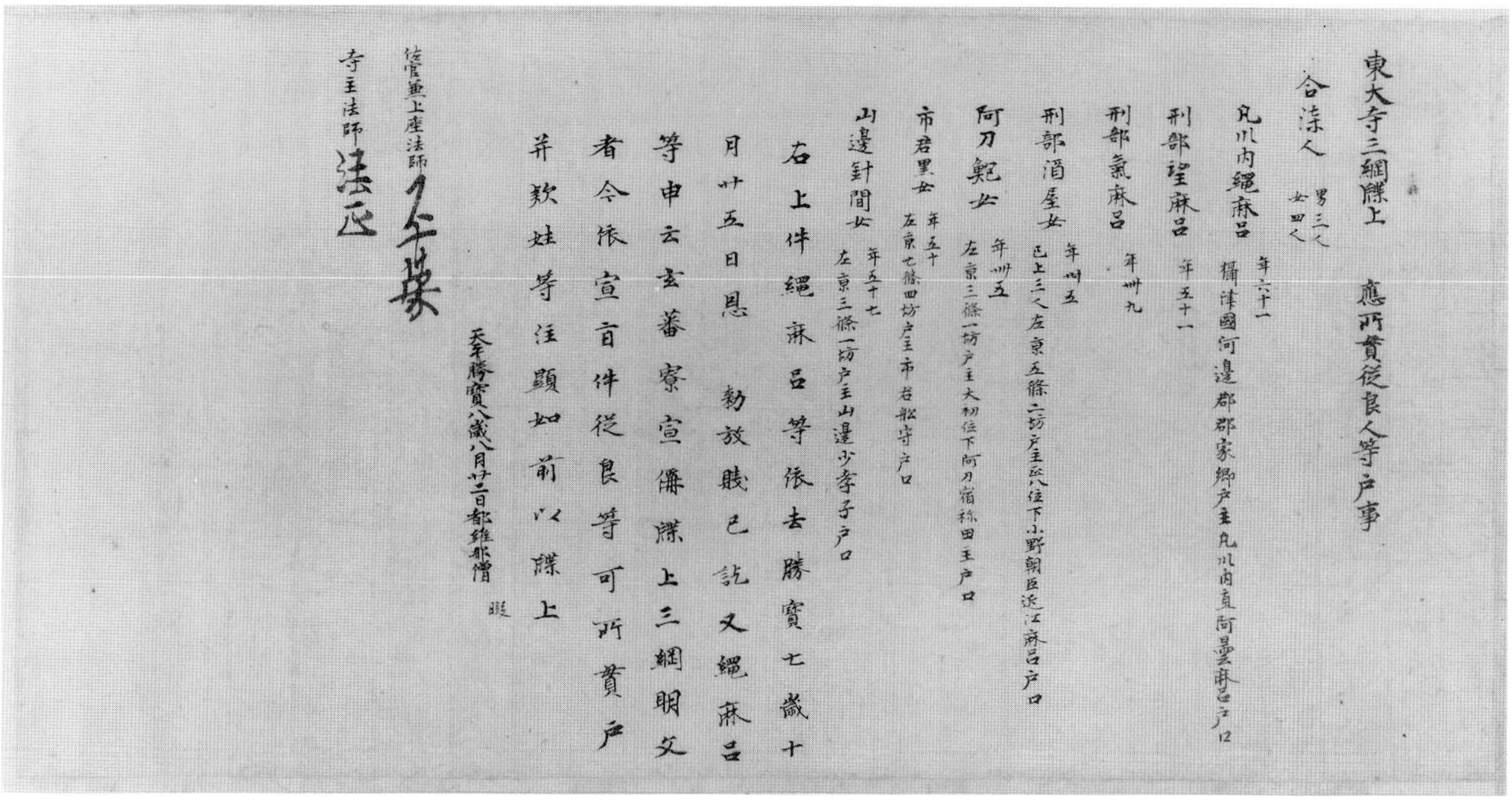

(28.2×56.8)

東大寺三綱牒上　　應所貫従良人等戸事
合漆人 男三人 女四人
凡川内縄麻呂 年六十一 摂津国河辺郡郡家郷戸主凡川内直阿曇麻呂戸口
刑部望麻呂 年五十一
刑部気麻呂 年卌九
刑部酒屋女 年卌五
已上三人、左京五條二坊戸主正八位下小野朝臣近江麻呂戸口
阿刀鮑女 年卌五 左京三條一坊戸主大初位下阿刀宿祢田主戸口
市君黒女 年五十 左京七條四坊戸主市君船守戸口
山辺針間女 年五十七 左京三條一坊戸主山辺少孝子戸口
右、上件縄麻呂等、依去勝宝七歳十
月廿五日恩　勅、放賤已訖、又縄麻呂
等申云、玄蕃寮宣偁、牒上三綱明文
者、今依宣旨、件従良等可所貫戸
并歎姓等、注顕如前、以牒上、
天平勝宝八歳八月廿二日都維那僧 暇
佐官兼上座法師 (自署)「平栄」
寺主法師 (自署)「法正」

別当と政所

本文書は現存中最初期に属する「東大寺政所下文」の案《あん》文《もん》。東大寺は十世紀以来、別当と三綱からなる政所の機構整備を進めていく。政所は、寺領支配のため在地に下す文書として告書《こくしょ》や符《ふ》を用いたが、やがて下文《くだしぶみ》を発給するようになる。下文は、十一世紀初頭より諸官司・諸家らの権門が好んで使用した命令下達文書である。

政所下文は、万寿二年（一〇二五）を初見とし、別当覚源任中、天喜四年（一〇五六）には五通が確認される。本文書は別当以下三綱所司の連署した最も正式な様式を備えている。政所下文の出現は、三綱ら寺内機構の整備を踏まえたものと考えられているが、覚源任中に特に集中して見えるのは、覚源の貴種性（花山天皇息）に関係があろうか。

この下文は、寺領丹波国多紀郡後川《しつかわ》庄に賦課された臨時雑役をめぐる国衙との間の相論に関する文書である。袖に「案」と記され、所々に書込・訂正が見られることから、草稿であることがわかる。在地に下された正文《しょうもん》は現存しない。

東大寺政所は、国司が賦課した甲頭草（鴨頭草《つきくさ》）移《うつし》紙（染紙）に用いる料紙を、相論が決着するまでの間、国衙に請け弁じてはならないと現地に命じている。

実は前年の天喜三年、新任国司橘俊綱が、突如、染紙五十枚の臨時雑役を賦課し国使を入部させている。先例なき次第に驚いた後川庄司らの訴えによって政所が俊綱と交渉したところ、俊綱は、今年ばかりのことで来年からは賦課しません、と返答したため、政所は現地で他の花を交易（購入）させ染紙料紙に添えて国衙に送付したのであった。その際、国からの返抄（請取）を受け取っていなかったという。

だが翌年も俊綱は、東大寺との約束を反故にして、国使を現地に下向させ、鴨頭草の花で染め進らす由の請文を書けと責め立てた。そればかりでなく国使は去年の返抄がでていないことを理由に去年分の結解《けちげ》（決済）さえも要求したのである。現地後川庄では政所に事態の打開を申し入れた。これに対して政所が現地に下したのが本文書で、昨年一年限りと述べていた国役賦課の経緯と庁目代が追って返抄を放ちますと申し送っていた事情を、あらためて国衙に問いただすから、一決するまで国役を請け弁じてはならない、と命じている。関連文書によれば、俊綱は東大寺からの再度の要請をはねつけたため、翌天喜五年には、荘住人らは逃散《ちょうさん》して国衙に抵抗している。

ちなみに当代随一の文化人として知られる橘俊綱は関白藤原頼通の実子であった。権門東大寺の命にたやすく従わない威勢のほどが知られる。鴨頭草移紙は、露草（青花）の汁を染め込んだ紙のことで、当時の貴族の邸宅や仏堂の装飾に利用された嗜好品である。風流を凝らした貴族の生活の背後には、受領と荘園の住人・領主との葛藤があった。

（横内裕人）

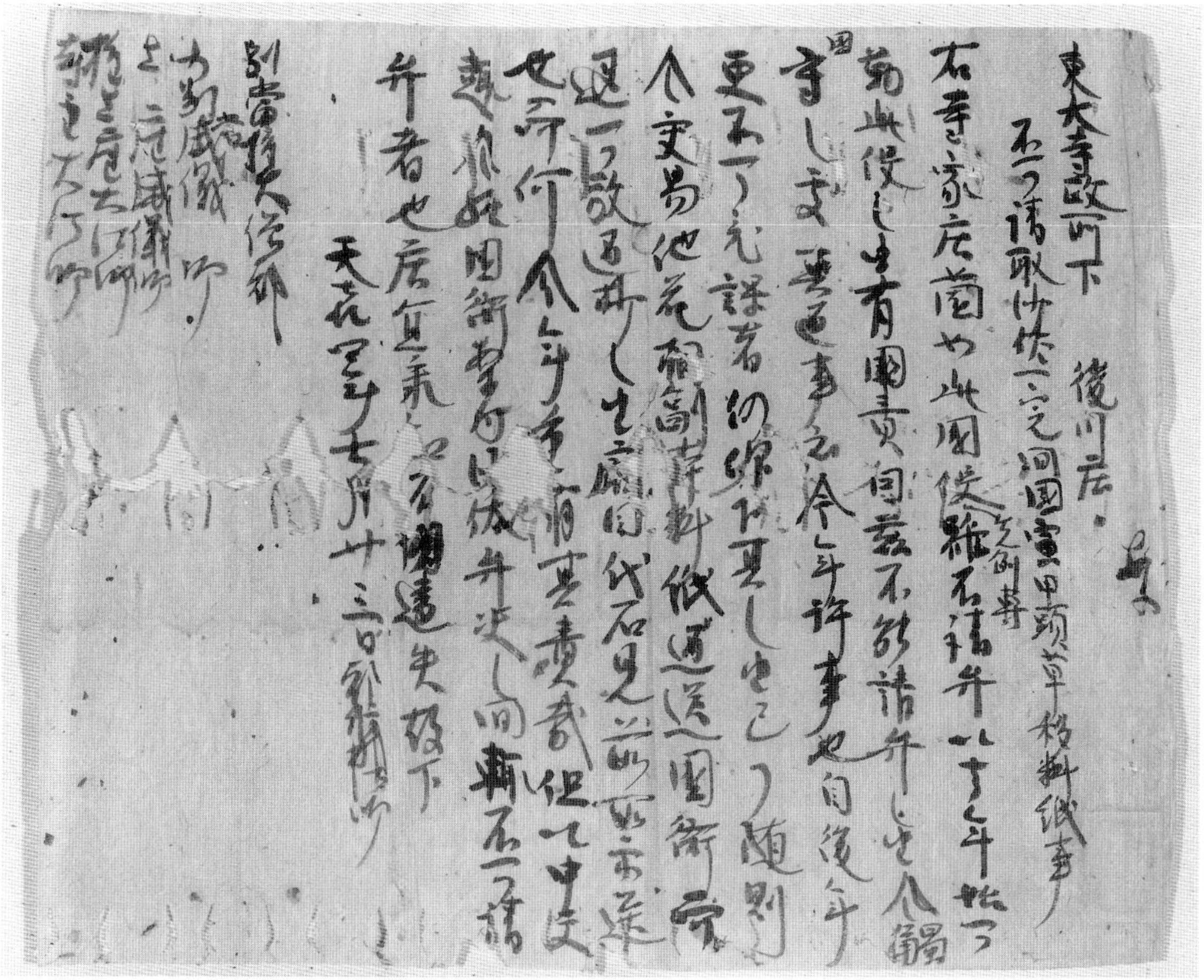

(25.9×33.8)

案

東大寺政所下　後川庄

不可請取沙汰〔汰、下同じ〕一定間国宣甲〔鴨〕頭草移料紙事

右、寺家庄薗如此国役○〔先例専〕雖不請弁、以去年始可

勤此役之由、有国責、因茲不能請弁之由、令触

〔国〕守之處、其返事云、今年許事也、自後年

更不可充課者、仍仰下其之由已了、随則

令交易他花、相副草料紙返〔マヽ〕送国衙、而

退可放返抄之由、庁目代石見前所示送

也、而何今年重有其責哉、但以申文

趣令経国衙案内、沙汰弁決之間、輙不可請

弁者也、庄宜承知不■違失、故下、

天喜四年七月廿三日都維那法師

別当権大僧都

小別〔当〕威儀師

上座威儀師

権上座大法師

寺主大法師

寺外別当と別当坊政所

⑬別当坊政所下文〔鎌倉時代　建治二年〕（成巻12－4）

力のこもった楷書体の筆つかいからは、いかにもこの時代の権威ある下文《くだしぶみ》という雰囲気がよく伝わってくる。これは、東大寺別当坊政所が沙弥実円を大井庄下司職《げしき》に補任したもので、大井庄は、東大寺領荘園のなかでも史料が豊富に残る。現在の岐阜県大垣市に所在し、東大寺に対して法花会・華厳会料などを負担していた。文面をみると、沙弥実円は前任の東大寺別当定済の任期中に下司職を改易されたことがわかる。これに対し実円は亀山院にはたらきかけ、三通もの院宣を得、それを力に下司職に返り咲いたようである。「副下　院宣案三通」というのがそれを指しており、この文書も本史料と共に連券として伝来している。大井庄下司職をめぐってはしばしば相論が繰り返されていた。実円こと左衛門少尉惟宗言光が最初に下司となったのは、宝治元年（一二四七）のことであったが、実質的な支配はなかなかできず、以来、三十年にわたって彼は訴訟に明け暮れていたのである。院宣まで獲得し、実円の念願がこの下文によってようやくかなった、とも見える。しかしこれもつかの間、翌年の建治三年（一二七七）には早くも実円は四百二十貫文で下司職を売却した。訴訟費用を調達するため莫大な銭貨を借り入れていたためである。長期にわたる下司職獲得のための訴訟はあまりにも負担が大きかったのである。彼の敵対者大中臣氏もまた同様に没落してしまう。いかにも十三世紀後半の時代相をうかがわせる事柄であった。

さて、この文書冒頭には「東大寺別当法務大僧正」とあり、奥上署判には「別当権律師」がいることに気づくだろう。「別当」が二人いるわけであるが、前者は東大寺全体を代表する寺家別当のことであり、この時は法務大僧正道融。これに対して後者は、道融の家政機関である坊政所の坊官別当のことである。奥下や日下に署判している院司威儀師や公文大法師も道融の坊官である。つまり、この政所下文は東大寺別当と三綱が構成する寺家政所の下文なのではなく、道融の坊政所が発給した下文なのである。平安時代末期以降、東大寺別当は寺外に居住する真言宗の貴族僧がつづくようになる。この道融も太政大臣西園寺公経の子で、仁和寺御室の弟子として伝法灌頂《でんぽうかんじょう》をうけ、この当時は東寺長者で御持僧《ごじそう》の任にあった。この意味では東大寺学僧というよりも、仁和寺・東寺を拠点とする権貴な真言僧というほうがよりふさわしい。鎌倉時代の東大寺別当にはこのような人物が多く、別当と東大寺寺僧らとの間には距離が生じる事となった。そこで寺家別当は自らの家政機関として坊政所を構成して、そこを拠点に寺務をとったのである。本文書もこうした別当坊から発給されたものなのである。

（久野修義）

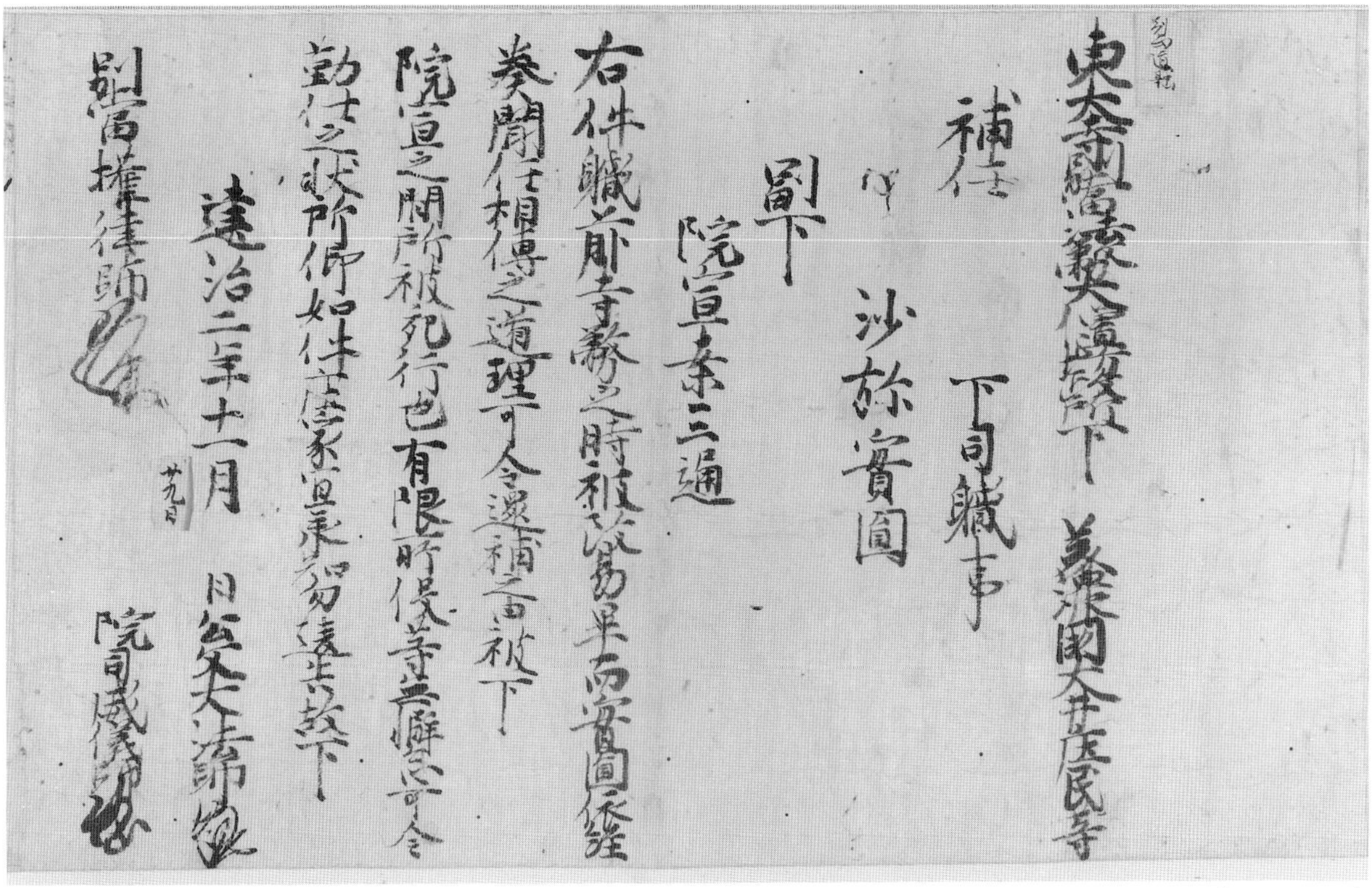

(32.7×54.2)

（貼紙）「別当道融」
東大寺別当法務大僧正坊政所下　美濃国大井庄民等
補任　下司職事
沙弥實圓
副下
院宣案三通
右、件職、前寺務（定済）之時被改易畢、而實圓依経
奏聞、任相伝之道理、可令還補之由、被下
院宣之間、所被宛行也、有限所役等無懈怠可令
勤仕之状、所仰如件、庄家宜承知勿違失、故下、
建治二年十一月（貼紙）「廿九日」　日公文大法師（花押）
別当権律師（花押）　院司威儀師（花押）

49　寺家と寺領

⑭東大寺満寺評定記録〔鎌倉時代　正中二年〕（1—12—100）

僧団と集会

中世東大寺に止住する寺僧集団（僧団）は、寺家の存続や僧団の利害に関わる問題をめぐり、その集団的な意思をとりまとめるため一同に会して合議を遂げた。この満寺《まんじ》集会《しゅうえ》という場で一決された僧団の意思は、年預五師《ねんよごし》の手で「衆議記録」「衆議起請文」「集会事書」として成文化され、時に寺法として満寺の衆徒を拘束することになった。

本文書は、正中二年（一三二五）に播磨国大部庄《おおべのしょう》でおきた公文職《くもんしき》相論に際して、その審理のための満寺集会に「沙汰人」の出仕を義務づけることを、改めて満寺集会で決議した「記録」である。

建久三年（一一九二）に造東大寺大勧進重源上人の手で再興された大部庄では、重源の寄進をうけた寺内の東南院がその荘務職を相承し、現地では王氏を公文職に補任して荘務を委ね、最勝講・顕密供・八幡宮法華八講供米の寺納・下行《げぎょう》を行ってきた。ところが鎌倉後期に供米の寺納が滞るなかで、同庄の荘務職は東南院から供米の受給権をもつ惣寺（年預五師を頂点とする僧団）に移り、その後いくたびか東南院と惣寺の間を往復したが、正中二年には惣寺のもとにあった。そこで惣寺は寺僧から「沙汰人」を選任して荘務と供料の寺納・下行にあたらせ、また王氏一族の内での公文職相論にも惣寺が介入した。

大部庄公文職をめぐる三問・三答にわたる訴・陳状の往復の後に、「訴・論人」を召還した審理が満寺集会の場でなされた。ところがこの集会の場に「沙汰人」がしばしば欠席するため審理が進められず、出仕した「訴・論人」や寺僧はいたずらに無駄な時を送ったため、「沙汰人」に集会出仕を義務づける決定がなされたわけである。

この「記録」では、「沙汰人」である寺僧が「見病・他行等」で集会に欠席する際に、起請文《きしょうもん》の提出が求められた。もし起請文なしに欠席したならば「五人合《ごにんごう》の咎《とが》」（年預五師を含む寺僧五人に酒を振る舞う罰）をうけ、これを拒否した「沙汰人」には、その受給すべき「供料《ぐりょう》」から過酒分を年預五師が差し押さえる定めとされた。さらに公文相論をめぐる満寺集会で、三分二以上の寺僧出仕のもとになされた衆議に、理由の如何を問わず欠席した「沙汰人」が異議をとなえることは許されなかった。

この「記録」はあくまで大部庄の「沙汰人」に対する満寺集会の決定であるが、「五人合の咎」等の罰則規定は、定期的に催される満寺集会に寺僧を出仕させるための規定を準用したものである。このような規定のなかに、東大寺を始めとする寺院社会において、集団的意思を固める集会という場が、寺家経営に如何に重要な役割を果たしていたかを見ることができよう。さらにこの文書は、寺領荘園をめぐる相論が、荘園領主である寺家において審理された事実と併せて、その手続きの一端を窺わせる貴重な素材といえる。

（永村眞）

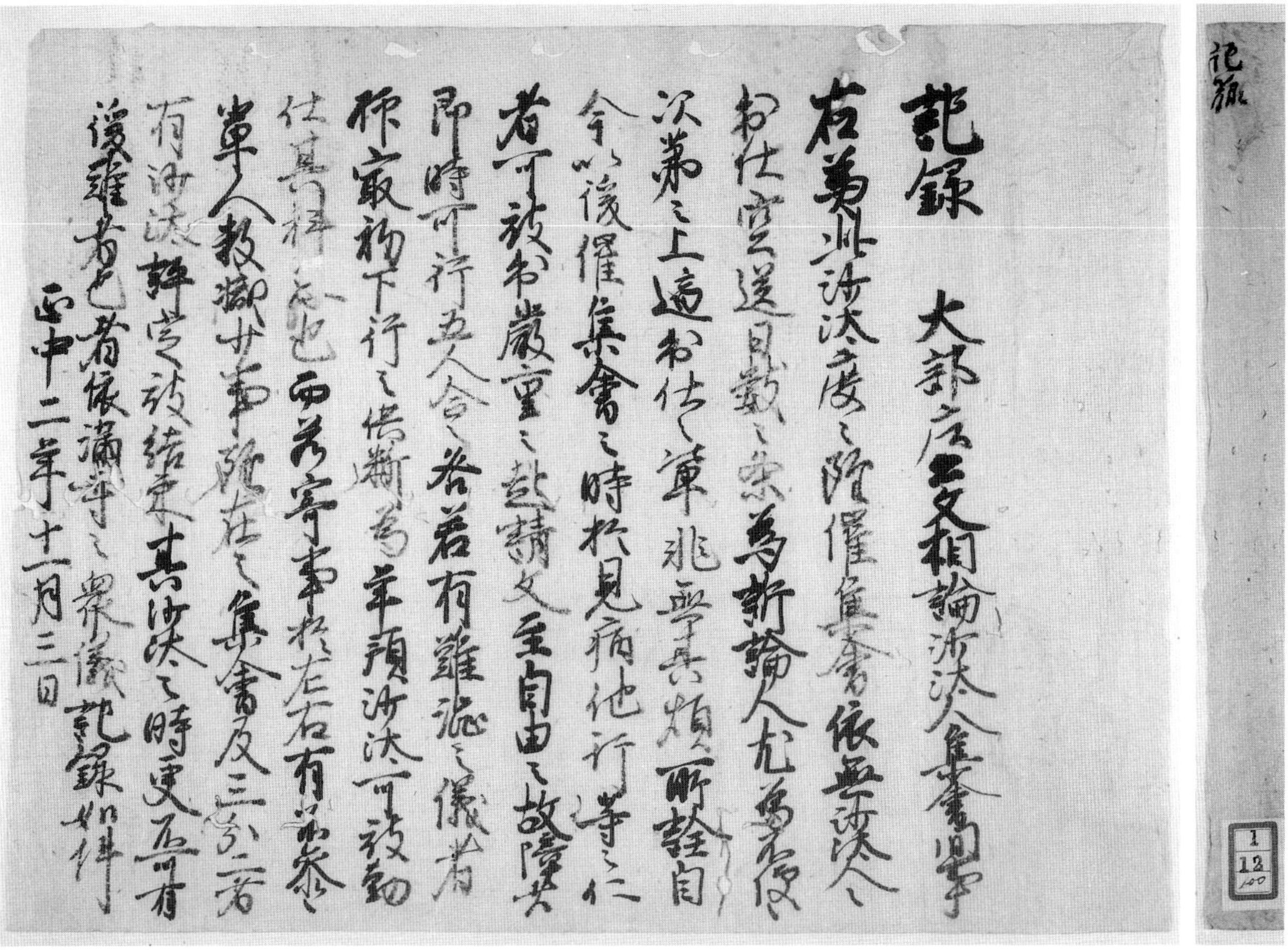

(30.9×40.5)

（端裏書）「記録」

記録　大部庄公文相論沙汰人集會間事
右、為此沙汰度々雖催集會、依無沙汰人之
出仕、空送日数之条、為訴・論人尤為不便之
次第之上、適出仕之輩、非無其煩、所詮自
今以後、催集會之時、於見病・他行等之仁
者、可被出厳重之起請文、至自由之故障者、
即時可行五人合之咎、若有難渋之儀者、
抑宦初下行之供析、為年預沙汰可被勤
仕其科怠也、而若寄事於左右、有不参之
輩、人数減少事雖在之、集會及三分二者、
有沙汰評定、被結束其沙汰之時、更不可有
後難者也者、依満寺之衆儀、記録如件、

正中二年十一月三日

年預五師と年預所

⑮年預所下知状〔鎌倉時代　永仁五年〕（成巻72－5）

永仁五年（一二九七）といえば、有名な徳政令が鎌倉幕府によって発布された年。この時期、社会は大きく変容しつつあった。院政期にできあがった荘園制の枠組みも、大きな揺らぎをみせていた頃でもあった。東喜（木）殿庄は、十一世紀中頃大和守源頼親によって東大寺に寄進された五カ所の燈油料荘園の一つで、反別一升の燈油を納める事になっていた。他の四カ所の荘園はすでに東大寺の支配は及ばなくなっていたが、ここでも現地の沙汰人や名主百姓らによる未進が続いていたことが文書から読みとれる。大和盆地の南部、いまの橿原市にあって比較的近いというわけで、東大寺の年預所は、実りの秋を迎えたこの時期、東喜殿庄の現地に小綱・出納や公人を寺家の使者として派遣、耕地に札を立てて立ち入りを禁じ作物を差し押さえる（点《てん》定《じょう》）という実力行使に出た。年預所は沙汰人名主百姓等にそのことを通告し、現地の収納責任者である沙汰人に対しては、寺家からの使者に協力し、さらに実状を報告せよとも命じている。「自由に任せて（勝手気ままに）の奸謀」だとか、「沙汰人の私曲」「名主の不法」など、史料中の文言からもこの荘園支配の容易ならざる様子がうかがえる。実際、東大寺はここから雑役として油を収納するにすぎず、この地の領主として、興福寺一乗院という有力な門跡が存在していた。この頃大和国では、興福寺の一国支配がすすみ、在地の有力者も衆徒国民《しゅとこくみん》として編成されつつあった。そのような状況下にありながらも、鎌倉後期の東大寺では年預所を中心にした寺僧等の自治を展開させ、そこを中核に荘園経営の建て直しに努めていたのである。

年預所を構成していたのは、文書奥上にも署判を据えている五師大法師で、これは僧綱・得業への昇進前にあたる学侶の最高位にある五人の寺僧の位であった。年預所はその執務所で、年ごとに交替する世話役を年預五師と称した。院政期には成立し、鎌倉時代以降は寺僧集団の自治の核として、東大寺の寺内運営や荘園支配に大きな役割をはたした。この文書は年預所のそんな具体的な動きを伝えるものである。端裏書にもあるように「下文」とも称されているが、書止文言には「下知件の如し」とあることから下知状ともいっている。注目すべきは、このような年預所からの命令は、常に「（満寺）衆議」をうけて、すなわち東大寺という組織の集合意志を受けて発給されたということである。その意味では古文書学でいう「奉書《ほうしょ》」の一面を持ち、「関東下知状」などに比してみると興味深い。「年預所下知状」は中世東大寺における寺僧「衆議」による自治と、その荘園支配の一面を如実に示すものといえる。（久野修義）

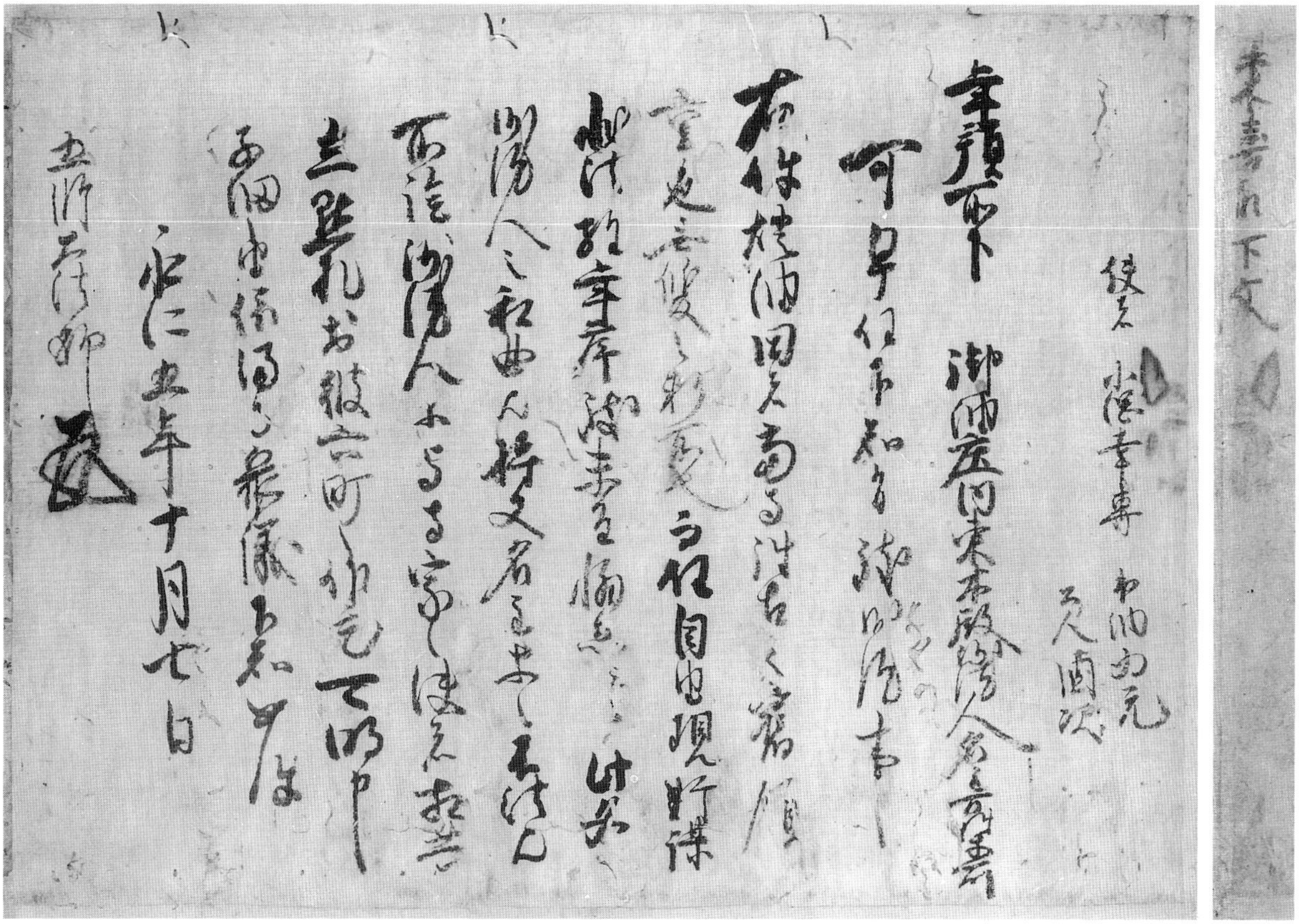

(31.0×42.2)

(端裏書)「東喜殿下文」

使者　小綱幸専　出納為元

公人国次

年預所下　御油庄内東木殿沙汰人名主百姓等所

可早任下知旨致沙汰事

右、件燈油田者、当寺往古之旧領、

重色無双之粁所也、而任自由現奸謀

非法経年序、致未進懈怠云々、此条

沙汰人之私曲歟、将又名主等之不法歟、

所詮沙汰人等、与寺家之使者相共

立点札於彼六町之作毛、可明申

子細之由、依満寺衆儀、下知如件、

永仁五年十月七日

五師大法師（花押）

⑯後宇多法皇院宣案〔鎌倉時代（元応元年）〕（3—1—3）

この後宇多法皇院宣案は元応元年（一三一九）における東大寺八幡宮神輿《しんよ》入洛に関わるものである。

元応元年正月、東大寺八幡宮神輿は兵庫関をめぐる訴訟により入洛した。この訴訟の原因は当時東大寺に与えられていた兵庫津関銭《せきせん》の特権が大覚寺に寄進されたためであった。神輿は大仏殿に遷座していたが、勅許《ちょっきょ》が無かったために、朝廷に異議を唱えて入洛することとなった。神輿が法性寺《ほっしょうじ》の辺に到着したところ、衆徒らは神輿を置いて逃げ去ったのである。そのため神人らが神輿を奉戴して出発したところ、七条河原において検断奉行の渋谷一党と思われる武士によって襲われ、神人らも河原に神輿を放置して逃げ去ってしまった（『文保三年記』）。先例によれば、神輿は東寺に入御するはずであったが、折しも東寺と東大寺は本末相論の最中であったため、神輿は蓮華王院に納められ（『花園天皇宸記』文保三年正月二十一日条）、翌年十一月、東寺と東大寺の相論に裁許が出されて、ようやく神輿は東寺に入御した（『東宝記』第一）。

ところでこの院宣《いんぜん》案によれば、元応元年四月十二日まさに神輿入洛の最中に、石清水八幡宮寺において後宇多法皇自らが大阿闍梨《だいあじゃり》を勤仕する結縁灌頂《けちえんかんじょう》が予定されていた。

後宇多法皇は徳治二年（一三〇七）に醍醐寺報恩院憲淳から、翌年には仁和寺真光院禅助からそれぞれ伝法灌頂《でんぽうかんじょう》を受けた。これにより法皇は真言密教の二大流派である広沢・小野両流の正統を相承し、「法流の一揆」を成し遂げることとなった。法皇による真言密教事相のあいつぐ相承の意図とは、法皇独自の法流である「後宇多院御法流」を創始するためでもあった。法皇は「後宇多院御法流」の紹隆のために、大阿闍梨として石清水八幡宮寺において結縁灌頂を催した。そしてこの院宣案に記される結縁灌頂はその第一回目にあたり、法皇にとって重要な法会の開催には神輿帰座が必須であった。それは「今度御願の儀他に異なるの上、他事に准じ難く候歟」という一文から知られよう。そこで法皇は東大寺別当公暁に対して院宣を下し、先立つ徳治三年に法皇が東寺において伝法灌頂を受けた際にも春日神木が在洛していたが、一乗・大乗両院に帰座を求めて無事に遂行された先例を引き合いに出しながら、東大寺における後代の「美談」とするためにも、衆徒らに命じて神輿を帰座させるよう求めている。この院宣から法皇にとって、寺院社会における真言行者としての立場と、公家社会を統括する上皇の立場は一体のものであったことが窺えよう。

なお兵庫関をめぐる訴訟の行末は定かではなく、神輿の帰座も元亨元年（一三二一）六月まで待たねばならなかったが（『花園天皇宸記』元亨元年六月八日条）、神輿入洛中にもかかわらず法皇の結縁灌頂は三度に亘って無事行われたようである（『後宇多法皇御手印縁起』）。

（藤井雅子）

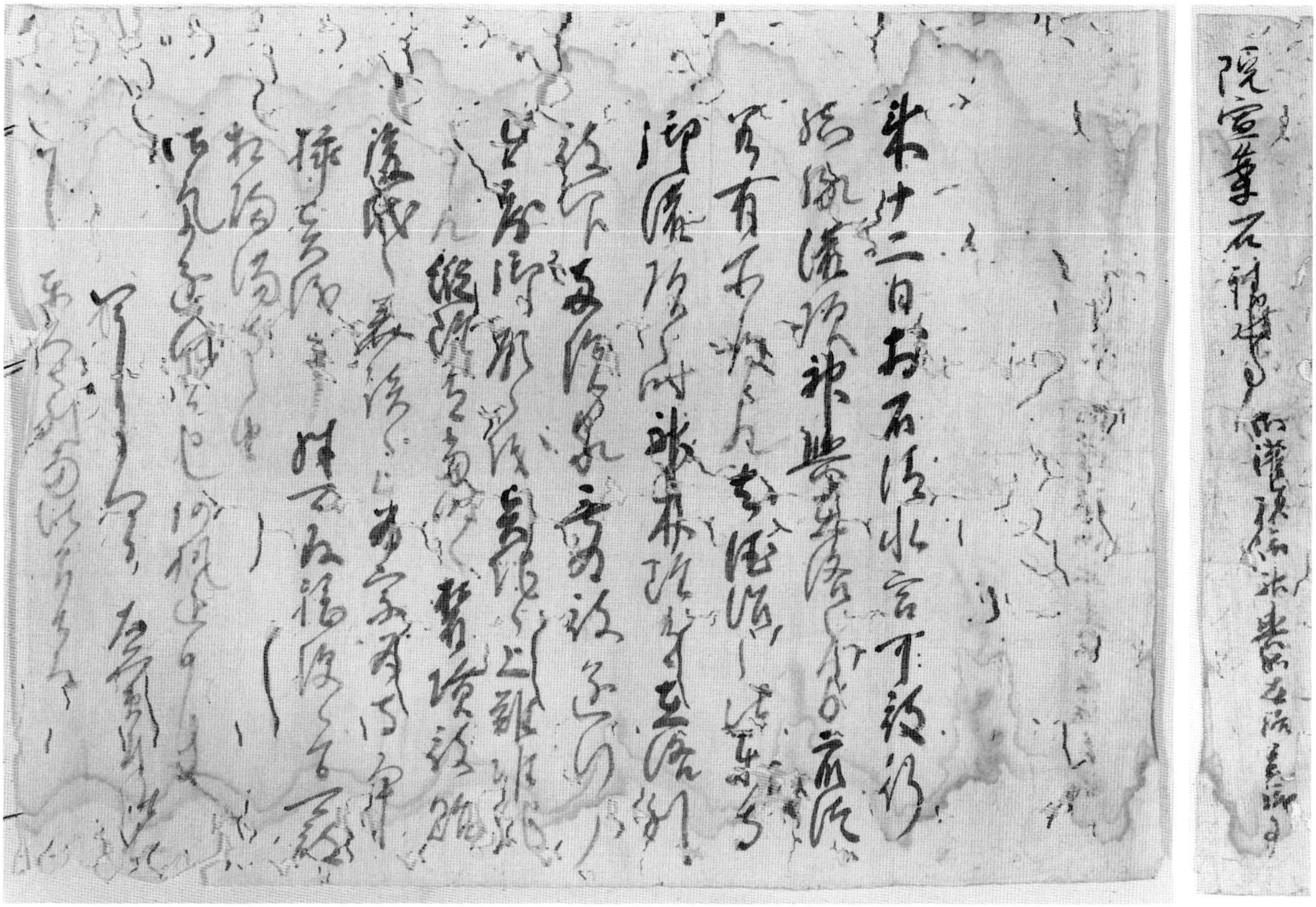

(31.0×42.0)

(端裏書)
「院宣案石清水事　御灌頂依神輿御在洛異儀事」
来十二日於石清水宮可被行
結縁灌頂、神輿在洛之間、衆徒
若有所存歟、去徳治之比、東寺
御灌頂之時、神木雖有在洛、別
被仰両院家、(一乗院・大乗院)無為被遂行了、
今度御願之儀異他之上、難准他
事候歟、縦雖有当時之鬱憤、被貽
後代之美談候歟、為宗為寺、争
挿異儀乎、殊可存穏便之旨、可被
相触満寺之由、
御気色所候也、仍執達如件、
(元応元年)
四月四日　　　右兵衛督隆長(吉田)
謹上　東大寺別当法印御房(公暁)

⑰周防国阿弥陀寺領田畠注文〔鎌倉時代　正治二年〕（重要文化財）

　現在、山口県防府市にある阿弥陀寺は、東大寺大仏殿の再建のために周防国へ下った俊乗房重源が、国府から北東にあたる勝地を選び、建久八年（一一九七）に東大寺の別所として建立した寺で、後白河法皇の後生の安穏を祈願する祈願所であった。その後堂舎の整備が進められ、あわせて寺領の寄進が行われた。正治二年（一二〇〇）十一月、重源は周防国司庁宣で寺領の田畠に対する税を免除する命令を下し、これをうけて目代以下在庁官人ら四十五人が寺の護持を誓って作成した起請文が、この注文である。

　まず最初に「周防国　定め置く南無阿弥陀仏別所の寺用料田畠の事」とあり、以下田畠の所在と面積、念仏衆ら給人の順に書き上げられ、続いて先の国司庁宣を引用したうえで、税を免除したことを再確認し、最後に在庁官人らが檀越《だんおつ》として寺を護持していくことを誓約する文言が書かれている。これに対し重源は、彼らが起請文を出したことを喜ぶとともに、それが神仏の意に叶うことである旨を書いて署判をしている。また袖にも「大和尚」と書いて花押を据え、さらに紙継目の裏にも花押を据えている。

　重源はこの阿弥陀寺をはじめ、東大寺・高野山・伊賀・播磨・摂津渡部・備中の都合七ヶ所に別所を置いたが、そのうち高野山と伊賀を除いた五ヶ所に浄土堂を建立し、丈六の阿弥陀仏を安置して、念仏衆を置いた。阿弥陀寺には、十二人の念仏衆と六人の維那《いな》、そして三人の承仕《じょうじ》を置き、念仏衆と維那には各一町ずつ、承仕には各三段ずつの衣食料田を与えて、毎月の薬師講・阿弥陀講・舎利講を行わせるとともに、さらに念仏衆には毎月七ヶ日の不断高声の念仏を、また維那には温室の管理も行わせた。

　なお、この注文に見える目代の春阿弥陀仏や念仏衆らは、播磨国の浄土寺に拠った大部庄の預所《あずかりどころ》観阿弥陀仏や備前国野田庄の預所重阿弥陀仏らと同じく重源の弟子で、別所や荘園の経営を担うだけでなく、勧進を行う彼に従って諸国を廻国している。

　阿弥陀寺の寺領は、この注文と同時に作成され、同寺に伝来してきた寺領田畠注文に詳しいが、それによると国府のある佐波《さば》郡だけでなく吉敷《よしき》郡や都濃《つの》郡、熊毛《くまげ》郡などの国衙領内に、広範囲にわたって散在していたことがわかる。このように所領が国内で広範囲に散在するケースは、一宮や国分寺などの国衙関連寺社でよく見られる。寺領の存在形態が一宮などの所領に類似している点や在庁官人らを檀越としている点などから、寺領の設定には、彼らも関与したと考えることが可能であろう。恐らく、重源は阿弥陀寺に対し、一宮などと同じような機能を期待したのであろう。事実、阿弥陀寺は「国司管領」の寺として、鎌倉・室町時代と東大寺の国衙経営の拠点であった。

（畠山聡）

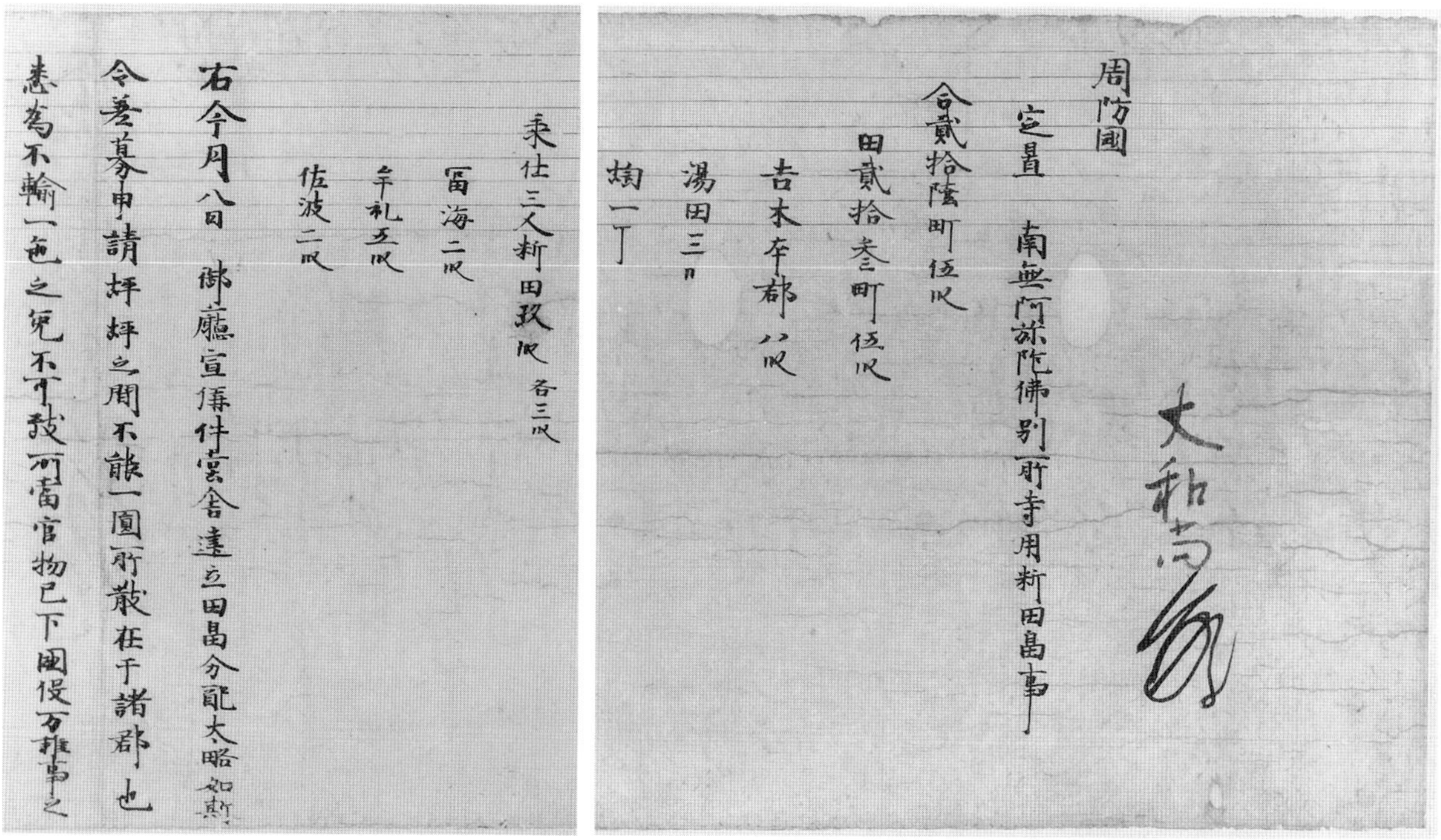

(32.3×520.0)〈部分〉

(自署)「大和尚(花押)(重源)」

周防国

定置　南無阿弥陀佛別所寺用粁田畠事

合貳拾陸町伍段

田貳拾参町伍段

吉木本郡八段

湯田三段

陶一丁

(中略)

承仕三人粁田玖段 各三段

富海二段

牟礼五段

佐波二段

右、今月八日　御庁宣偁、件堂舎建立、田畠分配、太略如斯、

令差募申請坪坪之間、不能一圓、所散在于諸郡也、

……………………(紙継目裏花押)……………………

悉為不輸一色之免、不可致所当官物已下国役万雑事之

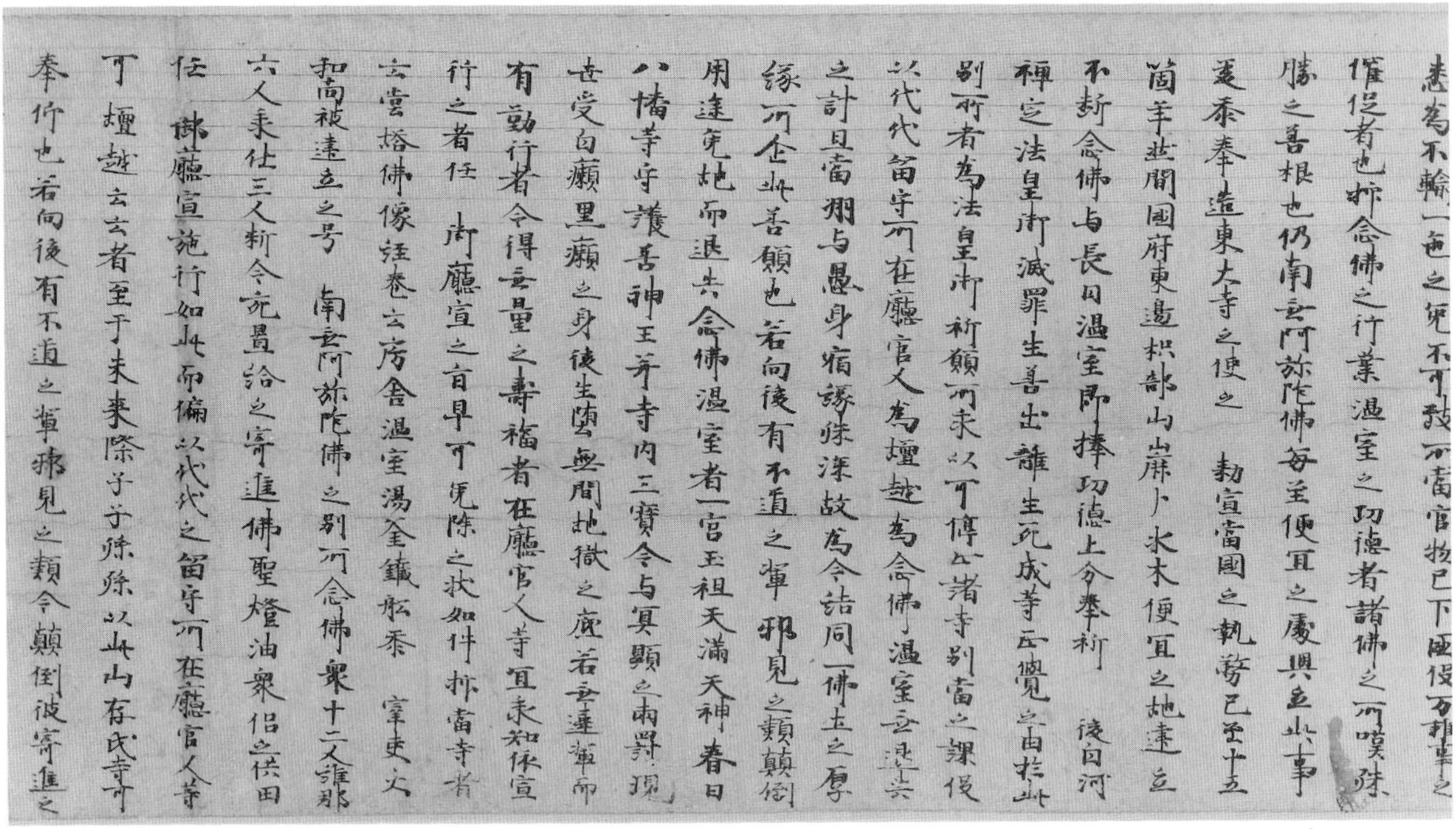

催促者也、抑念佛之行業、温室之功徳者、諸佛之所嘆、殊
勝之善根也、仍南無阿弥陀佛毎至便宜之處、興立此事、
爰忝奉造東大寺之使之　勅宣、当国之執務已至十五
箇年、然間国府東辺枳部山麓卜水木便宜之地、建立
不断念佛与長日温室、即捧功徳上分、奉祈　後白河
禅定法皇御滅罪生善出離生死成等正覚之由、於此
別所者、為法皇御祈願所、永以可停止諸寺別当之課役、
以代代留守所在庁官人為檀越、為念佛温室無退失
之計、且当洲与愚身、宿縁殊深、故為令結同一佛土之厚
縁、所企此善願也、若向後有不道之輩邪見之類、顚倒
用途免地、而退失念佛温室者、一宮玉祖・天満天神・春日・
八幡等守護善神王并寺内三宝、令与冥顕之両罰、現
世受白癩黒癩之身、後生堕無間地獄之底、若無違〔背カ〕輩而
有勤行者、令得無量之寿福者、在庁官人等宜承知、依宣
行之者、任　御庁宣之旨、早可免除之状如件、抑当寺者、
云堂塔佛像経巻、云房舎温室湯釜鐵船、忝　宰吏大
和尚被建立之、号　南無阿弥陀佛之別所、念佛衆十二人、維那
六人、承仕三人、斯令宛置給之、寄進佛聖燈油衆侶之供田、
任　御庁宣施行如此、而偏以代代之留守所在庁官人等

……………（紙継目裏花押）……………

可檀越云云者、至于未来際、子子孫孫、以此山存氏寺可
奉仰也、若向後有不道之輩邪見之類、令顚倒彼寄進之

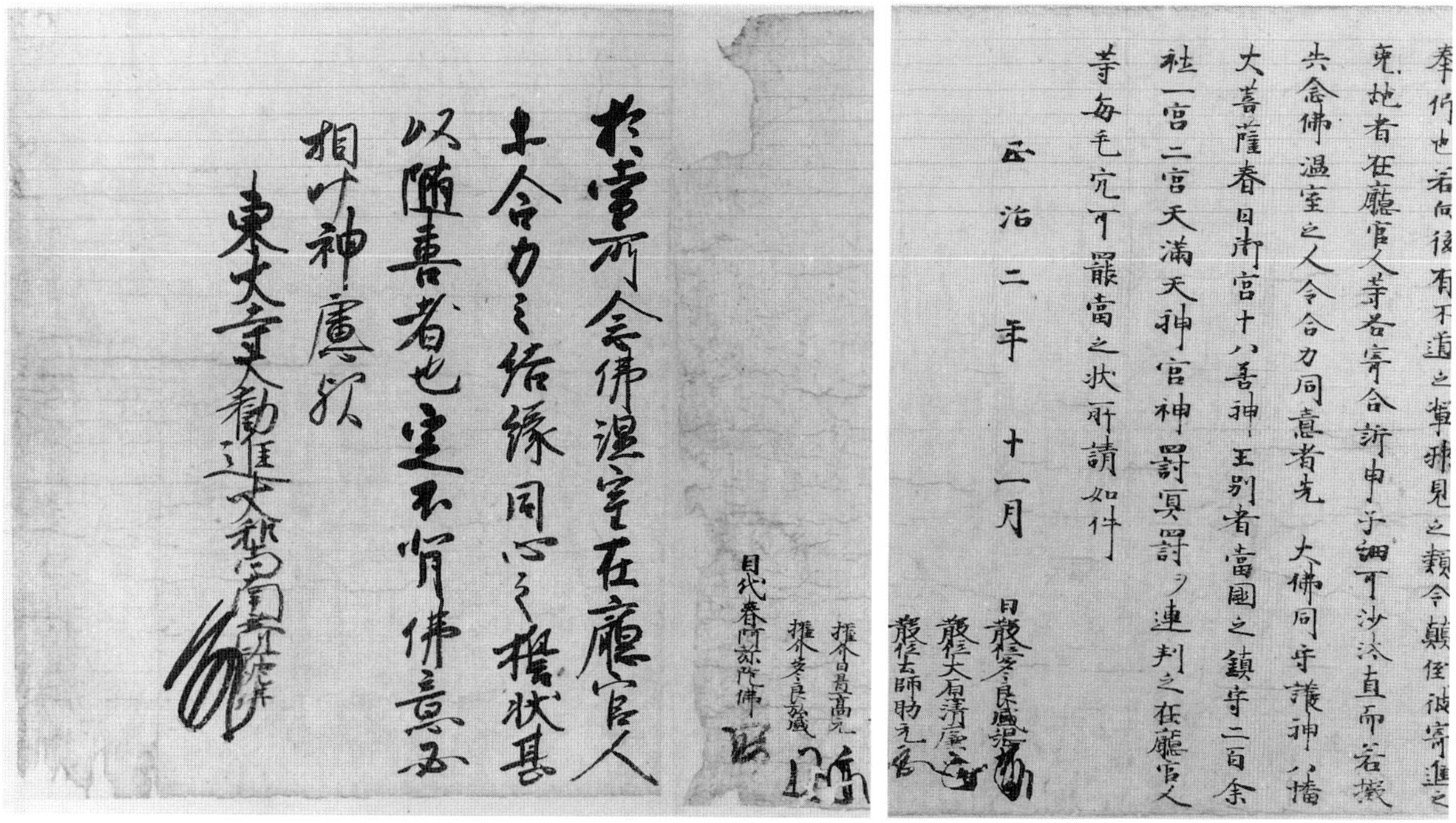

免地者、在庁官人等各寄合訴申子細、可沙汰直、而若擬
失念佛温室之人、令合力同意者、先　大佛、同守護神八幡
大菩薩・春日御宮・十八善神王、別者当国之鎮守二百余
社、一宮・二宮・天満天神宮神罰冥罰ヲ、連判之在庁官人

……………（紙継目裏花押）……………

等毎毛穴可罷当之状、所請如件、
正治二年十一月　日
散位多々良盛綱（花押）
散位大原清廉（花押）
散位土師助元（花押）
（中略）
権介日置高元（花押）
権介多々良弘盛（花押）
目代春阿弥陀佛（花押）

……………（紙継目）……………

「於当所念佛温室、在庁官人
等合力之結縁、同心之誓状、甚
以随喜者也、定不背佛意、必
相叶神慮歟、
東大寺大勧進大和尚南無阿弥陀佛（重源）（花押）」

油倉と勧進所

⑱東大寺修理新造等注文〔鎌倉時代　正応二年〕（成巻7-2）

創建期より東大寺の七堂伽藍を始め寺内諸堂宇の造営・修理には、多大な労力と経費が投じられてきた。造東大寺司により大仏殿以下の諸堂宇の創建はなされたが、平安前期に造寺司が廃止されてから院政期まで、堂塔維持を重要な任務とする東大寺別当のもとに造東大寺所・修理所という寺内組織が、堂宇の造営・修理から諸法会の道場荘厳《しょうごん》まで幅広い修造活動を支えたのである。しかし治承四年（一一八〇）平重衡の南都焼討ちにより天平以来の諸堂宇を一挙に失った東大寺にとって、いかに国家鎮護の根本道場を掲げても、檀越《だんおつ》たる公家に全面的な後援は望みがたいところであった。ここに公家や寺家とは全く異なる社会空間に活動してきた勧進聖《かんじんひじり》が、造営活動の推進者として登場することになる。すなわち大仏造営を立願《りゅうがん》した勧進聖の俊乗房重源《ちょうげん》は、後白河上皇に働きかけて再建勧進の勅許をうけ、自ら大勧進として配下の勧進聖集団を編成し、新たな造営組織として勧進所を設けた。これより重源・栄西・行勇という歴代大勧進により、鎌倉中期までに東大寺は往時の規模に復興した。また鎌倉中期に寺内燈油の勧進を進めた燈油聖《とうゆひじり》の執務所の油倉《あぶらぐら》が、東大寺勧進所を吸収して造営活動の実務を果たすことになったのである。

　さて本文書は、正応二年（一二八九）に勧進所の造営担当者であった「造東大寺大行事」と「油倉沙汰人聖爾」の連署により勧進所（油倉）から寺家に提出された修理新造

注文である。その記載内容であるが、弘安五年（一二八二）十一月から正応元年十二月までの六年余にわたり勧進所が修造した寺内堂宇の詳細を、「修理分」「新造分」「仮葺分」「檜皮葺分」「瓦葺分」に分けて書き並べ、最後に修造に要した「所用材木等」を付記したものである。これらから当時の勧進所による修造活動が極めて多岐にわたるものであり、加えて当時に機能していた諸堂宇の存在が明らかになる。すなわち文書冒頭の、政所に附属して寺僧への日々の賄いを行う「竈殿《かまどどの》」、寺僧の心身の清浄を保つための、また時に満寺集会の場として機能した「大湯屋《おおゆや》」、三面僧坊に附属する諸々の施設、現在とは構造を異にする二月堂の「渡屋《わたりや》」「湯屋」の姿を見ることができる。そしてこれらの「新造・修理」に用いられた「檜皮」「瓦」「釘」を始め壁土の「白土」、鋳物師《いもじ》が用いた「鉄」「鍛冶炭」などの量からも修造事業の規模がうかがわれる。

　さてこの注文の弘安五年から正応元年までの期間は、寺内新禅院・真言院住持である道月上人聖然の大勧進としての任期に重なることから、本文書はその退任にあたっての活動の実績報告と考えられる。そして大勧進の職務を下支えした勧進所の「造東大寺大行事」とともに連署する「油倉沙汰人」から、少なくとも聖然の大勧進任期中には油倉が勧進所を吸収し修造活動に関与していたことが明らかなろう。

（永村眞）

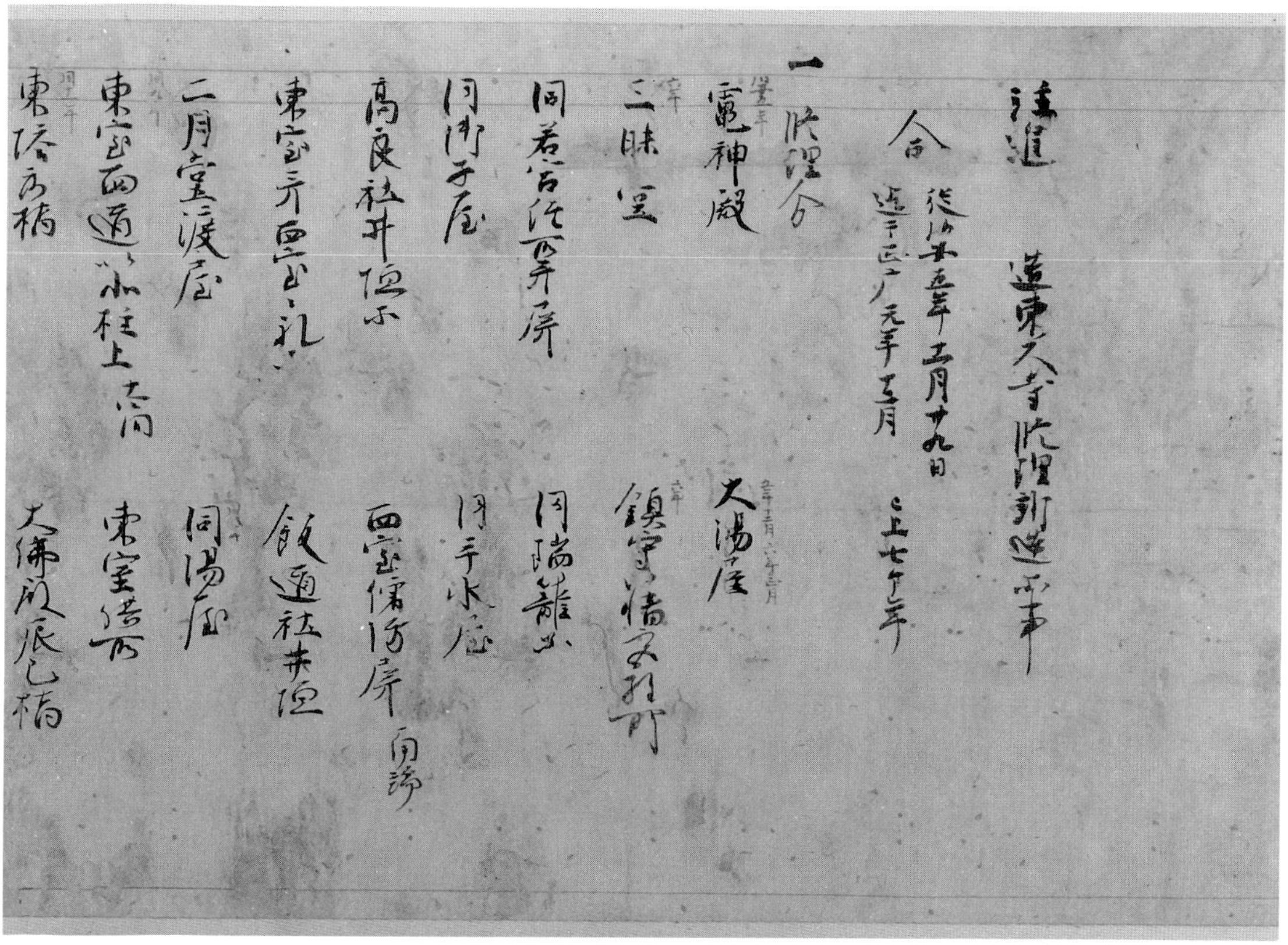

(28.8×240.9)〈部分〉

注進　造東大寺修理新造等事

合　従弘安五年十一月廿九日
　　迄于正應元年十二月、已上七カ年、

一修理分

『弘安五年』竈神殿　　『五年十一月、六年正月』大湯屋

『六年』三昧堂　　『六年』鎮守八幡宮経所

同若宮経所并屛　　同瑞籬等

同御子屋　　同手水屋

高良社井垣等　　西室僧坊屛　南端

東室并西室之礼□〔堂カ〕　　『同年』飯道社井垣

二月堂渡屋　　同湯屋

『同九年』東室西道以北柱上　十四間　　東室供所

『同十一年』東塔前橋　　大佛殿辰巳橋

……………………（紙継目）……………………

（中略）

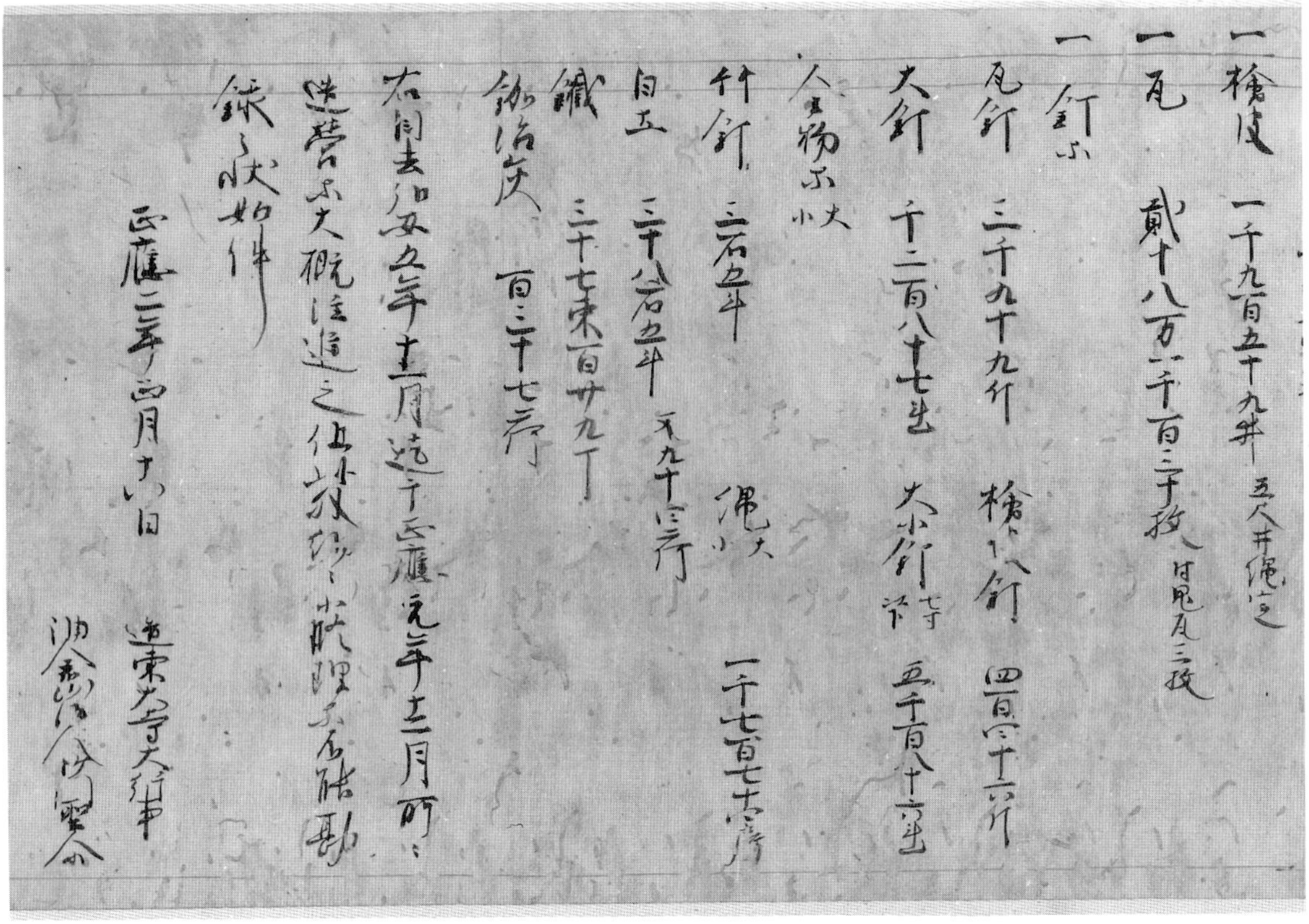

一檜皮　一千九百五十九井 五尺井縄定、

一瓦　貳十八万一千百三十枚 付鬼瓦三枚、

一釘等

瓦釘　三千九十九斤　檜皮釘　四百四十六斤

大釘　千二百八十七連　大小釘 七寸以下、 五千百八十六連

金物等 大小

竹釘　三石五斗　縄 大小　一千七百七十四房

白土　三十八石五斗 又九十四荷

鉄　三十七束百廿九丁

鍛冶炭　百三十七荷

右、自去弘安五年十一月迄于正應元年十二月、所々造営等、大概注進之、但此外細々小修理等、不能勘録之状如件、

正應二年正月十八日　造東大寺大行事

油倉沙汰人沙門聖爾

学侶と堂衆

⑲宗性書状〔鎌倉時代（文永九年）〕（華厳宗枝葉抄草第一紙背文書　貴113—1A—4-1）

中世の東大寺における寺僧集団は、学侶・堂衆と密衆・律衆と呼ばれる寺内階層から成り立っていた。そのうち学侶と堂衆は「太僧《たいそう》」（正式の寺僧）として僧団（「衆徒《しゅと》」「大《だい》衆《じゅ》」）を構成するとともに、諸法会には職衆として出仕し、諸宗教学を相承するという役割を果たした。また密衆は真言院・新禅院、律衆は戒壇院を拠点に独自の法儀を保ちながらも、学侶・堂衆とならんで寺内法会に出仕することはなかった。三面僧坊や諸院家に止住する学侶と、法華・中門両堂を拠点とする堂衆が寺内階層として明確に分化したのは平安院政期のことであり、さらに密衆・律衆が階層として寺内に定着するのは鎌倉中期以降となる。

さて狭義の寺僧集団ともいうべき学侶と堂衆であるが、その両者の分化については様々な説がある。その有力な一つは、「六宗学僧」の系譜を引く学侶に対し、堂衆（禅衆、夏衆）は「中間法師」もしくは供花《くけ》を事とする下級僧侶という説である。確かに僧階や座次において堂衆は学侶より低位におかれ、法会でも中心的な職衆は学侶によって占められた。この階層的な差異から、学侶は貴族出身、堂衆は武士・凡下出身という解釈もなされたが、これら堂衆の寺内における位置付けに再検討を迫るものが本文書である。

文永九年（一二七二）と推測される宗性書状の内容は以下の通りである。尊勝院に属する「禅衆」（法華堂衆）のなかで「夜打」の企てに与同した者に対し、尊勝「院家」からの追放と「華厳宗」帳からの「擯出《ひんしゅつ》」（除名）という処分が惣寺（僧団）から通告された。この処分はいまだ尊勝院に属する「学侶」には伝えられていないが、当然処分がなされる罪科であり、惣寺からの指示にしたがって断固たる処置を行うとの「請文《うけぶみ》」を宗性は記し送った。時に宗性は華厳宗本所たる尊勝院々主であり、宛所を欠く本文書は惣寺の代表格である年預五師に送られたものであろう。

さてこの書状は堂衆の社会的な立場を明快に語っている。すなわち処分された法華堂衆は、華厳宗長者である尊勝院々主の配下にあり、「宗帳」に法名を掲げる華厳宗僧であった。尊勝院に「繋属」する法華堂衆は、法会・教学には関わりをもたず雑務に専念する下級寺僧ではなく、学侶と同様に「華厳宗　東大寺」との本寺・本宗をもち、宗僧に相応しい立場と役割を与えられ、寺内法会にも職衆（多くは読師）として招請されたのである。

この堂衆が生まれる淵源をたどるならば、法華堂・大仏殿を日常的に維持し本尊を護持するために置かれた住僧に至る。法華堂・中門堂に止住する法華・中門両堂衆が、三面僧坊に止住する学侶とは異なる修行形態をもち、一見学侶の下座に位置しながらも、おのおの華厳・三論宗僧として、決して下級寺僧という立場に甘んじることなく固有の法儀（例えば受戒）を拠り所に、寺内階層としての集団性を保ち続けたことには注目しておきたい。

（永村眞）

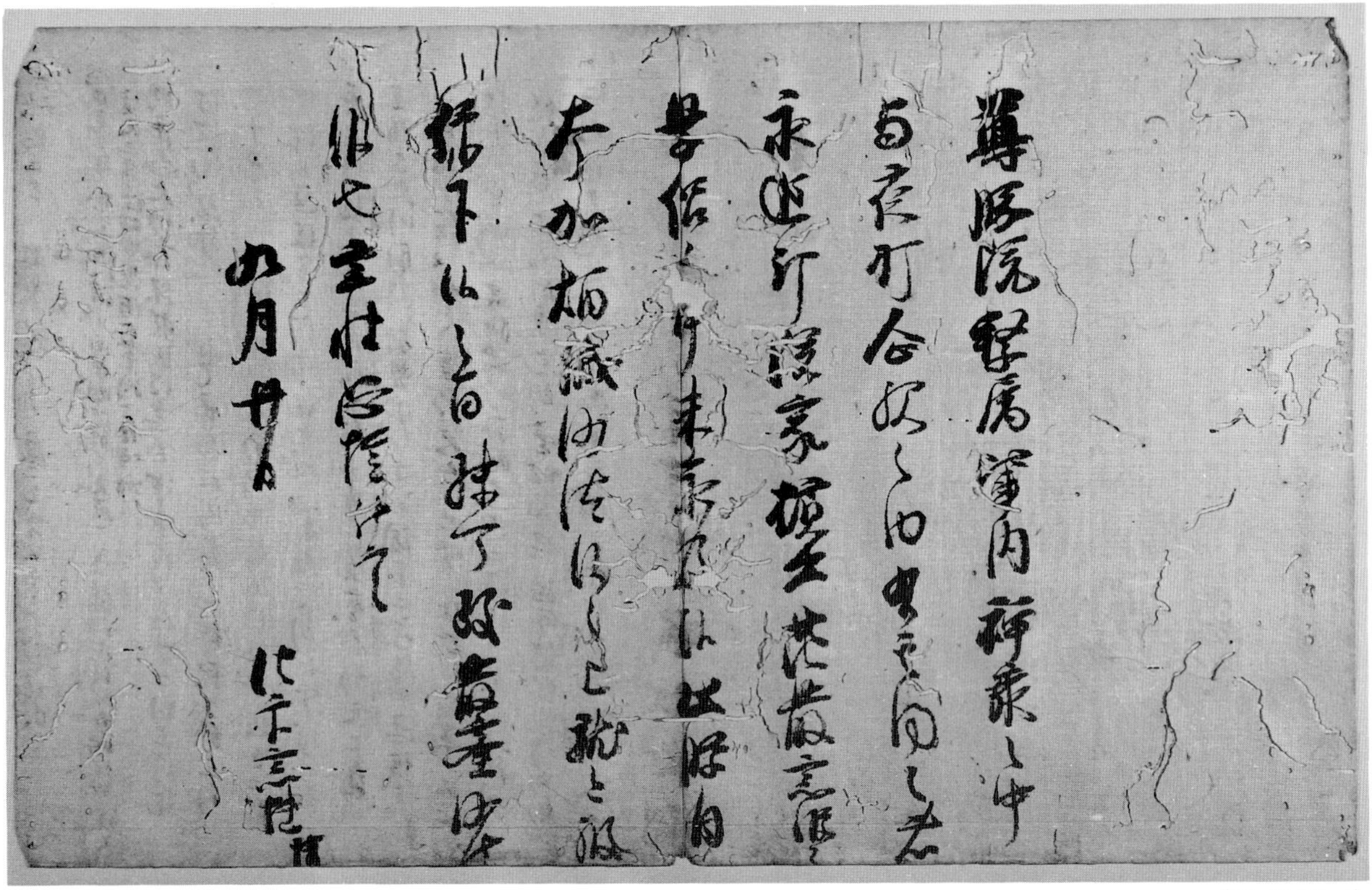

(31.2×51.6)

尊勝院繋属輩内、禅衆之中、
与夜打企歟之由有其聞之者、
永追却院家、擯出花厳宗候之□、
学侶之中未承及候、此條自
本加炳誡沙汰候之上、就今被
仰下候之旨、殊可致厳蜜沙汰
候也、宗性恐惶謹言、
〔文永九年〕九月廿日　　法印宗性　請□〔文カ〕

⑳小綱了賢・珍尊申状〔鎌倉時代　正中二年〕（薬師院1−26）

公人・小綱・堂童子

この文書は東大寺の小綱《しょうご》了賢と珍尊の両名が自らに科せられた罪科を解いてくれるよう、東大寺学侶（学道）に訴えたものである。小綱とは、永村眞氏の研究によれば、すでに平安前期、九世紀半ばには三綱《さんごう》などとともに東大寺政所構成員として史料上に確認され、主に法華会などの東大寺の法会において雑役を行うことがその職務であった。その人数は十一世紀中頃には五人、十三世紀前半には六人、十四世紀末には七人として史料に見えることから、中世を通じて六人前後であったと見てよい（同氏『中世東大寺の組織と経営』）。延応元年（一二三九）の「東大寺別当良恵初任吉書日記」（薬師院文書）によれば本堂童子六人、仕丁十四人などとともに東大寺別当初任にあたって禄物などを六人の小綱が受給している。堂童子や仕丁が童形の俗体であったのに対して、小綱は法衣を着する法体であり、堂童子・仕丁などの下部《しもべ》より上位の身分であった。

彼ら政所に属する下級職員は、平安院政期には寺領荘園に派遣される使者としても活動を始め、鎌倉時代には別当や三綱の命令によって動くだけでなく、惣寺集団すなわち学侶や衆徒の命令によって、荘園への使者、年貢未進の催促、他寺院との連絡、検断使節など様々な職務に従事した。本文書中に見える「小綱は公人の身として、御下知に随うばかりなり」という文言に表れているように、彼らは東大寺の惣寺集団に奉仕する「公人《くにん》」身分であると意識しているが、当時の史料では堂童子や仕丁が「公人」の職名で表されるのに対して、小綱は公人や神人《じにん》と並んで表記されることが多く、職名としては「公人」と区別されている（嘉元二年正月十四日「有徳人交名注進状」6―　―18、なお稲葉伸道『中世寺院の権力構造』参照）。「御寺の奴婢」というへりくだった表現は、学侶による罪科の免除を請うための表現で、東大寺全体に帰属し、忠節を尽くしてきたことを積極的に主張するために使われており、彼らが中世の下人・所従・奴婢身分に属することを意味するものではない。

本文書では、了賢らがかつて東大寺に「閉籠」した衆徒（「閉籠衆」）の下で使者として活動をしたことにより「寺勘」すなわち「学侶の御勘気」に触れ、罪科に処せられたこと、その時の衆徒や使者の仕丁がすでに赦免されているのに、どうして自分たちは赦免されないのかと訴えている。この閉籠事件とは、おそらく文保元年（一三一七）に衆徒が大仏殿以下諸堂に立て籠もった事件と推定される（文保二年正月日「東大寺衆徒等申状案」薬師院文書、年未詳八月十一日「東大寺別当公暁御教書」3―1―7）。閉籠衆は「大仏閉籠悪党」として院宣や関東御教書によって罪科に処せられたものと推定されるが、詳細は不明である。この学侶への訴えは認められたものと思われ、この後、彼らの小綱としての活動が確認できる。

（稲葉伸道）

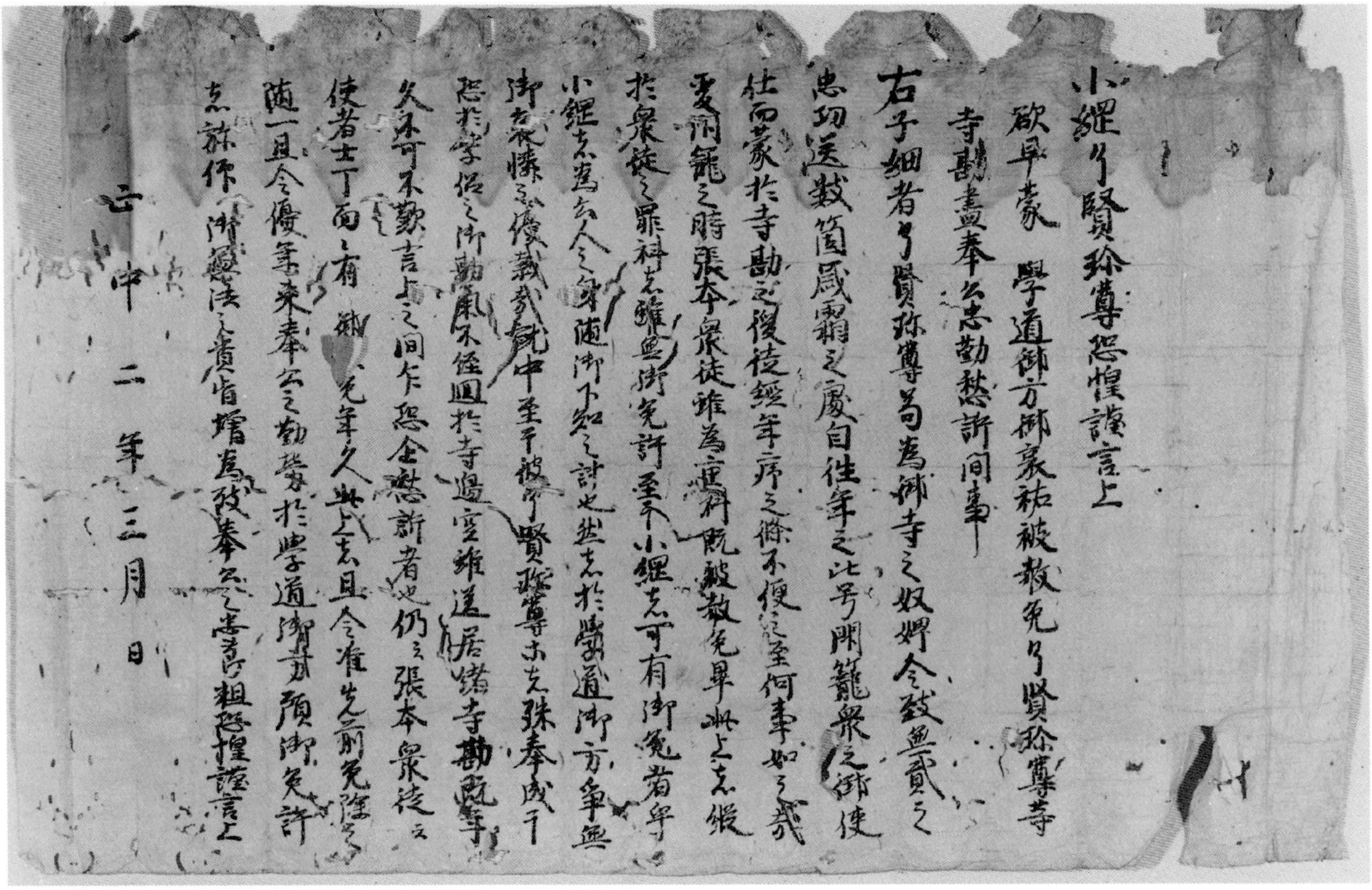

(32.9×52.7)

小綱了賢・珍尊恐惶謹言上
　欲早蒙　学道御方御哀祐、被赦免了賢・珍尊等
　寺勘、盡奉公忠勤、愁訴間事、
右、子細者、了賢・珍尊苟為御寺之奴婢、令致無貳之
忠功、送数箇歳霜之處、自往年之比、号閉籠衆之御使
仕而蒙於寺勘之後、徒経年序之條、不便之至、何事如之哉、
爰閉籠之時、張本衆徒雖為重科、既被赦免畢、此上者、縦
於衆徒之罪科者、雖無御免許、至于小綱者、可有御免者乎、
小綱者為公人之身、随御下知之計也、然者於学道御方、争無
御哀憐之優裁哉、就中至于彼了賢・珍尊等者、殊奉成于
恐於学侶之御勘気、不経廻於寺辺、空雖送居緒〔諸〕、寺勘既年
久、不可不歎言上之間、乍恐企愁訴者也、仍云張本衆徒、云
使者士〔仕〕丁、面々有　御□〔赦カ〕免年久、此上者、且令准先前免除之
随一、且令優年来奉公之勤労、於学道御方、預御免許
者、弥仰　御憲法之貴旨、増為致奉公之忠節、粗恐惶謹言上、
　　正中二年三月　日

寺領開発

大仏の完成が間近に迫っていた天平勝宝元年（七四九）五月、寺家野占使法師平栄《へいえい》が越前・越中に派遣され、造東大寺司史生生江臣東人《いくえのおみあずまひと》らとともに東大寺の寺地占定にあたった。これ以後、国郡の支援をえた東大寺は、この地域で占定・寄進や買得により多数の荘園を獲得した。これらの荘園は主に墾田と未開の野地からなり、専属の荘民をもたず、初期荘園と呼ばれている。現在の福井県坂井郡金津町桑原付近にあった桑原庄もその一つで、東大寺が大伴宿禰麻呂から坂井郡堀江郷の地百町を、銭百八十貫文で買得して成立した。正式に東大寺への売却が認められたのは天平勝宝七年三月であるが、すでに前年二月に造東大寺司は、足羽郡大領になっていた東人と田使として派遣された曾禰《そね》連乙麻呂《むらじおつまろ》が共同して経営にあたるよう指示しており、この年から現地では荘経営が始められていた。

当庄の場合、東大寺の荘園となった六年度から九年度に至る、四通の収支決算報告書（産業帳）が残されており、当初の荘園経営のあり方を示す恰好の史料となっている。掲載した文書は、そのうちの七年度のものである。最初に土地の面積と状況が記されているが、「見開」とある三十二町が「治開田」である。このうち大伴麻呂の時期に開墾された九町を除いた、残る二十三町が六年に既設の「宇弖美溝」を利用しつつ、周辺の公民を動員して開かれた田地で、その際、一町あたり百束の稲が功賃として支払われた。

㉑越前国田使解〔奈良時代　天平勝宝八歳〕（重要文化財）

この年の開墾は規模も大きく、公民の動員には国郡の支援があったとみられる。荘田は「並べて売る」とあるように、すべて公民に賃租に出された。賃租は田地を農民に貸し与えて、収穫の五分の一程度の地子（直《じき》）を納入させる経営法であり、七年度には十二町から町別八十束、二十町から同六十束、合わせて二一六〇束の地子が納められている。

荘地に続いて、収入、支出と施設・付属物が、この順序で記載されている。まず収入では、賃租による地子よりも東人の施入になる稲（三一三〇束）が多額であることが注目される。東人は前年にも稲四七〇八束を寄せており、当庄の経営・開発は、これら東人の提供した稲によって可能になったとみられる。また工具・農具・炊事用具などからなる雑物については、はじめ直属労働力のための用具類とみなす見解も出されたが、現在では雇傭される農民・工人のために備え置かれた用具とみなす考えが有力である。

確かに四通の報告書をみる限り、開発も行われ、利益もあがっているが、当庄の経営は必ずしも順調に進んでいたわけではなく、年を追って用水施設の不備からくる田地の荒廃が顕著になった。そのため、天平宝字元年（七五七）末、事態を打開すべく、長さ一一三〇丈（約四・四キロ）の長大なものを含む二本の溝の開削が計画された。しかし同二年を最後に史料から桑原庄の名が消えるので、この計画が実施されたかは不明である。

（勝山清次）

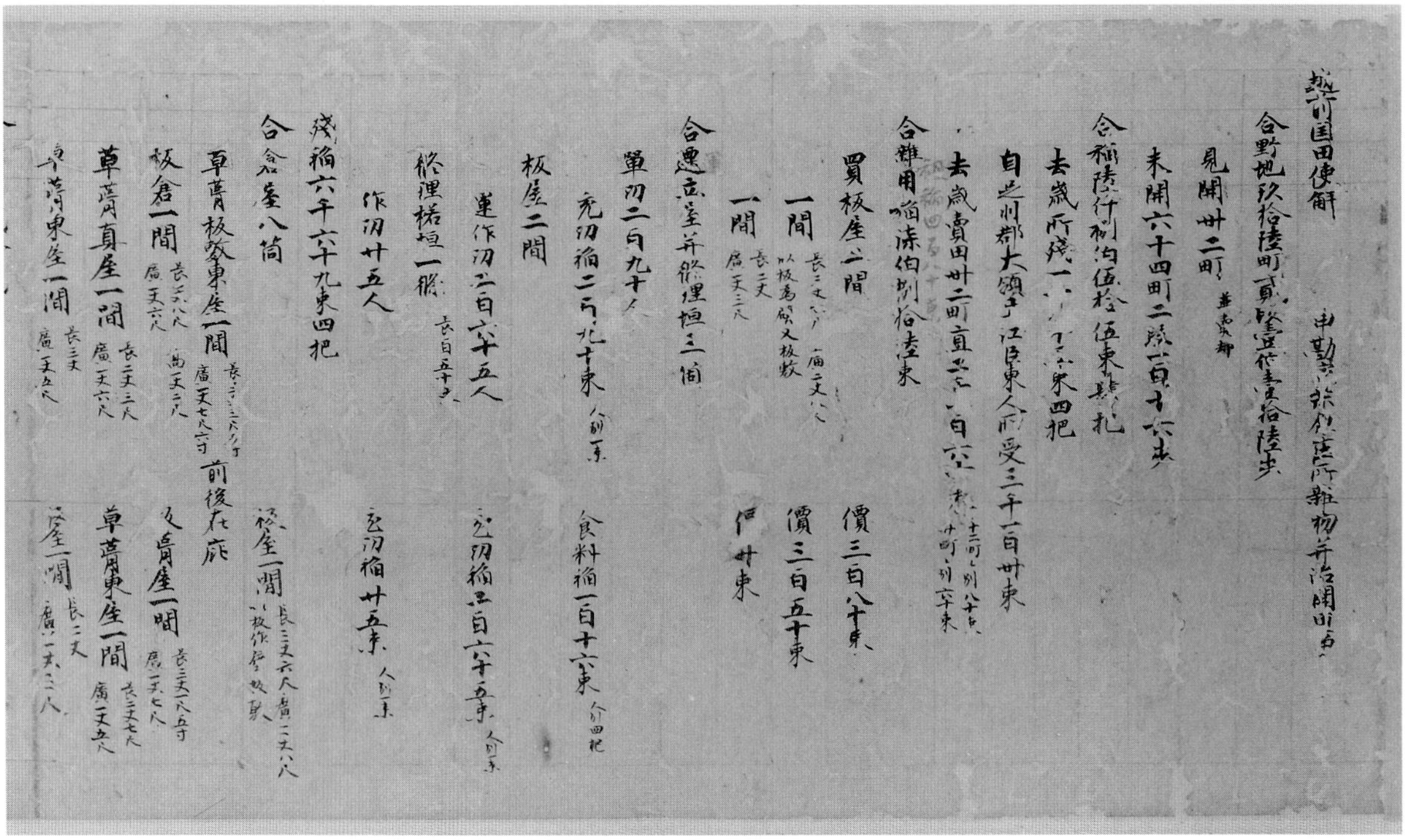

(27.8×86.0)

越前国田使解　申勘定□〔桑〕原庄所雑物并治開田事

合野地玖拾陸町貳段壹伯壹拾陸歩

見開卅二町　並売却

未開六十四町二段一百十六歩

合稲陸仟捌伯伍拾伍束肆把

去歳所残一□□〔千八〕十五束四把

自足羽郡大領生江臣東人所受三千一百卅束

去歳売田卅二町直二千一百六十束　十二町々別八十束 廿町々別六十束

『祖〔租〕稲四百八十束』

合雑用稲柒伯捌拾陸束

買板屋二間　價三百八十束

一間　長三丈七尺 廣二丈八尺 以板為壁、又板敷、　價三百五十束

一間　長二丈 廣一丈三尺　價卅束

合遷『運』立屋并修理垣三箇

単功二百九十人

充功稲二□〔百〕九十束　人別一束　食料稲一百十六束　人別四把

運作功二百六十五人　充功稲二百六十五束　人別一束

板屋二間

修理楉垣一條　長百五十丈

作功廿五人　充功稲廿五束　人別一束

残稲六千六十九束四把

合倉屋八筒〔箇カ〕　板屋一間　長三丈六尺 廣二丈八尺 以板作壁、板敷、

草葺板敷東屋一間　長三丈三尺□〔五〕寸 廣一丈七尺六寸 前後在庇、

板倉一間　長一丈八尺 廣一丈六尺 高一丈二尺　板葺屋一間　長三丈一尺五寸 廣一丈七尺

草葺真屋一間　長二丈三尺 廣一丈六尺　草葺東屋一間　長二丈七尺 廣一丈五尺

草葺東屋一間　長三丈 廣一丈五尺　板屋一間　長二丈 廣一丈三尺

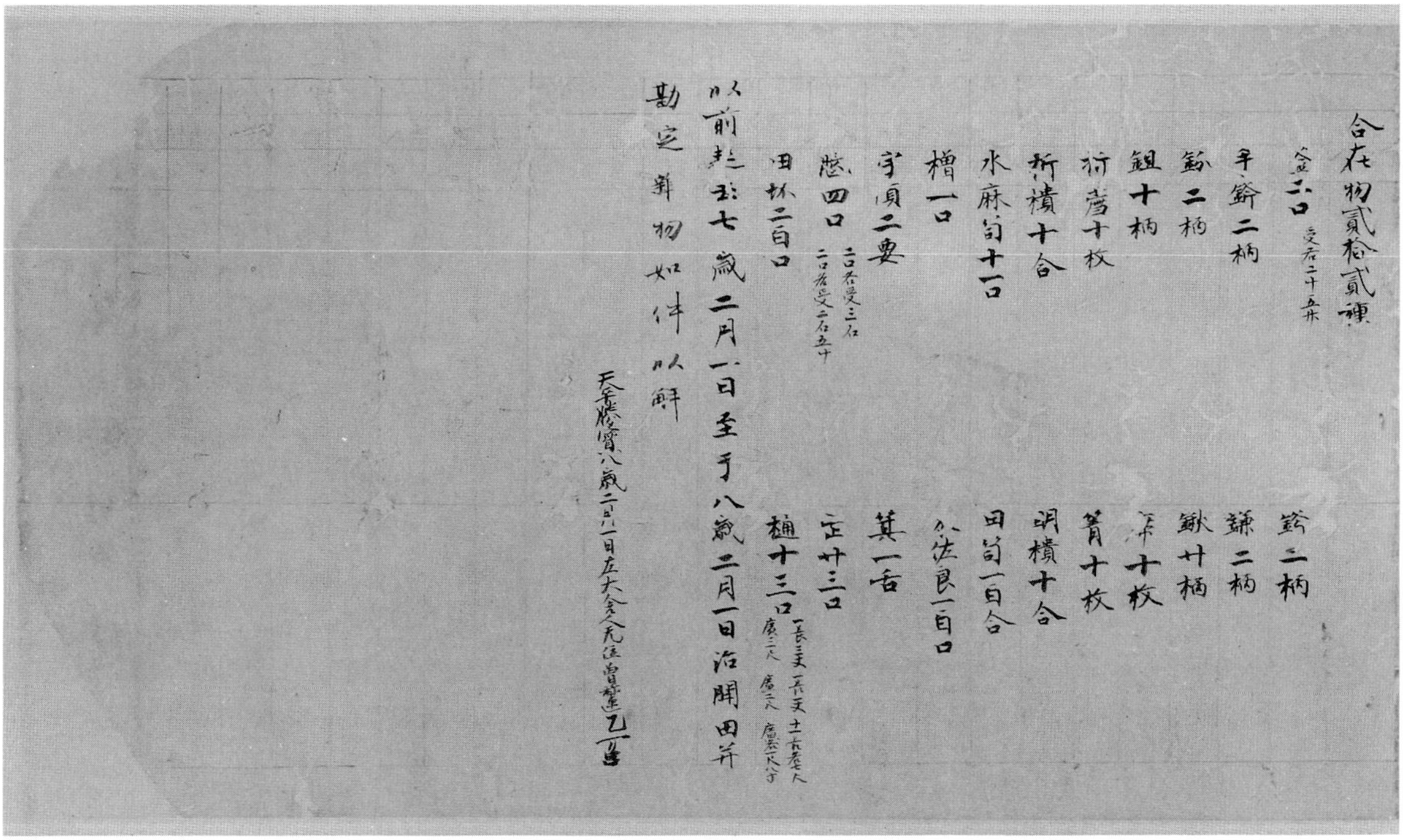

（紙継目）

合在物貳拾貳種
釜二口 受各二斗五升、
手鋘二柄
鈖二柄
鉏十柄
折薦十枚
折樻十合
水麻笥十一口
槽一口
宇須二要
瓱四口 二口各受三石、二口各受二石五斗、
田坏二百口

鋘二柄
鎌二柄
鍬廿柄
席十枚
簀十枚
明樻十合
田笥一百合
木佐良一百口
箕一舌
缶廿三口
樋十三口 一長三丈 廣三尺 一長一丈 廣二尺 十一長各七尺 廣各一尺八寸

以前、起去七歳二月一日、至于八歳二月一日、治開田并
勘定雑物如件、以解、
天平勝宝八歳二月一日左大舎人无位曾祢連「乙万呂」（自署）

封戸経営

『東大寺要録』は嘉承元年（一一〇六）、東大寺の衰退を憂え、寺勢の回復を図った編者（未詳）が寺に伝わった旧記・伝聞を収集・編纂した寺誌である。当初、本願章から雑事章に至る十章十巻の構成であったが、長承三年（一一三四）寺僧観厳により増補・再編集され、その改装本の写本が現在に伝えられている。ここでとりあげる「封戸水田章」はその第八章にあたり、第九章の「末寺章」とともに六巻に収録されている。その内容は章名が示すように、大きく二つに分けられる。一つは封戸《ふこ》関係で、天平勝宝元年（七四九）の勅書以下、封戸の施入と配分に関する勅・官符・造東大寺司牒や僧綱牒と、二十一ヶ国二千七百戸の封戸物の内訳を記した「封戸勘記」からなる。今一つは寺領荘園関係で、長徳四年（九九八）諸国諸荘田地注文、天平勝宝二年三月二十九日民部省符、年紀未詳（十一世紀後半か）湛照僧都分付帳、寛弘七年（一〇一〇）八月二十二日東大寺牒が、この順序で収められている。スペースの制約もあり、ここでは封戸のみをとりあげることにしたい。

封戸は、律令制における給付の一種で、公民の戸を主に五十戸を単位にして貴族や寺社に与え、その負担する田租（半分、後には全額）と調・庸等を納めさせるものである。東大寺は創建時に、三十八ヶ国五千戸の封戸の施入をうけたが、それらは用途により、堂塔等造立・修理分、三宝・常住僧分、官家仏事分の三つに分けられた。その後、新薬師寺修理料等に三百戸、さらに官家仏事分二千戸が平安京の東西両寺に分封された結果、九世紀には仏聖僧供に充てる千八百戸と修理料の九百戸に削減された。

寺封が減らされた九世紀以降、封物《ふうもつ》未済が恒常化するなど、封戸制自体も「衰頽期」を迎えるが、十一世紀にはいると、国衙領における官物体系の改変（公田官物率法《こうでんかんもつりつぽう》の成立）に対応して、封物が封戸所在の郡郷以外からも納められるようになり（弁補）、東大寺では納入状況が著しく改善される。この時期、封物の徴収は、京都近辺の港湾や現地の郡・郷などで長期にわたり、分散的に行われたため、国司の任期ごとに所進と未進を確定する決済が必要であった。それは、各国が封物の負担額と所済額を書きあげた国《くに》雑掌解《ざつしょうげ》を東大寺に提出し、寺側がそれに朱筆で勘合を加えるという形で行われた。「封戸水田章」に収められている「封戸勘記」は、この勘合の基準となる資料として、十一世紀中葉に作成されたと考えられ、封戸の所在する二十一ヶ国ごとに戸数・封物の内訳・米や銭で換算された年毎の負担額を記載している。

東大寺ではほぼ十一世紀末の八〇年代まで、封物は納入され続けるが、この世紀の九〇年代を境にして、状況は急速に悪化する。そして十二世紀の後半ともなると、一部の国を除き、封物の納入は全く期待できなくなり、封戸制はその実質を失うことになる。

（勝山清次）

㉒東大寺要録・封戸水田章（室町時代後期写）（本坊宝物）

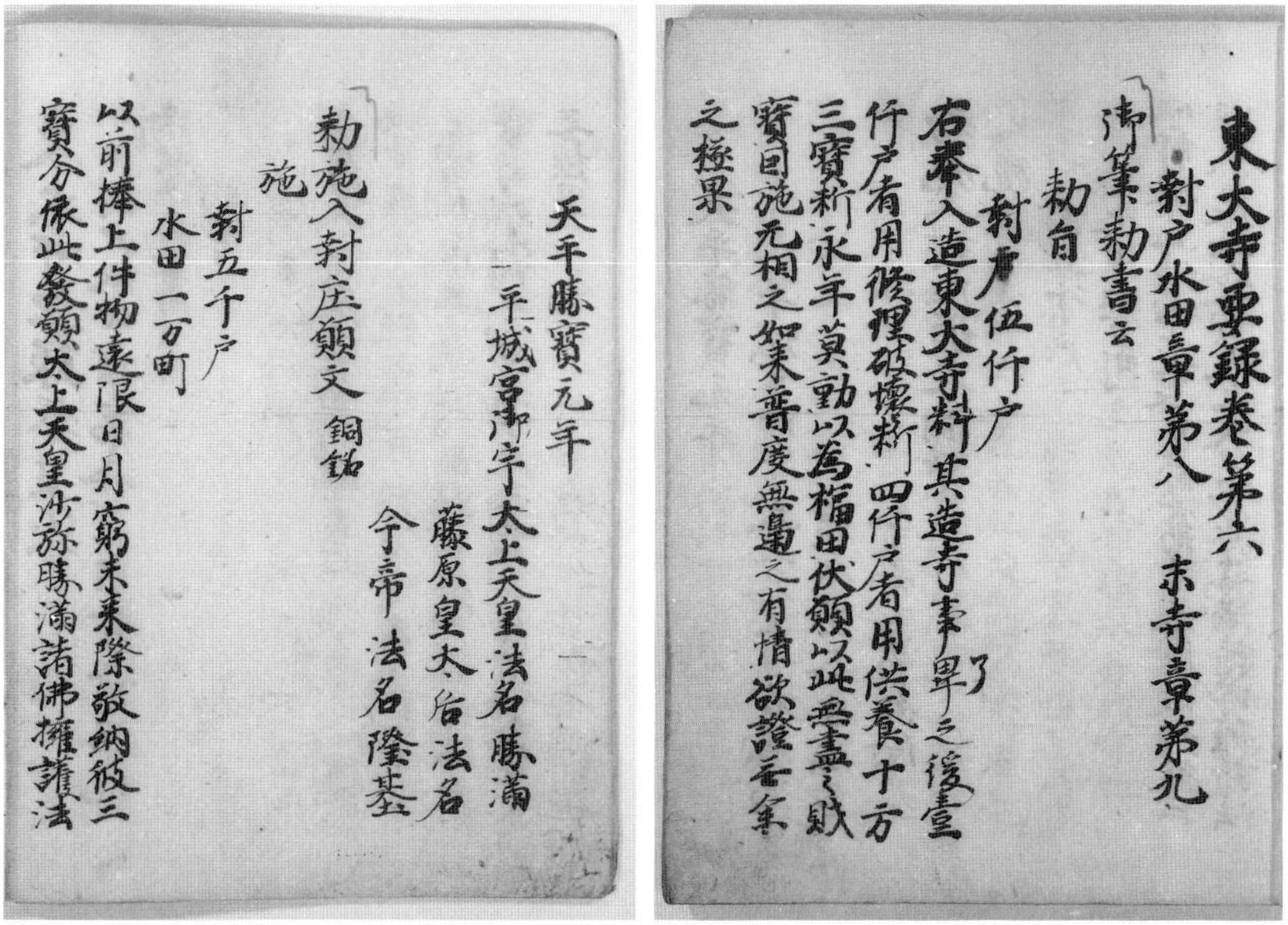
東大寺要録巻第六
封戸水田章第八　末寺章第九
御筆勅書云
勅旨
封戸伍仟戸
右奉入造東大寺料、其造寺事畢之後、壹
仟戸者用修理破壊料、四仟戸者用供養十方
三寶料、永年莫動、以為福田、伏願以此無盡之賦
寶、回施无相之如来、普度無邊之有情、欲證菩薩
之極果

天平勝寳元年
一平城宮御宇太上天皇法名勝満
藤原皇太后法名
今帝法名隆基
勅施入封庄願文　銅銘
施
封五千戸
水田一万町
以前捧上件物、遠限日月、窮未来際、敬納彼三
寳分、依此發願、太上天皇沙弥勝満、諸佛擁護法

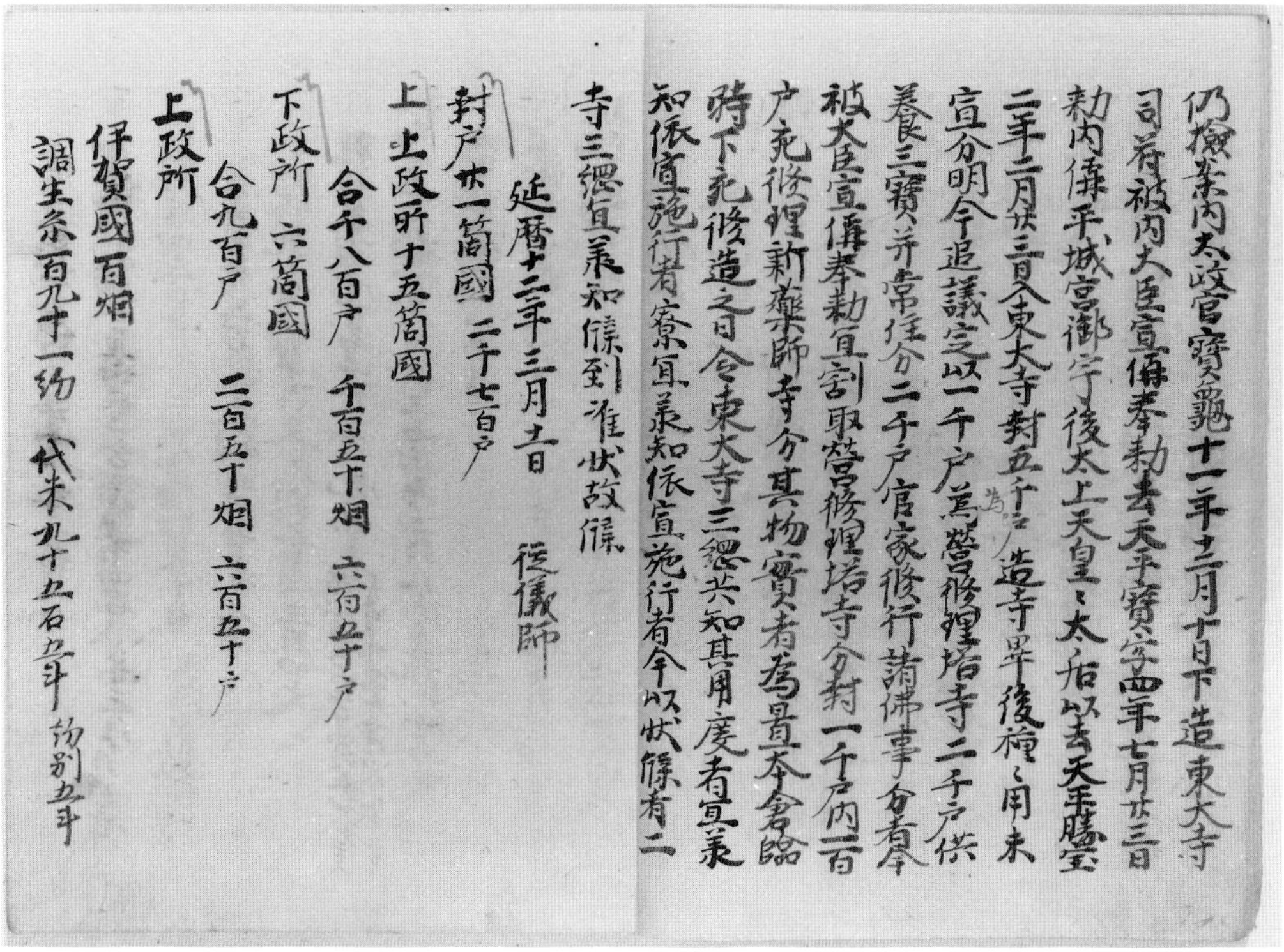
仍撿案内、太政官去寳龜十一年十二月十日下造東大寺
司符、被内大臣宣偁、奉勅、去天平寳字四年七月廿三日
勅内偁、平城宮御宇後太上天皇、皇太后以去天平勝寳
二年二月廿三日入東大寺封五千戸、為営修理造寺畢後、種々用来
宜分明、今追議定、以一千戸為営修理造寺、二千戸供
養三寶并常住分、二千戸官家修行諸佛事分者、今奉
被大臣宣偁、奉勅、宜割取営修理造寺分封一千戸内一百
戸充修理新薬師寺分、其物寳者為置本倉、臨
時下充修造之者、今東大寺三綱共知其用度者、宜承
知依宣施行者、察宜承知依宣施行者、今以状、條有二

寺三綱宜承知、條到准状、故牒
延暦十二年三月十日　従儀師
封戸廿一箇國　二千七百戸
上　上政所十五箇國
合千八百戸　千百五十烟　六百五十戸
下政所　六箇國
合九百戸　二百五十烟　六百五十戸
上政所
伊賀國百烟
調生糸百九十一絇　代米九十五石五斗　絇別五斗

(28.0×21.8)

庸米五十一石三斗
中男作物油一斗六升一合　代米四石八斗三升　升別三斗
對丁四人
養食米廿三石　人別五石七斗五升
切錢九貫二百十六文　人別二貫三百四文
租白米百十六石二斗二升九合一勺　精代三石二斗四升五合八勺三才　并百卅九石四斗七升四合九勺二才
已上都合三百卅三石三斗二升九勺二撮
前分石別一斗
癈料石別一升

近江國百五十烟
調絹百卅二疋五丈二尺五寸　代米五百七十二石一斗六升　疋別四石
庸米百八十石六斗　舂米百五十四石八斗
脚直廿五石八斗
中男作物油七斗七升　代米十五石四斗　升別二斗
對丁六人
養米三十石　人別五石
切錢十三貫八百四文　人別二貫三百四文
租穀六百石　代米二百七十石　石別四斗五升
已上都合千八十二石九斗八升四合
前分石別一斗

切錢卅貫九百八十二文　人別二百十三文
代調布三百八十七端一丈一尺　代布作卅八端三丈
已上調布都合千九百卅四端三丈一尺
前分石別一斗
癈料石別一升

上總國百五十戸
調布八十七端七尺　代五貫二百卌文
調布望陁布五十端　代三貫文　端別六十文
調細布百七端三丈一尺五寸　代錢六貫四百七十文　端別六十文
中男作物荏油八斗三升　代四貫百五十文　升別五十文
對丁六人
養調布七十八端　人別十三端　代四貫六百八十文　端別六十文
切錢十三貫七百卅文　人別二貫百廿四文
租穀六百石　代二十四貫　石別卌文
已上都合六十石二斗八升四合　國衙百五十石令用之但以錢勘四百九十六石二斗二升二合　本注文依有之
前分石別一斗
癈料石別一升
右封戸本勘記如件
甲斐國封五十戸　武藏國五十戸
佐渡國五十戸　陸奥國通三寶

東大寺要録巻第六

『・』封戸水田章第八　末寺章第九

御筆勅書云、

勅旨

封戸伍仟戸

右、奉入造東大寺料、其造寺事畢〔了〕之後、壹仟戸者用修理破壊析、四仟戸者用供養十方三宝析、永年莫動、以為福田、伏願以此無盡之財宝、因施无相之如来、普度無辺之有情、欲證無余之極果、

天平勝宝元年

平城宮御宇太上天皇法名勝満

藤原皇太后法名

今帝法名隆基

（中略）

封戸廿一箇国　二千七百戸

上上政所十五箇国

合千八百戸　千百五十烟　六百五十戸

下政所　六箇国

合九百戸　二百五十烟　六百五十戸

上政所

伊賀国百烟

調生糸百九十一絇　代米九十五石五斗 絇別五斗

庸米五十一石三斗

中男作物油一斗六舛一合　代米四石八斗三舛 舛別三斗

封丁四人

養米廿三石　人別五石七斗五舛

功銭九貫二百十六文　人別二貫三百四文

粗〔租〕白米百十六石二斗二舛九合一夕 精代三石二斗四舛五合八夕二才 并百卌九石四斗七舛四合九夕二才

已上、都合三百廿三石三斗二舛九夕二撮

前分石別一斗

庁析石別一舛

（中略）

上総国百五十戸

調布八十七端七尺　代五貫二百卌文

調望陀布五十端　代三貫文 端別六十文

調細布百七端三丈一尺五寸　代銭六貫四百七十文 端別六十文

中男作物荏油八斗三舛　代四貫百五十文 舛別五十文

封丁六人

養調布七十八端　人別十三端　代四貫六百八十文 端別六十文

功銭十二貫七百卌文〔四脱〕　人別二貫百廿四文

祖〔租〕穀六百石　代二十四貫 石別卌文

已上、都合六十石二斗八舛四合

前分石別一斗 国衙百五十石令用之、但以銭勘四百九十六石二斗四舛歟、本注文仮事歟、

庁析石別一舛

右、封戸等勘記如件、

甲斐国封五十戸　武蔵国五十戸

佐渡国五十戸　陸奥国通三宝

荘園の成立―便補

㉓後白河院庁下文案〔平安時代　承安四年〕（成巻93-6）

荘園には、その歴史を画する公験《くげん》文書がある。たった一通の文書が、荘園の存続を左右することもあった。本文書は、東大寺領の中で最大規模を誇った伊賀国名張《なばり》郡黒田庄（現・三重県名張市）の一円不輸を公認した後白河院庁下文（案）で、この文書を抜きにして同庄の歴史は語れない。

黒田庄は杣《そま》に由来する荘園である。すでに奈良時代に見える伊賀山作所は、平安時代には伽藍修理用材を供出する伊賀杣・板蝿《いたばえ》杣として発展した。十一世紀前半、名張川西岸の山麓部にわずかな本免田が公認され、次第に公田の中心地であった東岸平野部に出作《しゅっさく》を進めた。その田数は三百町に及んだという。この頃より、公田からの官物《かんもつ》の一定量を割き、東大寺の封戸《ふこ》米に充当して給付する御封便補《みふうびんぽ》の制が慣例化する。また公田地帯には、寺内有力院家東南院が私領を集積し、東大寺は郡内に領主の姿を現し始める。東大寺は、出作や公田内私領における官物徴収をめぐり国《こく》衙《が》と度々衝突したが、ついに承安二年（一一七二）、「出作并に相交るところの公田」の所当官物を免除する国司庁宣《こくしちょうせん》を得て、名張郡全体の官物徴収権を獲得したのであった。

国司が東大寺に有利な庁宣を発給した経緯は明白ではないが、「出作地の官物は当寺封物に便補される以外は、国衙に納入してきたが、その量いくばくもなく、出作以外の公田、すなわち新庄は、興福寺や東大寺の悪僧の押領が頻発し国衙にとっても諠譁が尽きないから」という（本文書引載の寺解による）。

だが、この決定は、あくまで当国司の任期中に限られ、いつ覆されるかわからない。永代にわたる支配権を確固とするためには、国司庁宣の権威を上まわる公験が必要であった。そこで時の東大寺別当顕恵（葉室顕頼《はむろあきより》息）は、「殊に公私の力を入れ」て公験獲得に奔走し、ようやく「一色《いっしき》不《ふ》輸《ゆ》の院庁下文」、すなわち承安四年の「後白河院庁下文」を手に入れた（『平安遺文』三六七四号）のであった。出作・新荘の一切勅事《ちょくじ》・国役《くにやく》を停止し、不輸の寺領とするこの院庁下文によって、ここに黒田庄は名張一郡規模の領域をもつ大荘園となった。院庁下文の獲得には、別当顕恵の出自、院近臣葉室家の縁がものをいったことであろう。東大寺は、この公験を盾にして、その後の国衙との相論を勝ち抜いていった。

さて建保二年（一二一四）の所当注文によれば、二百七十余町に及ぶ出作新荘の所当官物は、封米分は杣工《そまく》の食料に立用され、残りは常住学生《じょうじゅうがくしょう》百口の供料に宛てられた。百口の学生は、毎年五日間の大般若経三十二座の講経と続けて行われる三日間の大般若経転読に従事した。新学生供《がくしょうく》と呼ばれた黒田庄からの所出の内からは、僧侶一人につき二石が下された。こうして黒田庄は中世を通じて寺僧らの大切な依怙《えこ》となったのである。

（横内裕人）

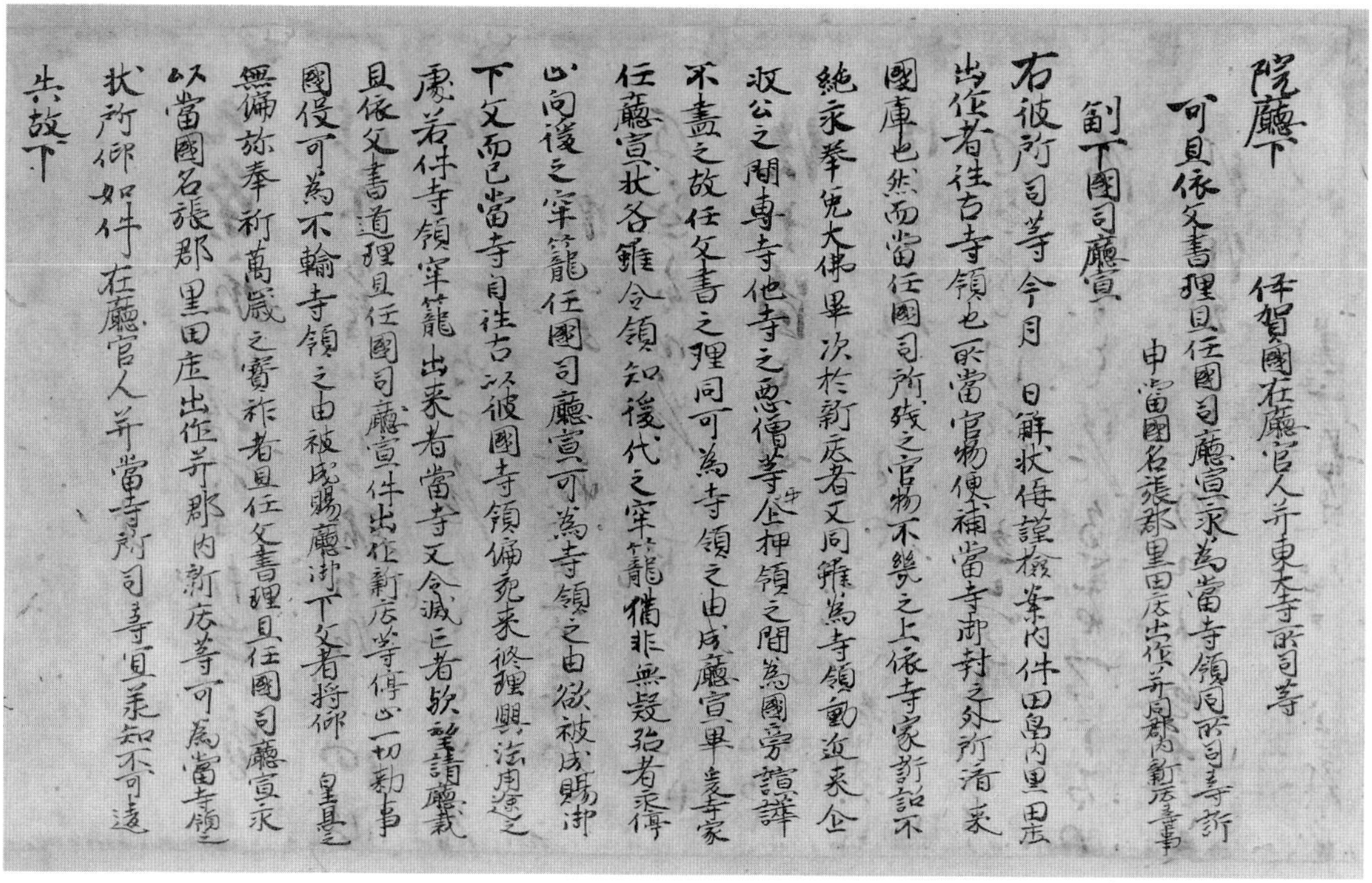

(29.5×565.9)〈部分〉

院庁下　　伊賀国在庁官人并東大寺所司等
　可且依文書理、且任国司庁宣、永為当寺領、同所司等訴
　　申当国名張郡黒田庄出作并同郡内新庄等事
　副下国司庁宣、
右、彼所司等今月　日解状偁、謹検案内、件田畠内黒田庄出作者、往古寺領也、所当官物便補当寺御封之外、所済来国庫也、然而当任国司所残之官物不幾之上、依寺家訴訟不絶、永奉免大佛畢、次於新庄者、又同雖為寺領、動近来企収公之間、専寺他寺之悪僧等、○五企押領之間、為国旁諠譁不盡之故、任文書之理、同可為寺領之由、成庁宣畢、爰寺家任庁宣状、各雖令領知、後代之牢籠猶非無疑殆者、永停止向後之牢籠、任国司庁宣、可為寺領之由、欲被成賜御下文而已、当寺自往古、以彼国寺領、偏宛来修理興法用途之處、若件寺領牢籠出来者、当寺又令滅亡者歟、望請庁裁、且依文書道理、且任国司庁宣、件出作新庄等停止一切勅事国役、可為不輸寺領之由、被成賜庁御下文者、将仰　皇恩之無偏、弥奉祈萬歳之宝祚者、且任文書理、且任国司庁宣、永以当国名張郡黒田庄出作并郡内新庄等、可為当寺領之状、所仰如件、在庁官人并当寺所司等宜承知、不可違失、故下、

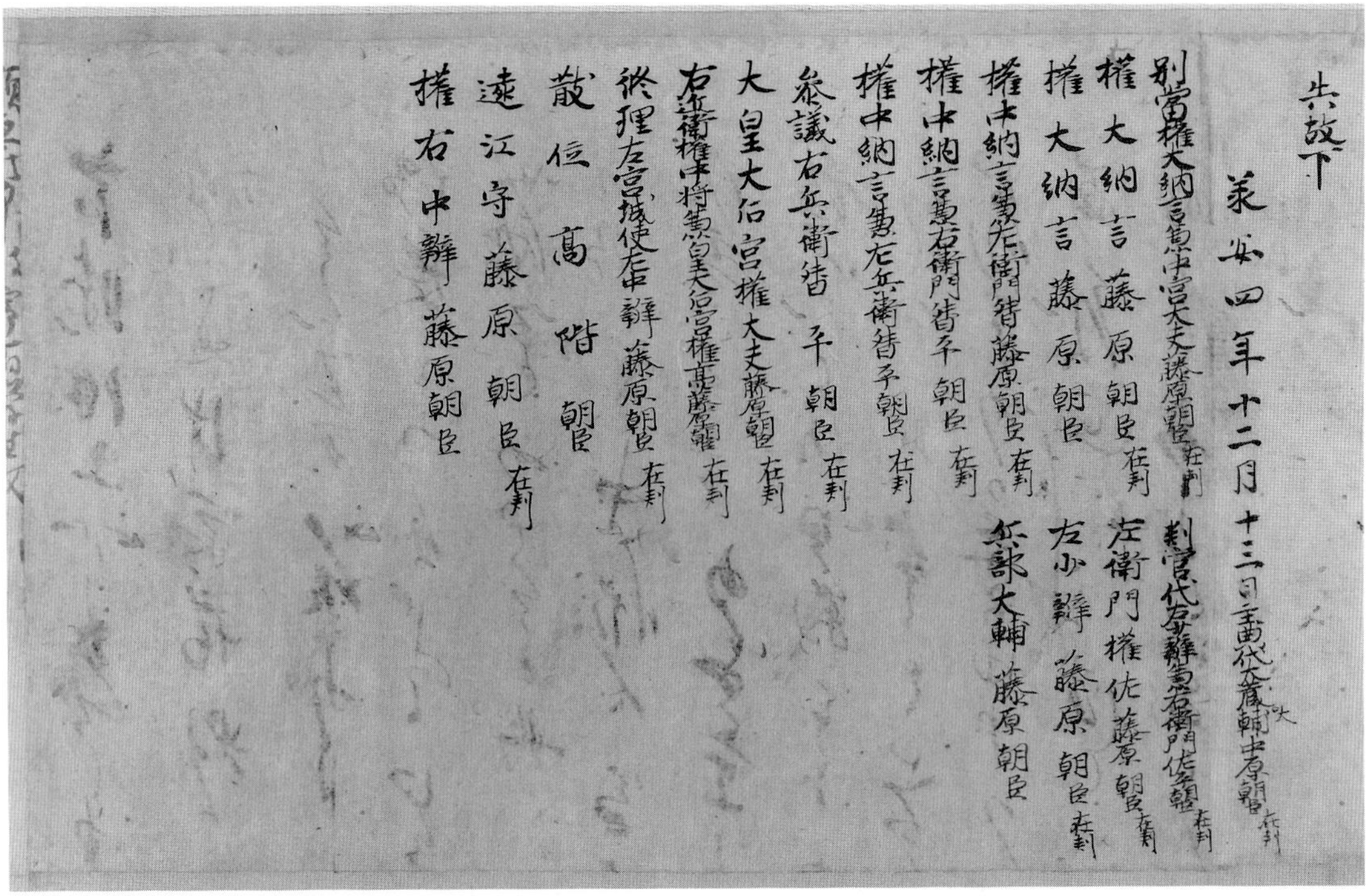

承安四年十二月十三日

別当権大納言兼中宮大夫藤原朝臣 在判

権大納言藤原朝臣 在判

権大納言藤原朝臣

権中納言兼左衛門督藤原朝臣 在判

権中納言兼右衛門督平朝臣 在判

権中納言兼左兵衛督平朝臣 在判

参議右兵衛督平朝臣 在判

大皇大后宮権大夫藤原朝臣 在判

右近衛権中将兼皇大后宮権亮藤原朝臣 在判

修理左宮城使左中弁藤原朝臣 在判

散位高階朝臣

遠江守藤原朝臣 在判

権右中弁藤原朝臣

主典代大蔵○大輔中原朝臣 在判

判官代右少弁兼右衛門佐平朝臣 在判

左衛門権佐藤原朝臣 在判

左少弁藤原朝臣 在判

兵部大輔藤原朝臣

㉔六波羅下知状〔鎌倉時代　文保二年〕（1―4―21）

地頭―茜部庄

この文書は東大寺領美濃国茜部庄《あかなべのしょう》の年貢未済に関する和与《わよ》の裁許状である。茜部庄は美濃国厚見郡（現在の岐阜市茜部付近）にあった荘園で、弘仁九年（八一八）に立てられた。平安末期には本免田約七十七町余の荘園として確立し、年貢の絹・綿は東大寺の百人の学侶の衣服料に充てられた。現地の荘官である下司は、承久の乱で美濃国の武士と行動を共にしたらしく京方に与して没落し、その跡に地頭が置かれた。貞応二年（一二二三）地頭長井時広（大江広元の子、幕府評定衆《ひょうじょうしゅう》）は東大寺に毎年、年貢絹百疋・綿千両を納入する地頭請《じとううけ》とした。しかし、鎌倉中期、文永三年（一二六六）ころから年貢の未済や、その品質低下、代銭納などをめぐって東大寺と地頭の間に軋轢が生じ、東大寺学侶はこの問題を六波羅探題に訴え、以後、鎌倉時代を通じて延々と訴訟が継続した。

本文書は、文保二年（一三一八）九月十七日の東大寺別当法印公暁の状、同五月二十五日の地頭長井出羽法印静瑜（長井時広の孫）の状、同五月日の学侶雑掌朝舜の状、同五月日の地頭代覚妙の状を引用している。この年五月に雑掌と地頭代の間で和与（和解）が成立し、その後の手続きを経て、十一月七日付けで和与を認定する六波羅探題北方北条時敦と同南方大仏維貞署判の和与の裁許状（下知状）が下された。本文書は二紙にわたって書かれ、紙継目の裏に花押が据えられている。この花押の人物は六波羅探題の訴訟を担当する奉行人であると考えられる。年号部分の裏に別筆で小さく「飯但」とあるのは、東大寺側が後の覚えにこの奉行人の名前を注記したものと推定され、飯尾但馬房善覚に比定できる（森幸夫「六波羅探題職員ノート・補遺」『國學院雑誌』九一―八）。通常の和与の手続きでは領家雑掌と地頭代の両者が一通の和与状を作成し両者が連署するが、この場合、それぞれが別々に和与状を六波羅に提出しているのが特徴である。

和解の内容は、延慶二年（一三〇九）から文保元年（一三一七）までの年貢未払い分六百五十貫四百文のうち六百貫文を地頭方は東大寺に納め、東大寺は残りを免除すること、もし、地頭方がさらに未払いを続けたならば、地頭代を直ちに処罰することである。正和二年（一三一三）に和与した段階で、延慶二年から正和元年までの未払い分の年貢が九百四十四貫七百文であったから、正和二年の和与以後、年貢未納分のうち三百貫文余はともかくも東大寺に納められていたことになる。六波羅評定衆の一族である地頭長井氏を相手とする東大寺の訴訟は、必ずしも東大寺にとって不利となったわけではなかった。しかしその後も地頭代の年貢未納が続いたことを考えると、六波羅の和与の裁許は完全には遵守されないのであり、ここに鎌倉幕府裁判制度の限界を見ることができる。なお、鎌倉幕府滅亡後、地頭職は没収され、東大寺の一円支配となった。　（稲葉伸道）

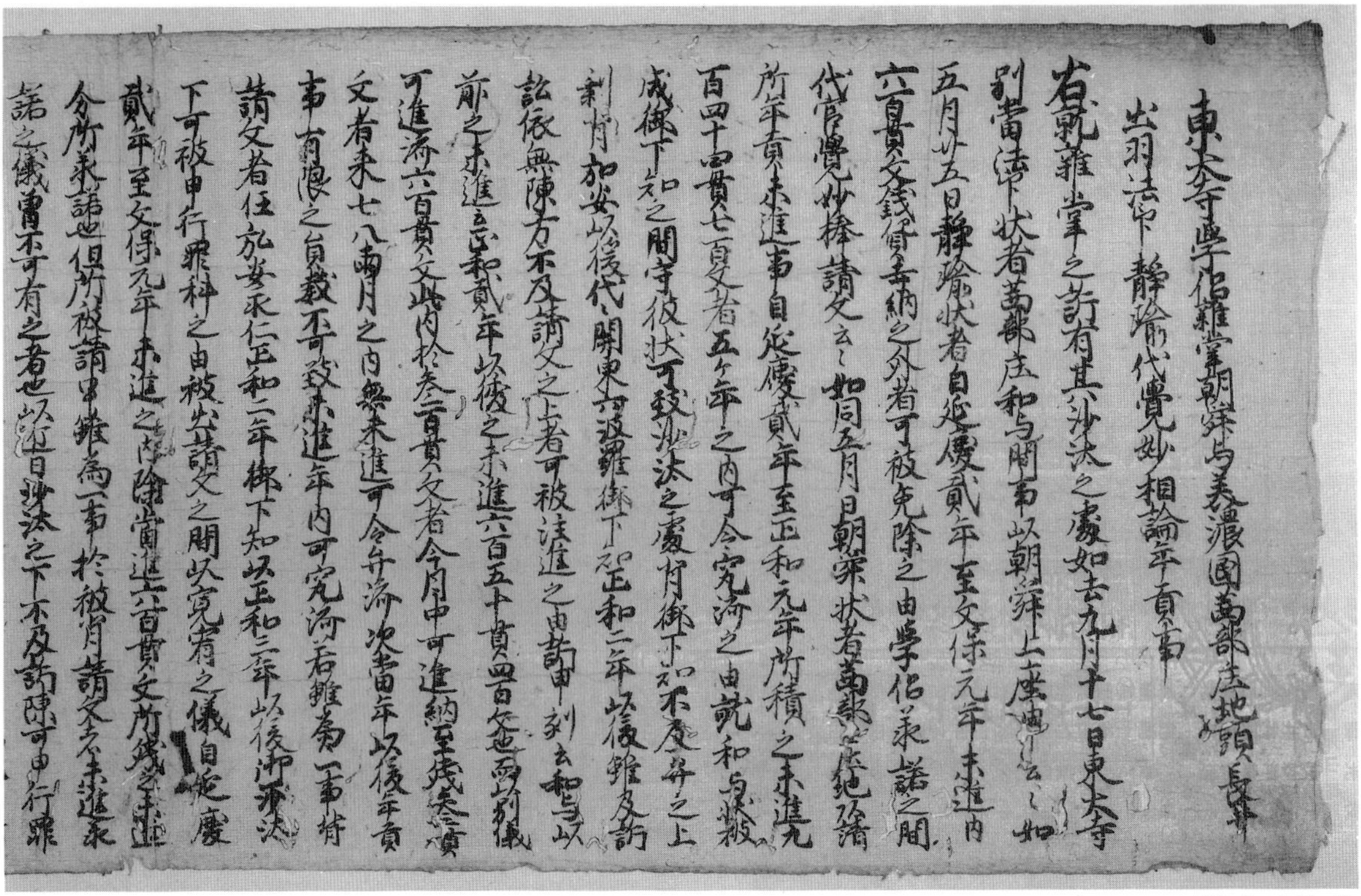

(33.6×100.4)

東大寺学侶雑掌朝舜与美濃国茜部庄地頭長井
出羽法印静瑜代覚妙相論年貢事
右、就雑掌之訴、有其沙汰之處、如去九月十七日東大寺
別当法印状者、茜部庄和与間事、以朝舜上座申云々、如
五月廿五日静瑜状者、自延慶貳年至文保元年未進内、
六百貫文銭貨寺納之外者、可被免除之由、学侶承諾之間、
代官覚妙捧請文云々、如同五月日朝舜状者、茜部庄地頭請
所年貢未進事、自延慶貳年至正和元年、所積之未進九
百四十四貫七百文者、五ケ年之内、可令究済之由、就和与状、被
成御下知之間、守彼状可致沙汰之處、背御下知、不及弁之上、
剰背弘安以後代々関東・六波羅御下知、正和二年以後雖及訴
訟、依無陳方、不及請文之上者、可被注進之由、訴申刻、云和与以
前之未進、云正和貳年以後之未進、六百五十貫四百文也、而以別儀
可進済六百貫文、此内於参百貫文者、今月中可進納、至残参〔百脱カ〕貫
文者、来七八両月之内、無未進可令弁済、次当年以後年貢
事、有限之員数、不可致未進、年内可究済、若雖為一事背
請文者、任弘安・永仁・正和二年御下知、以正和三年以後御沙汰
下、可被申行罪科之由、被出請文之間、以寛宥之儀、自延慶

……………………（紙継目裏花押）……………………

貳年至文保元年未進之内、除当進六百貫文、所残之未進
分、所承諾也、但所被請申、雖為一事、於被背請文者、未進承
諸之儀、曾不可有之者也、以近日沙汰之下、不及訴陳可申行罪

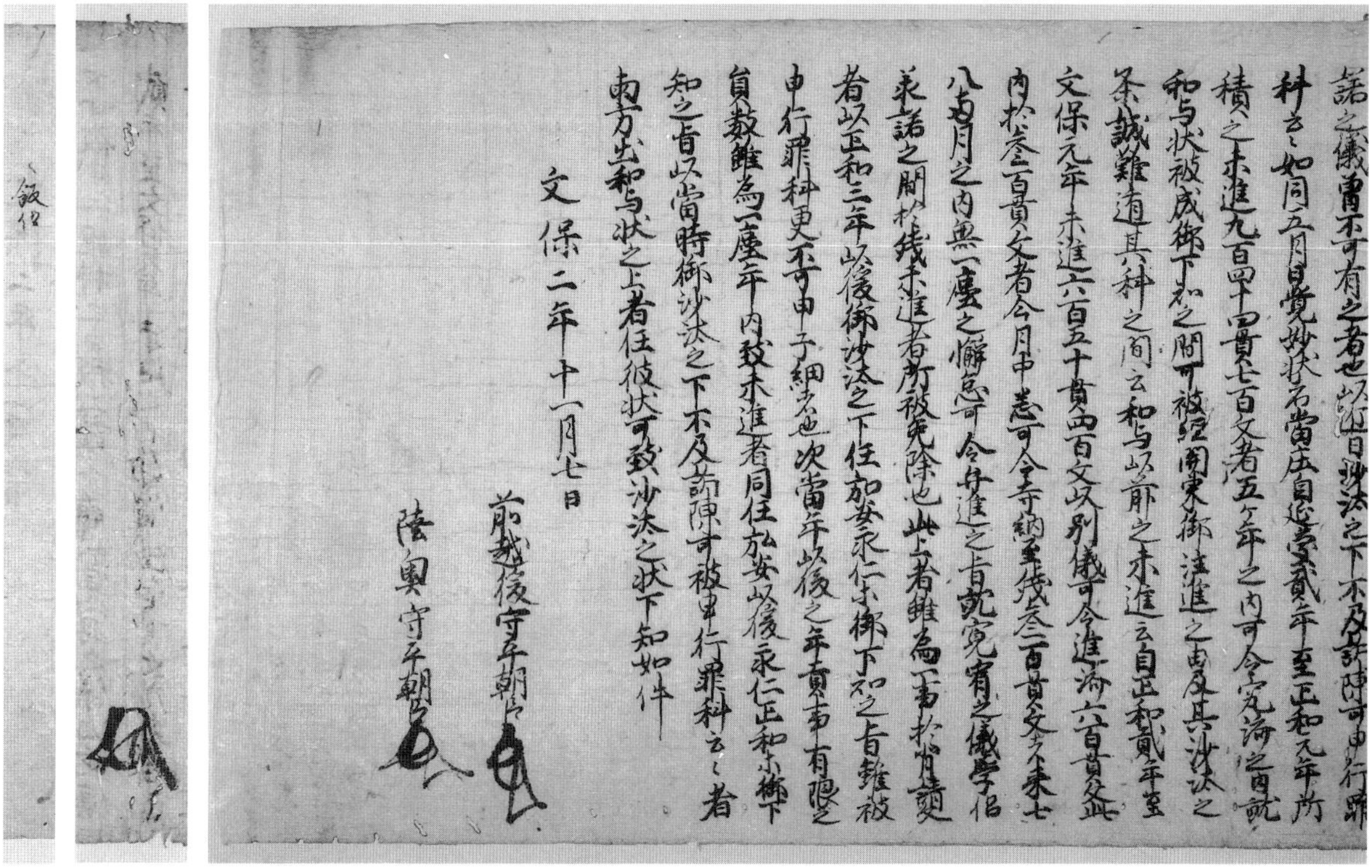

〈紙背後筆〉〈紙継目裏花押〉

科云々、如同五月日覚妙状者、当庄自延慶貳年至正和元年、所
積之未進九百四十四貫七百文者、五ケ年之内、可令究済之由、就
和与状、被成御下知之間、可被経関東御注進之由、及其沙汰之
条、誠難遁其科之間、云和与以前之未進、云自正和貳年至
文保元年未進、六百五十貫四百文、以別儀可令進済六百貫文、此
内於参百貫文者、今月中悉可令寺納、至残参百貫文者、来七
八両月之内、無一塵之懈怠、可令弁進之旨、就寛宥之儀、学侶
承諾之間、於残未進者、所被免除也、此上者、雖為一事於背請文
者、以正和三年以後御沙汰之下、任弘安・永仁等御下知之旨、雖被
申行罪科、更不可申子細者也、次当年以後之年貢事、有限之
員数、雖為一塵、年内致未進者、同任弘安以後永仁・正和等御下
知之旨、以当時御沙汰之下、不及訴陳、可被申行罪科云々者、
両方出和与状之上者、任彼状可致沙汰之状、下知如件、

文保二年十一月七日

前越後守平朝臣(北条時敦)（花押）

陸奥守平朝臣(大仏維貞)（花押）

○年号部分の紙背に後筆の「飯但」の文字あり。

悪党—大部庄

㉕東大寺三綱大法師等申状〔鎌倉時代　永仁三年〕（1—12—63）

この文書は播磨国大部庄《おおべのしょう》に発生した悪党事件を伝えるものである。大部庄は現在の兵庫県小野市の市域を中心とする加古川東岸に位置していた。建久八年（一一九七）に東大寺大勧進職重源の手から東南院定範に譲られたあと、荘官は東南院が補任するものの、寺家が地代のほとんどを収得する東大寺領になっていた。ただし寺家が現地をかならずしも一元的に支配していたわけではなかった。建保三年（一二一五）にはすでに地頭が置かれており、はやい時期から外部の勢力がはいり込んでいた。このことは寺家が自力で荘を経営するのでなく、外部の勢力に委託する傾向が強かったことを物語っていた。

垂水左衛門尉繁昌が大部庄の荘務を請け負ったのはこうした荘園の体質に符合するものであった。かれは寺家の支配力の欠をおぎなうだけの組織と業務能力をもっており、またひろい範囲にわたって交通路をおさえ、年貢・供料を輸送する力をもっていた。繁昌が住んだ垂水庄は現在の神戸市垂水区の福田川河口を中心とする地域に位置し、中世後期に備後国三原の塩船が入港するなど、瀬戸内海の物流の要地であった。かれが大部庄の物資を奈良にまで送りとどける交通運輸力をもっていたことは当然推測されるのである。寺家はけっきょく繁昌のこうした能力に期待して雑《ざっ》掌《しょう》に補任したのであろう。

ところが繁昌は従順な荘園管理者ではなかった。本文書によれば、かれは各種の供料《くりょう》の寺納をとどこおらせ、自分の「所進の請文」にさえ違えるようになる。これにたいして寺家が「定め置く法に違えるのとき、（雑掌を）得替せしむは流例なり」と荘務をとりあげた。他の史料によれば永仁二年（一二九四）十月二十八日、神人が荘家に下着して繁昌に解任の通告をしたという。するとその翌日繁昌は甲冑・弓箭・鉾楯で武装し悪党数百人を率いて庄内に乱入、牛馬は数をつくしてこれを奪い納所《なっしょ》の年貢はことごとくを運び去った。

繁昌らの行動は数日間におよんだらしく、十一月三日には百姓の民家を一宇ものこさず一々追捕し、米籾苅稲・銭貨・資財・衣裳・絹布などを運び去り、あるいは盗み取った。さらに彼らは百姓の妻子を搦めとり、責め殺そうとする素振りをみせて百姓をおどし、こんどは泣きつく百姓に巨多の銭貨（身の代金）を貸し付けて、利銭をまきあげて経済的に縛りあげたという。垂水繁昌と一味の行動にみえる経済的貪欲さは、鎌倉時代末期の社会経済が陥っている悪党的状況をもっともよくあらわしていた。荘園社会の隙間から姿をあらわした商業資本家は、村落の倫理や道徳にはとらわれることなく、あきらかにそれらと異なる価値意識をもって行動を開始していた。

（新井孝重）

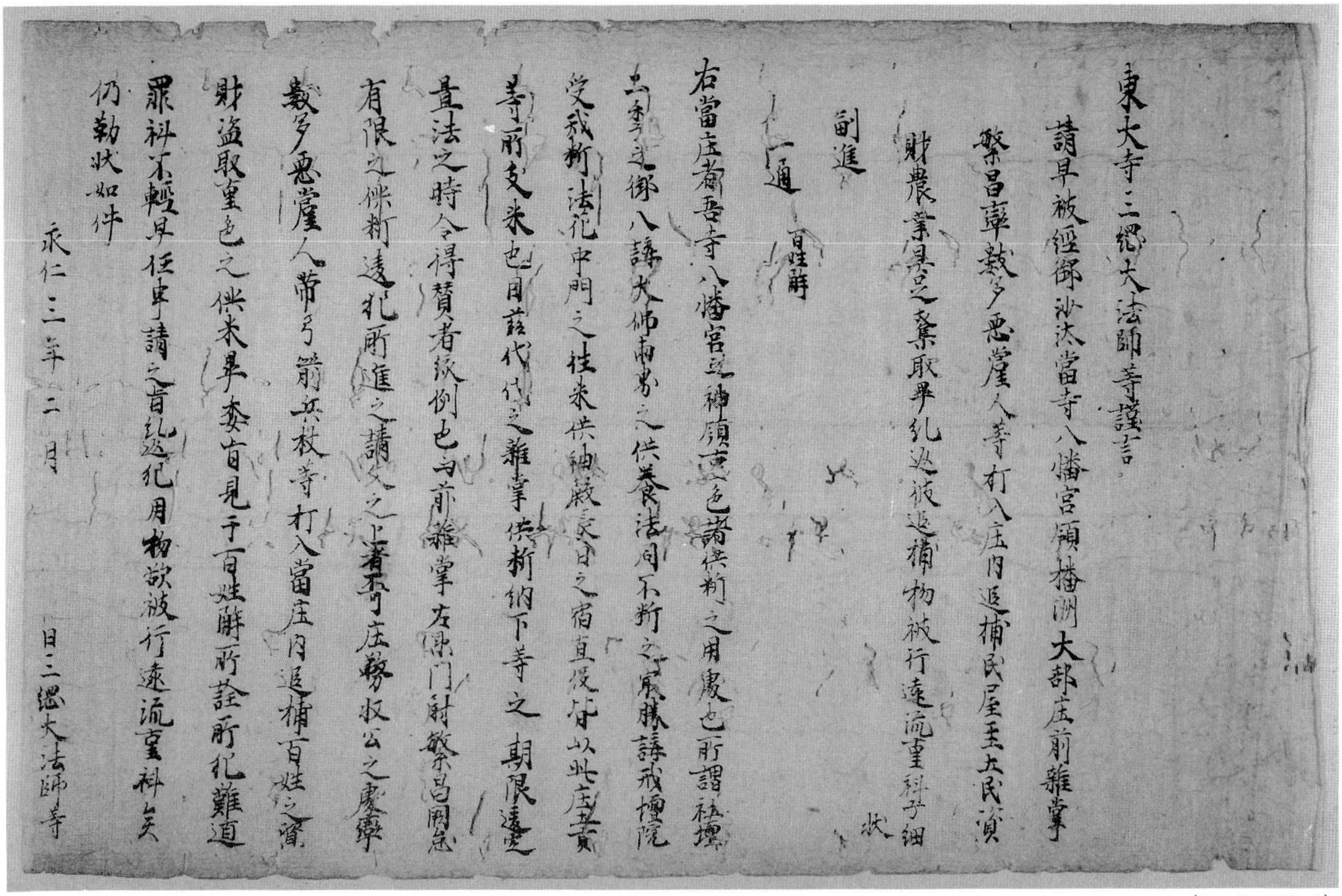

(34.0×52.8)

東大寺三綱大法師等謹言
　請早被経御沙汰、当寺八幡宮領播洲大部庄前雑掌
　繁昌、率数多悪党人等、打入庄内追捕民屋、至土民資
　財農業具足奪取畢、糺返彼追捕物、被行遠流重科子細状
副進
　一通百姓解
右、当庄者、吾寺八幡宮之神領、重色諸供料之用處也、所謂社壇
二季之御八講・大佛両界之供養法・同不断之㝡勝講・戒壇院
受戒料・法花中門之往来供・神殿長日之宿直役、皆以此庄土貢
等所支来也、因玆代代之雑掌、供料納下等之期限、違定
置法之時、令得賛〔替〕者流例也、而前雑掌左衛門尉繁昌、闕怠
有限之供料、違犯所進之請文之上者、不可庄務収公之處、率
数多悪党人、帯弓箭兵杖等、打入当庄内、追捕百姓之資
財、盗取重色之供米畢、委旨見于百姓解、所詮所犯難遁、
罪科不軽、早任申請之旨、糺返犯用物、欲被行遠流重科矣、
仍勒状如件、
　　永仁三年二月　日　　　　　三綱大法師等

造営料国―周防国衙　㉖太政官牒〔鎌倉時代　弘安四年〕（宝庫76‐17‐1）

大勧進重源上人による東大寺復興に際して、京都の朝廷から経済的支援として、東大寺に給付されたのが、造営料国周防であった。一時的な中断をはさむものの、鎌倉時代を通して、東大寺は知行国主として周防を支配する。南北朝期以降、その支配領域は、国庁周辺に限定され、さらに江戸時代は単に収益権のみを辛うじて維持するに過ぎなかったが、明治政府によって否定されるまで、周防との関係は継続した。これは日本史上において希有の事例である。

この文書は、周防牟礼令《むれりよう》（現防府市）にあった阿弥陀寺所領における違乱行為禁止を命じる太政官牒である。本文中に見えるとおり、阿弥陀寺は、大勧進重源が造営料国周防を訪れた際に、後白河院御願のため、同地に建立したものであるが、復興事業を支える宗教的な前線基地とでも言うべき性格も帯びていた。その後、阿弥陀寺の住持は大勧進である国衙上人が兼帯した。

形式的に言えば、この太政官牒は、阿弥陀寺からの申請を受けて、朝廷（当時は亀山院政）が同寺に対して発給したものであって、権利を保証された阿弥陀寺に伝来すべきである。しかし、東大寺に伝来したのは、住持を大勧進が兼帯するという事情によって朝廷への申請自体が知行国主東大寺によってなされたからであろう。なお阿弥陀寺には、宝永年間（一七〇四～一〇）に東大寺よりこの文書を借用して写したものが残る。

この文書が作成された弘安年間（一二七八～八七）という時期は、周防国衙領に対する支配が大きく動揺した時期であった。原因はふたつあった。ひとつは、歴代の大勧進が国衙領を私領として分配したこと。いまひとつは、地頭など在地勢力による押領行為であった。阿弥陀寺領における「甲乙人闌入押妨」とは、後者の事態を指す。この事態に直面した時の大勧進聖守は、支配再建に乗り出す。折しも対モンゴル防衛戦争の総動員体制下、寺社は祈禱によってその一翼を担うことが期待されていた。聖守は、この時期に公家御願所として国家的祈禱を果たす見返りに、阿弥陀寺所領の回復を要求したのであった。

本文十六行目の「是を以て奉免の田地」以下のくだりは、領域としてまとまった寺領の全てを指しているかにも読めるが、そうではあるまい。寺領の大部分は散在した田地だったからである（本書⑰参照）。ここでの田地とは、正治二年（一二〇〇）十一月日重源定文《さだめぶみ》（阿弥陀寺文書）に見える「南無阿弥陀寺麓」田畠と解するべきだろう。したがって、本文中の「重源大和尚記文」もこの重源定文を指すと考えられる。しかし、このような曖昧な書きぶりの背後に、領域拡大を目指す東大寺大勧進の意図が、ほの見えるような気がする。

（遠藤基郎）

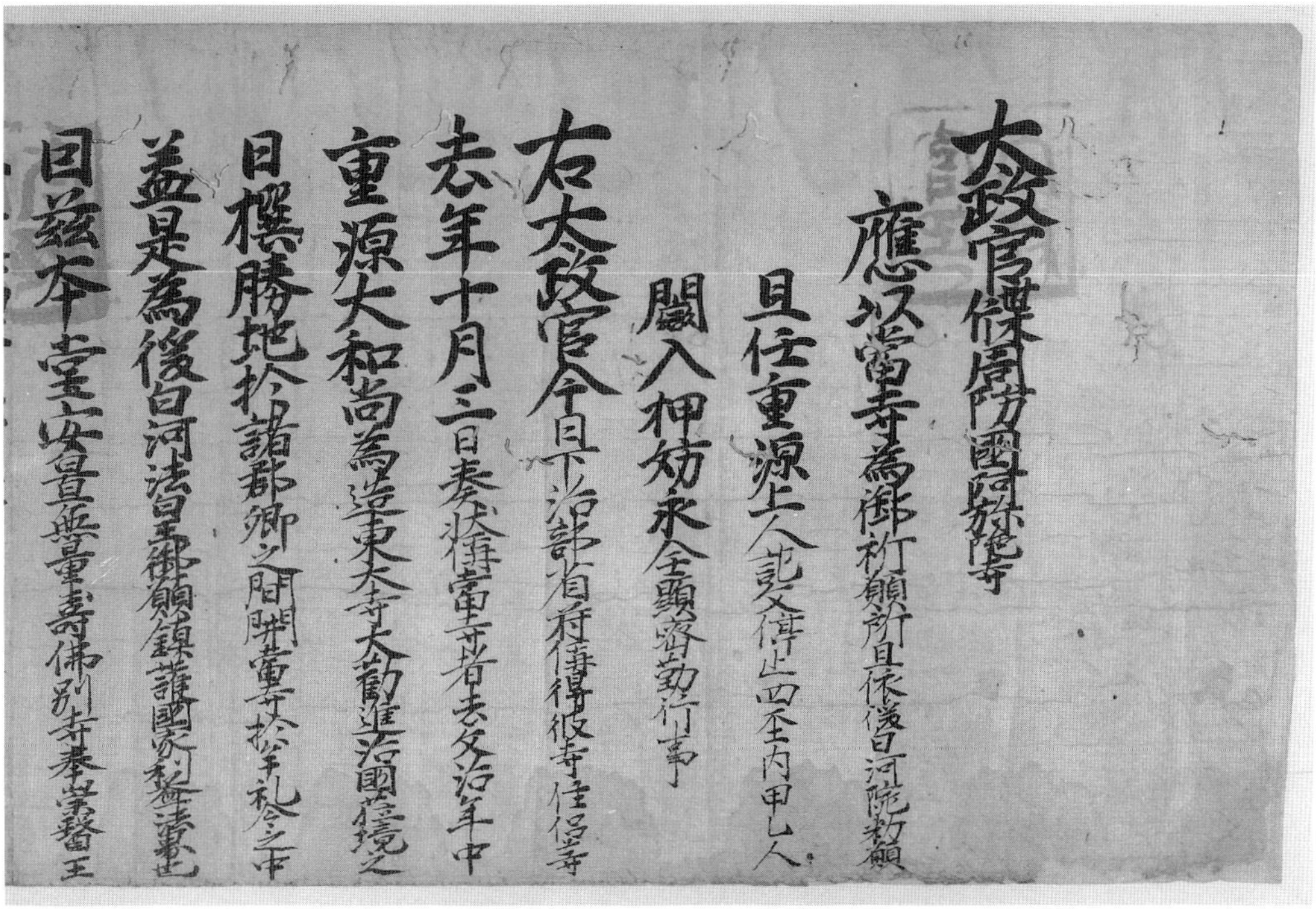

(34.0×158.2)

太政官牒周防国阿弥陀寺
應以当寺為御祈願所、且依後白河院勅願、
且任重源上人記文、停止四至内甲乙人
闌入押妨、永全顕密勤行事
右、太政官今日下治部省符偁、得彼寺住侶等
去年十月三日奏状偁、当寺者、去文治年中
重源大和尚為造東大寺大勧進、治国莅境之
日、撰勝地於諸郡郷之間、開当寺於牟礼令之中、
蓋是為後白河法皇御願、鎮護国家利益法界也、
因茲、本堂安置無量寿佛、別寺奉崇医王

（紙継目）

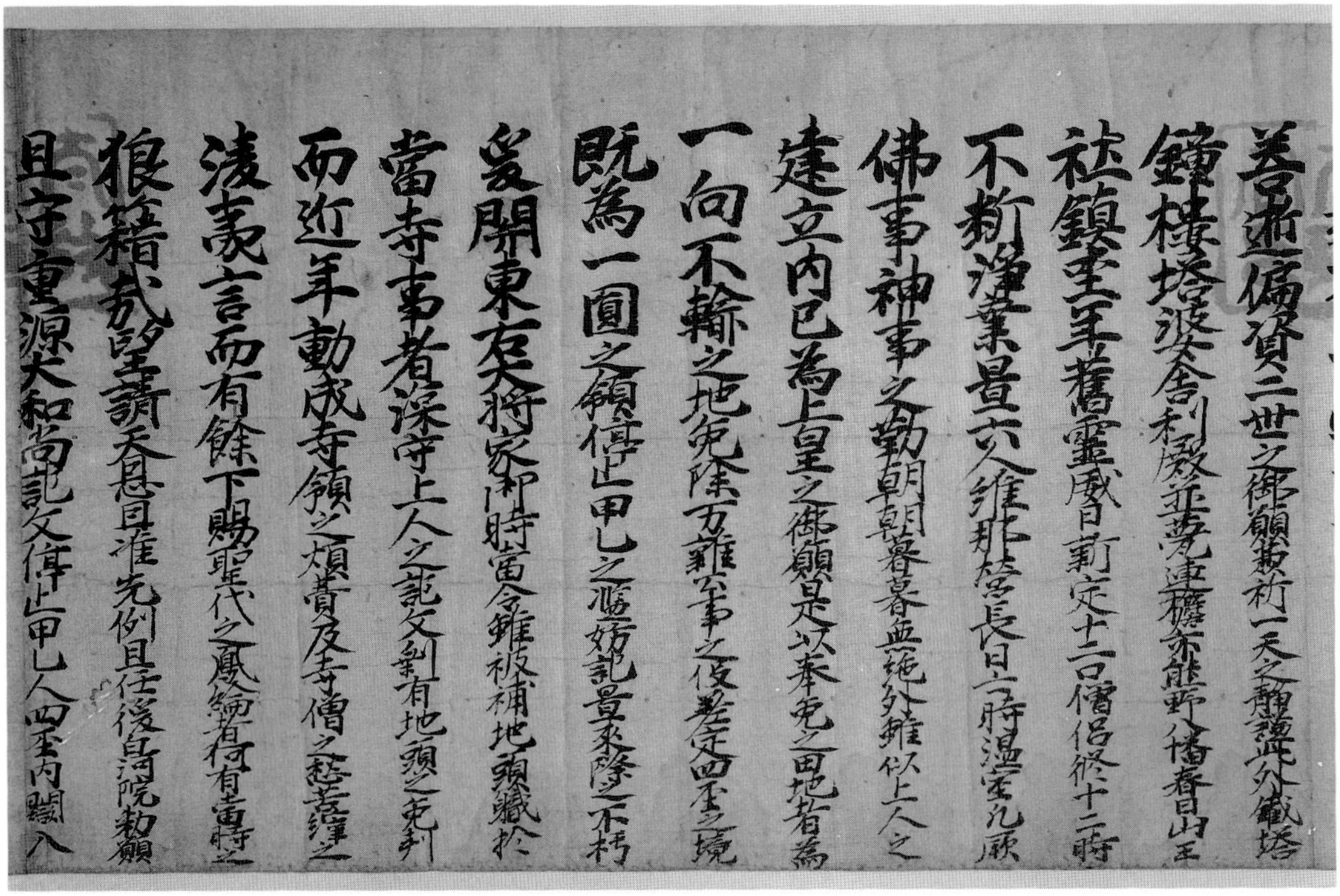

善逝、偏資二世之御願、兼祈一天之静謐、此外鉄塔・
鐘楼・塔婆・舎利殿並甍連檐、亦熊野・八幡・春日・山王
社鎮坐年旧、霊威日新、定十二口僧侶、修十二時
不断浄業、置六人維那、営長日六時温室、凡厥
佛事神事之勤、朝朝暮暮無絶、外雖似上人之
建立、内已為上皇之御願、是以奉免之田地者、為
一向不輸之地、免除万雑公事之役、差定四至之境、
既為一圓之領、停止甲乙之濫妨、記置来際之不朽、
爰関東右大将家(源頼朝)御時、当令(周防国弁礼令)雖被補地頭職、於
当寺事者、深守上人之記文、剰有地頭之免判、
而近年動成寺領之煩費、及寺僧之愁苦、綷之
凌夷言而有余、下賜聖代之鳳綸者、何有当時之
狼籍〔藉〕哉、望請天恩、因准先例、且任後白河院勅願、
且守重源大和尚記文、停止甲乙人四至内闌入

……………………(紙継目)……………………

押妨狩猟之企、可為公家御祈願所之由、賜宣旨
者、奉祈宝算於鶴椿之年、永伝法燈於龍
華之暁者、従二位行権中納言藤原朝臣家教
宣、奉　勅、依請者、省宜承知、依宣行之者、
寺宜承知、牒到准状、故牒、
弘安四年正月十日　修理左宮城判官正五位上行左大史小槻(秀氏)宿祢(花押)牒
修理右宮城使従四位上行右中弁平(仲兼)(自署)「朝臣」

○「太政官印」朱印五顆を捺す。

関銭—兵庫関

この文書は、永享八年(一四三六)、東大寺が領有していた兵庫北関(現在の神戸市兵庫区)の代官が、その代官職を請負うにあたり、一定の契約事項を履行することを誓約した請文である。

東大寺領有の兵庫関は、大輪田泊《おおわだのとまり》として平安時代から繁栄した兵庫津において、兵庫嶋修築費用と寺の維持費調達を目的として、延慶元年(一三〇八)、伏見上皇により東大寺鎮守手向山八幡宮に対し、船舶からの升米の徴収が認められたことにより誕生する。兵庫関では、関銭《せきせん》として、上り船に対して積載物資一石に対して一升を徴収する「升米」が、また、下り船一艘毎に米一升を徴収する「置石」(後一船四十五文を銭納)がそれぞれ課せられた。しかしながら、兵庫関は、暦応元年(一三三八)、東大寺に加えて興福寺がかねてより望んでいた関銭徴収権を新たに確保し、やがて兵庫関は東大寺が領有する兵庫北関、興福寺が領有する兵庫南関の二つの関所に分裂する。

当初東大寺の領有する兵庫関においては、東大寺による直務経営が行われていた。しかしその後、他の社寺勢力および悪党等の介入等があり、東大寺は、永享八年直務経営から部外者である在地の土豪を代官に任命し、経営を委託する代官請負に切り替えたといわれる。ここに示す文書は、兵庫北関が代官請負となったことを示す初見史料である。

この史料によれば、兵庫北関は、永享八年には、在地の土豪、小畠次郎左衛門光清・孫左衛門清正・稲毛信久の三名により請け負われている。そして、東大寺へ一年間に寺納する升米および置石税の請負額は七百五十貫文で、内四十貫文は、将軍家と親しい関係にある北野社への御経の経費に充て、残り七百十貫文を、正月から十一月の間は毎月六十貫文、十二月は五十貫文を延納なく納入すべきことを誓約している。また、請負に当たっては「敷銭」として百二十貫文を納めることとなっており、月毎の未進があった場合には、東大寺は、この「敷銭」から未進分を徴収することができる旨記されている。

この後、兵庫北関では、嘉吉三年(一四四三)には、代官職を相国寺の寺僧が請け負い、翌文安元年四月には、在地の土豪と思われる人物が請け負っているが、同年十一月には、東大寺油倉の玉叡が代官職を請け負うこととなり、再び東大寺の直務支配に転じる。この背景には、関銭を免除された幕府公認の船以外の船舶が、兵庫北関で脱税行為を働くようになったため、関銭確保を目的とした処置が必要であったということも考えられよう。他の年代には残っていない「升米」・「置石」税の両方の帳簿が、文安二年分について、玉叡の手によるものとしてともに存在する(「兵庫北関入船納帳」および「兵庫関雑船納帳」)のは、当時、兵庫北関が東大寺の直営であったためであろう。

(徳仁親王)

㉗兵庫北関代官職請文〔室町時代 永享八年〕(1—15—162)

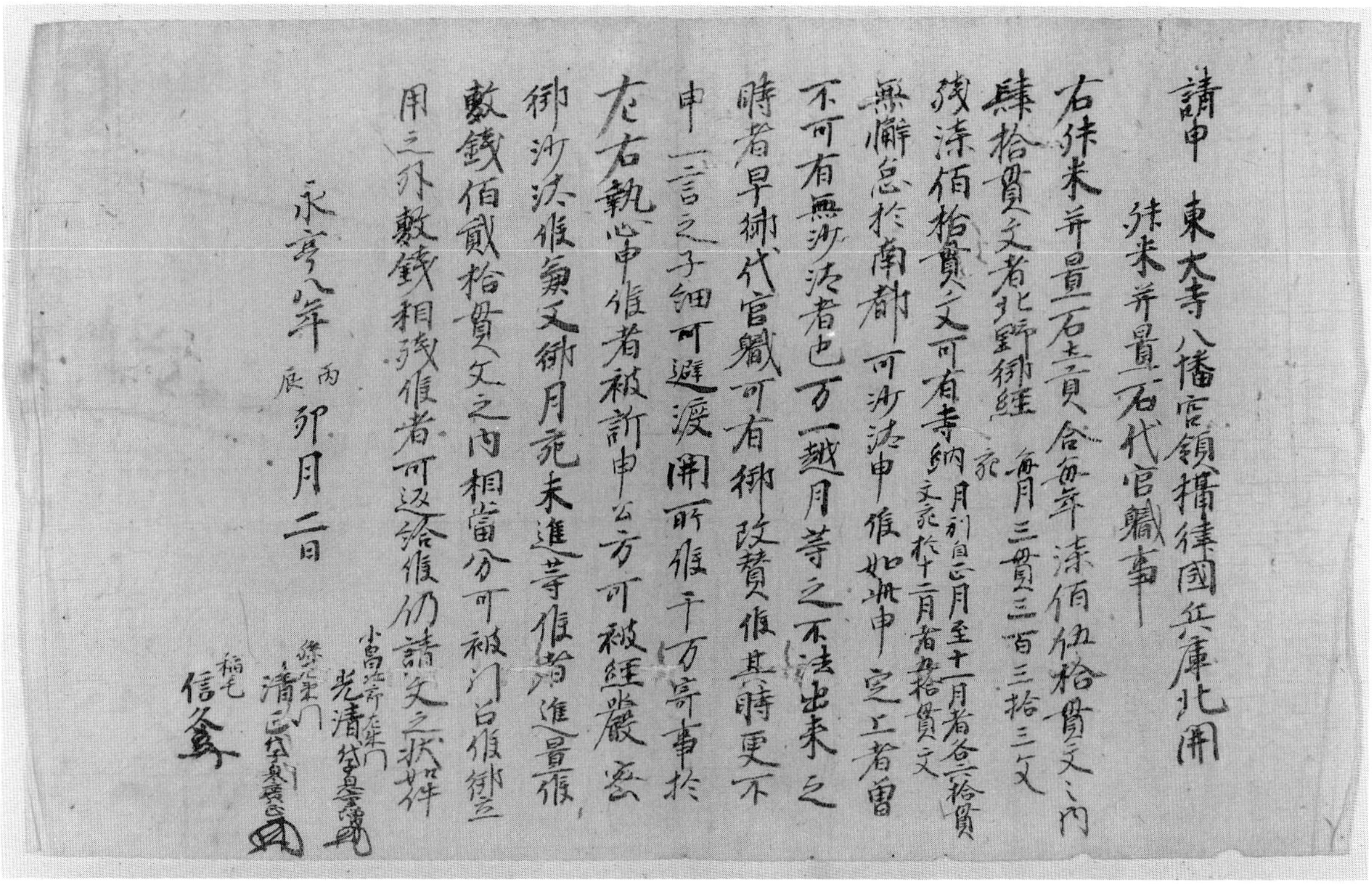

(29.5×49.0)

請申　東大寺八幡宮領摂律〔津〕国兵庫北関
　升米并置石代官職事
右、升米并置石土貢、合毎年柒佰伍拾貫文之内、
肆拾貫文者、北野御経、毎月三貫三百三拾三文宛、
残柒佰拾貫文、可有寺納、月別、自正月至十一月者各六拾貫文宛、於十二月者五拾貫文、
無懈怠於南都可沙汰申候、如此申定上者、曾
不可有無沙汰者也、万一越月等之不法出来之
時者、早御代官職可有御改賛〔替〕候、其時更不
申一言之子細、可避渡関所候、千万寄事於
左右、執心申候者、被訴申公方、可被経厳密
御沙汰候、兼又御月宛未進等候者、進置候
敷銭佰貳拾貫文之内、相当分可被引召候、御立
用之外敷銭相残候者、可返給候、仍請文之状如件、
永享八年丙辰卯月二日
小畠次郎左衛門 光清 代子息重増（花押）
孫左衛門 清正 代子息広正（花押）
稲毛 信久 （花押）

末寺―筑前観世音寺

㉘東大寺衆徒申状土代〔鎌倉時代　寛喜三年〕（1―16―9）

この文書は、東大寺末寺の観世音寺の別当職が師弟間で相伝されているのを停止し、東大寺がその人事権を握り、あわせて筑前国碓井封などの寺領の経営を直接行いたいと衆徒が申請したものである。

筑前国観世音寺は、保安元年（一一二〇）に東大寺の末寺となった。その背景には東大寺を大宰府にかわる権威と仰ぎ、寺領経営の好転をはかろうとした観世音寺の思惑があった。観世音寺は大治五年（一一三〇）から碓井封・山鹿庄・金生《かのう》封などから年貢米を東大寺に運上している。

この文書によると、観世音寺の四封四庄（筑前国碓井封・金生封、筑後国大石封・山北封、筑前国把伎《はき》庄・船越庄・山鹿庄・黒島庄）からの年貢は、あるときは七、八百石、あるときは五、六百石であったが、治承の乱ののち、地頭の妨げや土民の対捍によって運上は有名無実になってしまった。そのため東大寺別当の勝賢（一一九二～九六）が朝廷に訴え、建久六年（一一九五）に観世音寺領に検注使を派遣し、所当官物千石のうち四百石を運上させると定め、勝賢の没後に観世音寺別当の定勝が三百五十石に減少した。ところが定勝のときには違乱はなかったが、その弟子の光恵が別当になると年貢米の運上を怠るようになった。そこでここにおいて光恵にその運上を督促するとともに、別当の人事権と寺領の進止権を東大寺に移譲するように訴えているのである。

『玉葉』建久六年十月一日条によると、東大寺末寺の観世音寺を定勝が知行するよう勅命が下ったという。伽藍の再建事業を進めていた東大寺は、財源の確保を目的に定勝を観世音寺の別当として寺領を検注し、年貢米の運上を確約させたのである。

しかし同時に観世音寺も伽藍の修造に迫られていた。『猪隈関白記』正治二年（一二〇〇）七月十二日条には観世音寺五重塔・十一間僧房の造立のことが記されている。また『三長記』建久九年二月二十七日条には筑紫の住人の慈済が観世音寺の勧進と称して東大寺への運上米を停め、修理に当てた。それに対して東大寺は慈済の行動は勧進ではないといって、朝廷に訴えたことが記されている。観世音寺に残る不空羂索観音立像には貞応元年（一二二二）の墨書銘があり、勧進上人慈済の名がみえる。観世音寺は伽藍の修造や造像を東大寺の保護によらず、むしろその末寺支配に抵抗しながら遂行したのである。

寛喜三年（一二三一）に定められた三百五十石、六月納期の運上米は、鎌倉末期まで東大寺の諸法会を支える財源として維持された。『東大寺続要録』寺領章の建保二年（一二一四）の寺領田数所当等注進状や、文永六年（一二六九）の東大寺学侶連署起請文、正安元年（一二九九）の東大寺年中行事用途帳には、観世音寺の年貢三百五十石や、六月納期のことが記されているのである。　（岡野浩二）

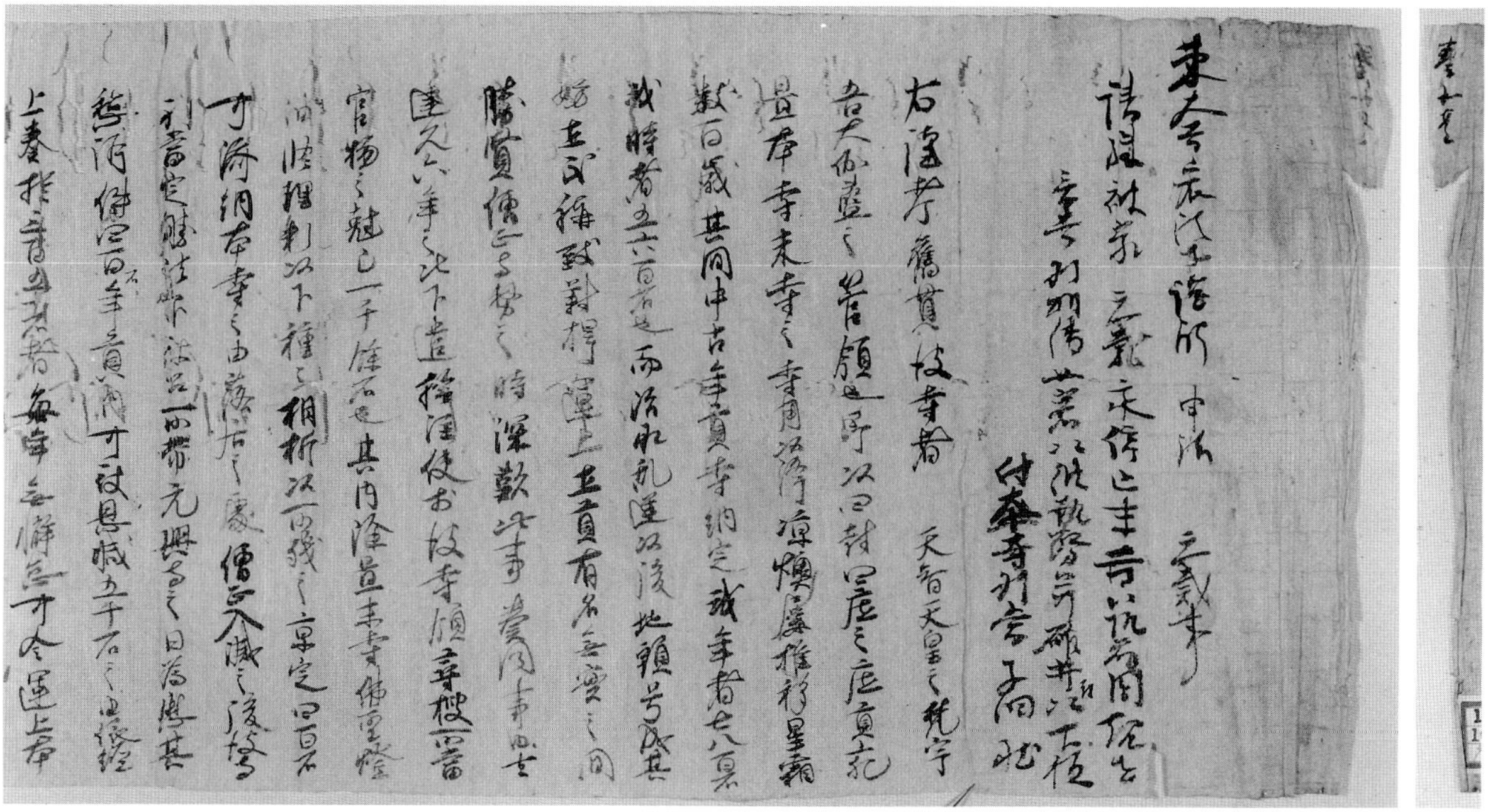

(29.5×113.6)

(端裏書)
「奏状案」
東大寺衆徒等謹解　申請　天裁事
請殊被蒙　天裁、永停止末寺筑前国観世
音寺別相伝、如旧以彼執務并碓井(封)以下領、
付本寺別当子細状
右、謹考旧貫、彼寺者　天智天皇之梵宇、
吾大伽藍之管領也、即以四封四庄之庄貢、宛
置本寺末寺之寺用以降、凉燠屢推移、星霜
数百歳、其間中古年貢寺納定、或年者七八百石、
或時者五六百石也、而治承乱逆以後、地頭号成其
妨、土民称致対捍、運上土貢有名無實之間、
勝賢僧正寺務之時、深歎此事、奏聞事由、去
建久六年之比、下遣検注使於彼寺領、尋捜所当
官物之尅、已一千余石也、其内除置末寺佛聖燈
油修理料以下種々相折、以所残之京定四百石、
可済納本寺之由落居之處、僧正入滅之後、彼寺
別当定勝法印、被召所帯元興寺之日、為慰其
愁訴、件四百(石)年貢内、可被恩減五十石之由、依経
上奏、於三百五十石者、毎年無懈怠、可令運上本

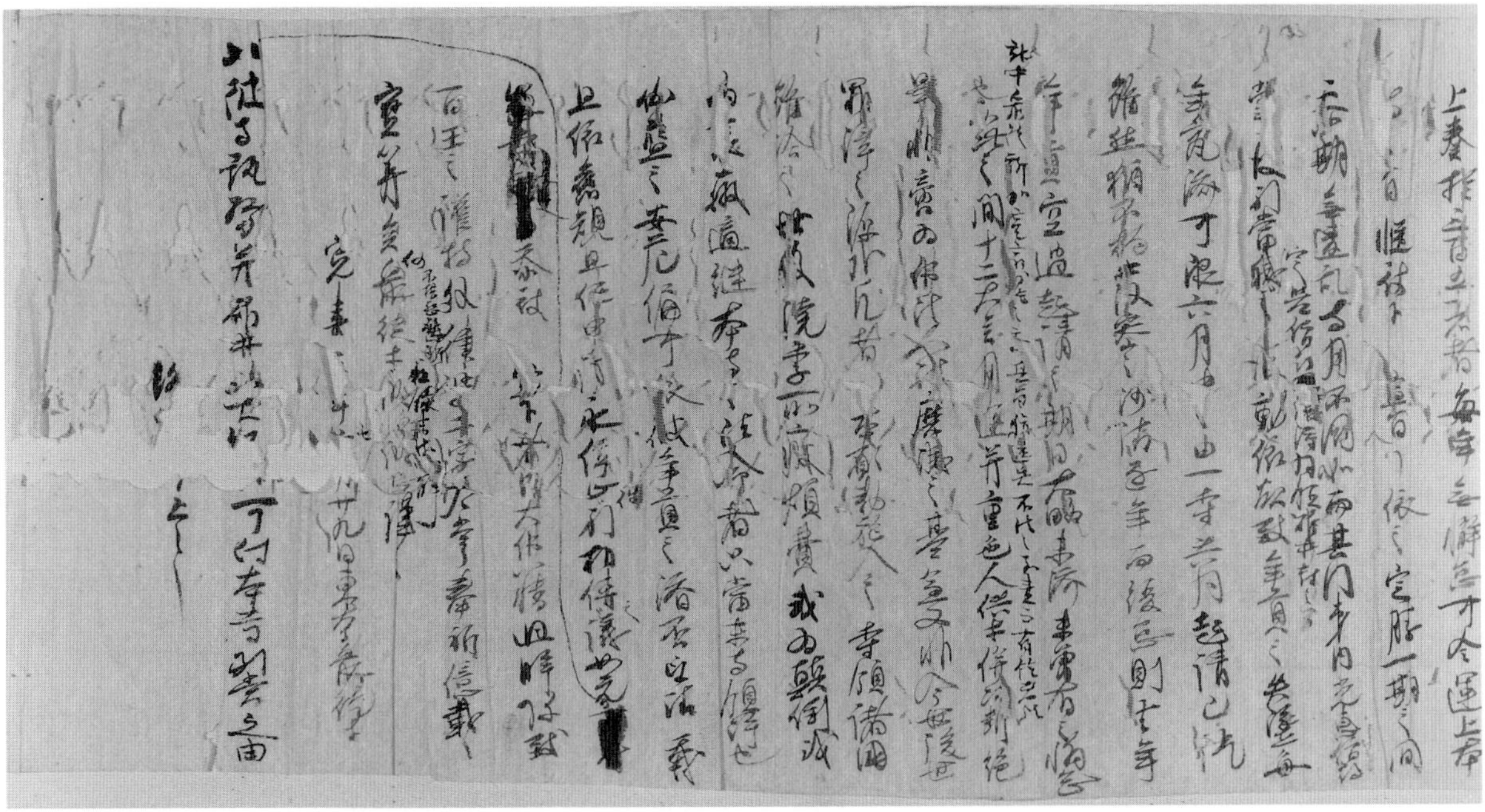

寺之旨、憔被下　宣旨了、依之定勝一期之間、
参期無違乱、寺用不闕如、而其門弟内光恵僧都
定誉僧都譲得拝領碓井封之間、
掌彼別当職之後、動依欲致年貢之失墜、毎
年究済可限六月中之由、一寺共同起請已訖、
雖然猶不拘厳密之沙汰、逐年而緩怠、則去年
年貢空過起請之期日、大略未済、未曾有之懈怠
就中衆徒聊加寛宥沙汰之処、其旨猶違失、不法之至、責而有余者歟、
也、○如此之間、十二大會用途并重色人供等、併以断絶
畢、非啻為佛法人法磨滅之基、兼又非今世後世
罪障之源哉、凡者　本願勅施入之寺領、諸国
雖治之、世及澆季、所疲煩費、或為顛倒、或
為衰微、適継本寺之法命者、只当末寺領許也、
伽藍之安危、偏可依彼年貢之済否、望請　天裁、
且依旧規、早任申請、永停止○件別相伝○之儀、如元○[redacted]
惣寺之長吏[redacted]、忝被　宣下者、内大佛八幡廻眸、弥致
百王之護持、外律学二宗合掌、奉祈億載之
仍不堪懇愁訴、粗録事状以解、
宝算矣、衆徒等誠惶誠恐謹言、
寛喜二年六〔七〕月廿九日　東大寺衆徒等
以彼寺執務并碓井以下領□可付本寺別当之由、
□□□□上之了、

東大寺七郷

時代を問わず、大都市には凶悪な犯罪が横行する。本文書は都市の領主でもあった東大寺が、寺辺における悪党問題に苦慮する様子を伝える史料である。

平安末期から鎌倉期にかけての南都では、寺院境内の縁辺に郷と呼ばれる都市空間が形成されつつあった。東大寺の場合、東京極大路に開かれた門前に手掻《てがい》郷・中御門《なかみかど》郷・国分《こくぶ》郷（押上《おしあげ》郷）や今小路《いまこうじ》郷・今在家《いまざいけ》郷、寺内ではあるが早くから開かれた水門《すいもん》郷、北御門《きたみかど》門前に北御門郷が知られ、東大寺七郷と総称された。すでに十二世紀初頭、「興福寺東里」・「東大寺郷」など寺名を冠した里・郷呼称が史料に姿をあらわす。治承の兵火で罹災した南都の復興は、寺院の伽藍ばかりでなく、隣接する大路・小路縁辺部の都市民の居住地にも及び、より小単位の郷が再編されたと考えられている。

郷に居住したのは、寺僧の場合もあったが、多くは寺院社会を支える東大寺所属の公人《くにん》・神人《じにん》であり、木工・鍛冶らの職人や伶人《れいじん》・猿楽などの芸人であった。街道沿いの郷には商業を営む者が多く、富有化したものもあった。彼ら郷民が都市民として成長する。

さて、南都が中世都市として成熟を遂げるに従い、東大寺の境内地および寺辺郷では強盗・窃盗・殺人・放火等々の凶悪事件が頻発するようになる。永仁元年（一二九三）の「満寺評定」では、去る夜中に寺中鼓坂《つざか》・新院辺でおこった強盗事件が議題にのぼり、大衆《だいしゅ》は次の様な規則を定めた。①犯人を拘束した者は、寺僧であれば学生供《がくしょうく》一口分の供料、堂衆（中門堂・法華堂）以下甲乙の郷民であれば、それに準じて勧賞を与える。②惣寺《そうじ》一同の沙汰として落書《らくしょ》（「雨落書」）で犯人を決定し、寺中・寺外の区別なく勧賞を与える。③寺領内寺中・寺外郷に他所の強盗を追籠めた際、寺僧・郷民らが犯人を拘束した場合も臨時の衆議で勧賞を決定する。④「威勢の仁」であっても、多通の落書を入れられた盗人を縁者と称して身請《みうけ》する事は禁じる。⑤近頃、窃盗・強盗が頻発しているので、衆徒の下知によって郷民に警固をさせているが、夜警の際に怪しい徘徊する者を刃傷・殺害しても構わない。

学生供料一口分、すなわち米二石の高額な懸賞をかけ、郷民に夜廻で警固させるなど、領主東大寺は都市の治安維持に努めねばならなかった。さらに郷民の武装を認め犯人の殺害を容認しており、一定度の検断《けんだん》権を郷民に委ねているのは興味深い。他所の強盗への対処は、大和国守護権を有した興福寺との関係が問題になるが、東大寺郷民が武装して悪党を「追懸」るように興福寺六方《ろっぽう》衆《しゅう》が要請した事例もあり（2―81）、両大寺は協力して治安維持を図っていた。だが悪党と有縁の寺僧がいることなど、広く張りめぐらされた主従関係の中で生じた悪党問題の解決は容易ではなかったのである。

（横内裕人）

㉙東大寺満寺評定記録〔鎌倉時代　永仁元年〕（2―77）

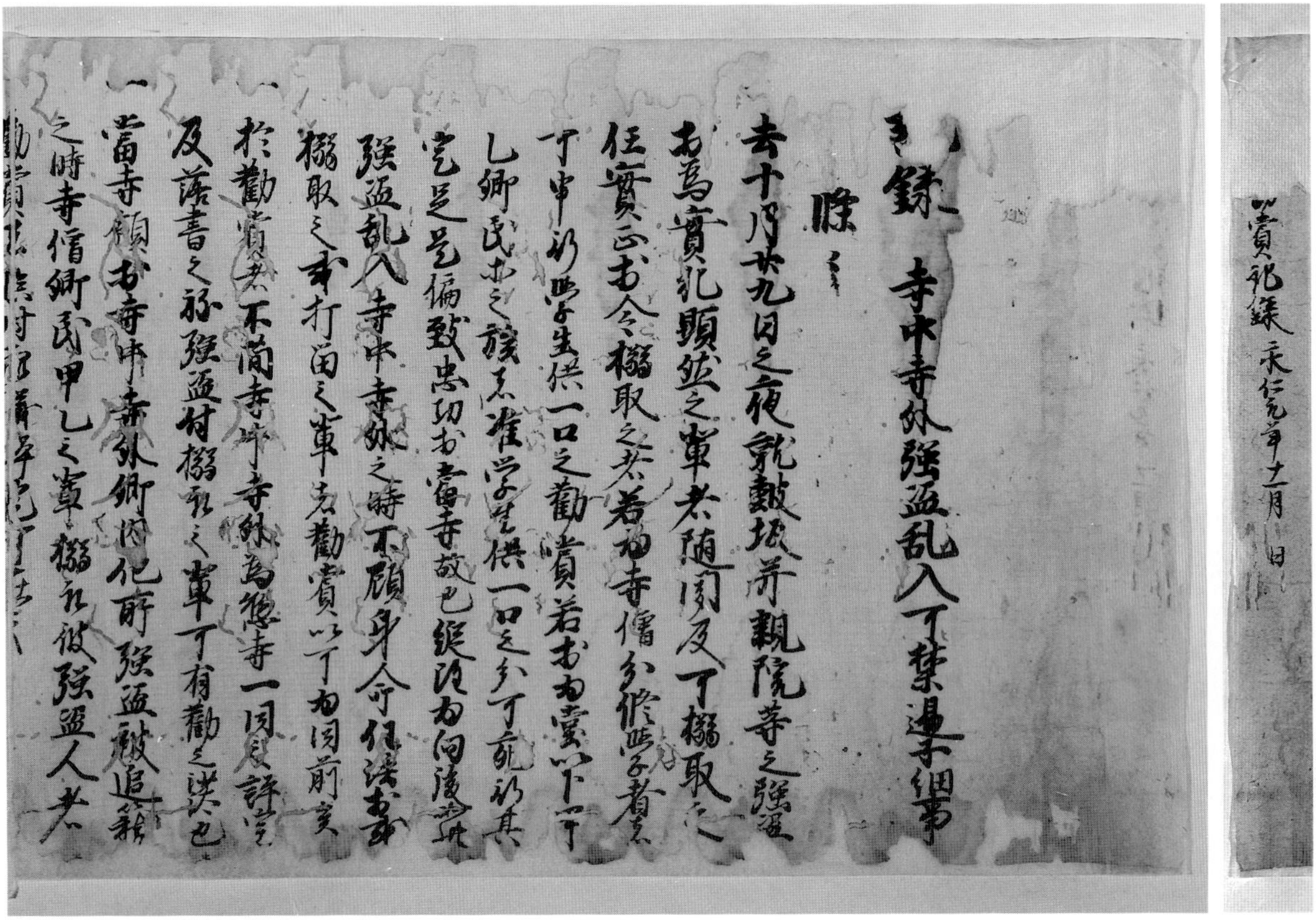

(29.3×86.8)

「（端裏書）□□（勧）□賞記録　永仁元年十一月　日」

記録　寺中寺外強盗乱入可禁遏子細事

條々

（一）□去十月廿九日之夜、就鼓坂并親院（新）等之強盗、
於為實犯顕然之輩者、随聞及可搦取之、
任實正於令搦取之者、若為寺僧分修学者者、
可申行学生供一口之勧賞、若於為堂以下甲
乙郷民等之族者、准学生供一口之分、可宛行其
定足、是偏致忠功於当寺故也、縦雖為向後、如此
強盗乱入寺中寺外之時、不顧身命、任法於或
搦取之或打留之輩者、勧賞以可為同前矣、

一於勧賞者、不簡寺中寺外、為惣寺一同之評定、
及落書之躰、強盗付搦取之輩、可有勧之沙汰也、

一当寺領於寺中寺外郷内、他所強盗被追籠
之時、寺僧郷民甲乙之輩搦取彼強盗人者、

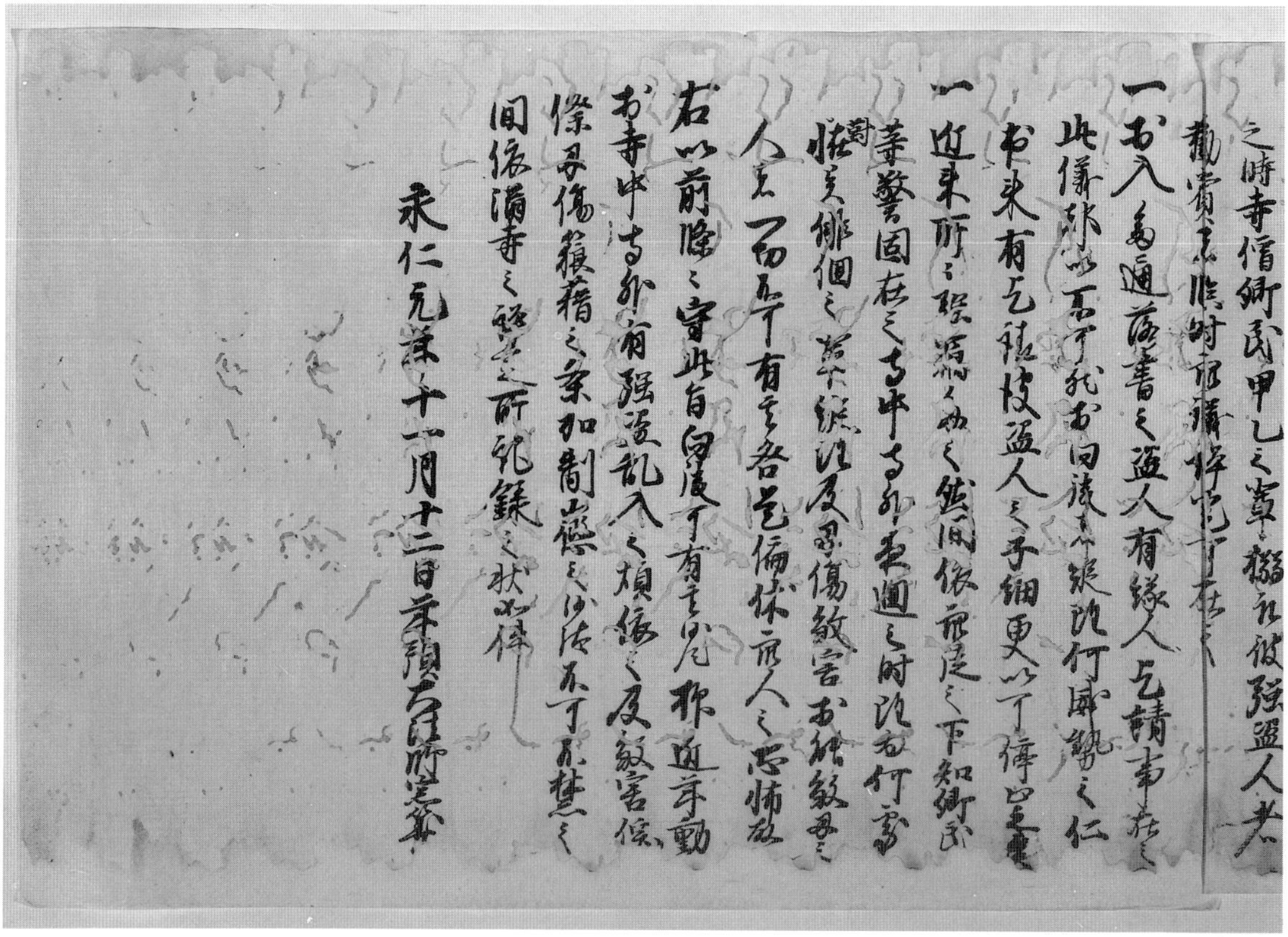

勧賞者臨時衆議評定可在之、

……………………（紙継目）……………………

一於入多通落書之盗人、有縁人乞請事在之、
此儀都以不可然、於向後者縦雖何威勢之仁
出来、有乞請彼盗人之子細、更以可停止之矣、
一近来所々強竊多之、然間依衆徒之下知、郷民
等警固在之、寺中寺外夜廻之時、雖為何處、
○〔対〕恠異徘徊之輩、縦雖及刃傷殺害、於能殺刃之
人者、一切不可有其咎、是偏休衆人之恐怖故□、
右、以前條々、守此旨、向後可有其沙汰、抑近年動
於寺中寺外有強盗乱入之煩、依之及殺害侘
傺刃傷簑〔狼〕籍之条、加制懲之沙汰、不可不禁之
間、依満寺之評定、所記録之状如件、

永仁元年十一月十二日年預大法師宗算

㉚二月堂縁起〔室町時代〕（本坊宝物）

籠名

古代・中世を通して荘園領主は常に荘園経営に腐心し、年貢・公事を滞りなく収取するためさまざまな方策を試みたが、これは東大寺も同様であった。荘園領主は荘官・荘民に対する強制手段によって円滑な荘園経営を図った。東大寺は寺領荘園の経営にあたり、伊賀国黒田庄における「悪党」討伐のための「発向《はっこう》」に見られる武力的な強制手段とは別に、寺院がもつ宗教的な機能を駆使して、世俗領には見られない強制手段をとった。たとえば播磨国大部庄では、東大寺の「別所」として庄内に創建された浄土寺が、荘家《しょうけ》と一体となって、支配と信心という両面から荘民を束ね効率的な荘園経営を実現した。そして本項で取り上げる「籠名《ろうみょう》」もその一つである。

さて本縁起は、天平勝宝四年（七五二）に実忠和尚により創始された二月堂修二会（通称「お水取り」）の由緒と所作の由来、そして鎌倉時代における行法の功徳を描き記した絵詞で、天文十四年（一五四五）に成立した。そして縁起の末尾に、翌天文十五年に起きた「奇特」を記す一紙が貼り継がれている。

その一紙の概要であるが、天文五年に寺僧英訓が美濃国に下向し、いささかの年貢を収納して南都に戻る途中、寺田の住民に年貢を強奪されてしまった。そこで衆徒の衆議にもとづき「成敗」のため寺田の「名字」を二月堂に籠めたのである。これから十年後の天文十五年、二月堂修二会の会中に寺田の住民が燈明料をもって参上して懇願した。それは「名字」が二月堂に籠められてから、在地では疫病が流行して多くの住民が病死し家を捨て、数百の家も今は五六十家となってしまった。これは年貢を強奪した祟りであると恥じ入り、二月堂の牛玉宝印を翻《ひるがえ》して起請文を記し、東大寺の外護《げご》を誓約したのである。僧団はこれを「奇異」に思って、直ちに赦免し「名字」を堂内より取り出した。そして二月堂本尊の「神助冥罰《しんじょみょうばつ》」は末法の世にも顕《あきら》かなことを思い、また信心を誘うためにも、この事実を一紙に記して縁起に貼り継いだということであった。

さて寺田の「名字」を二月堂に籠めるいわゆる「籠名」は、中世の寺院に見られる呪詛行為である。つまり寺院・寺僧に様々な害悪を与えた人間もしくは集団に対し、報復のためその「名」を記した紙・札を仏堂内に籠め、仏神の罰が下るよう呪詛を行う祈禱行為であった。寺田の住民は「籠名」が行われた風聞を耳にしたものか、十年後に東大寺に参上して赦免を請うたのである。このような「籠名」による仏神の罰への言いしれぬ恐怖感は、寺領荘園の経営を阻害する年貢の未進・押領といった在地の動きへの有効な牽制手段となったことであろう。そして「籠名」による「神助冥罰」は、寺領経営の維持を図る東大寺にとって「霊験奇瑞」とされ、ことさらに縁起に追記されたことも肯けよう。

（永村眞）

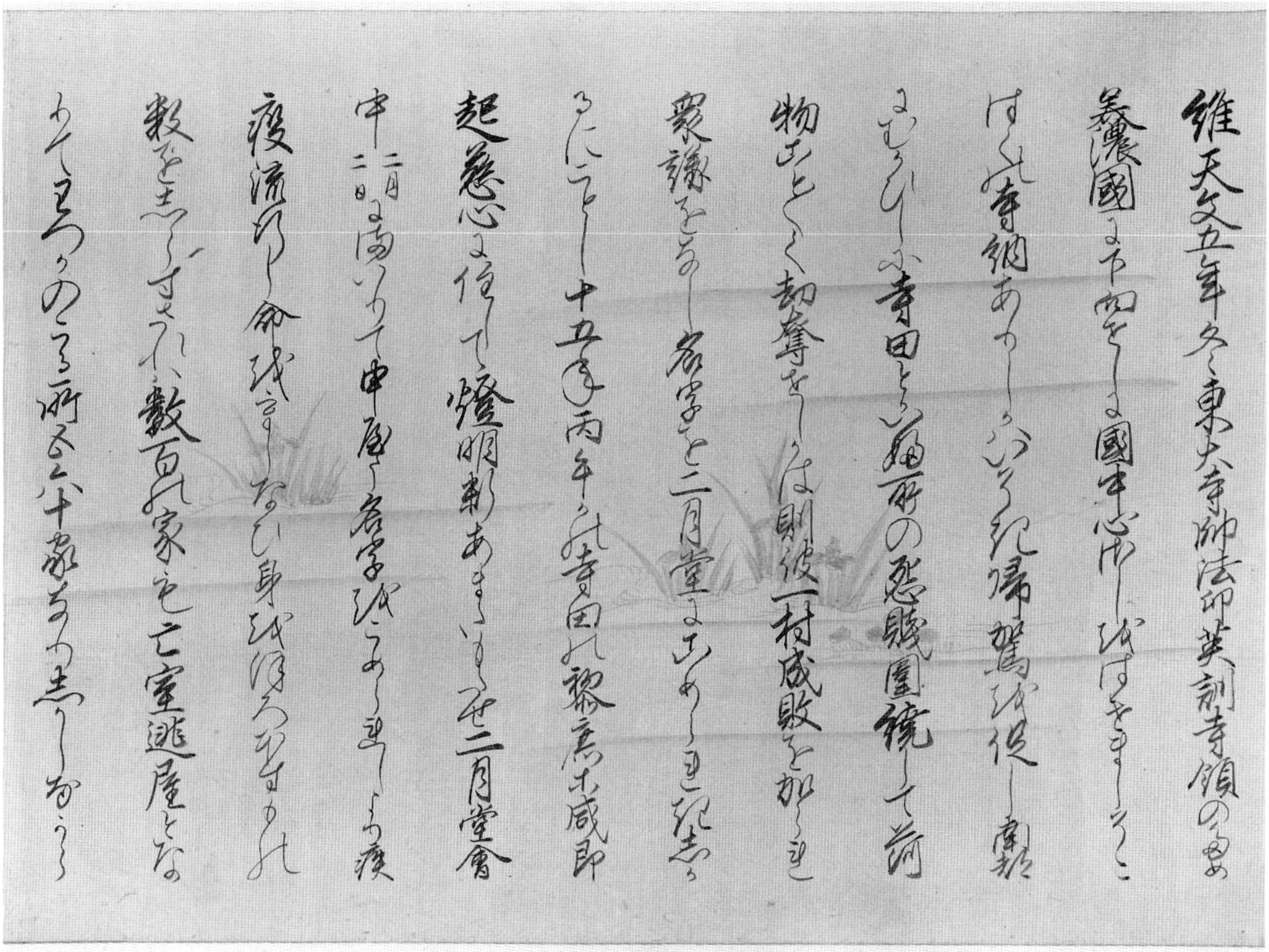

(35.0×871.0)〈巻末〉

維天文五年冬、東大寺帥法印英訓、寺領のため美濃国に下向せしに、国中心さしをはけまし、そこ（若干）はくの寺納ありしかハ、いそき帰駕を促し南都にむかひしに、寺田とかいふ所の怨賊囲繞して、荷物こと〳〵く劫奪せしかは、則彼一村成敗を加られ、衆議をなし名字を二月堂にこめ（籠）られき、しかるにことし十五年丙午、かの寺田の黎庶等、咸即起慈心に住して、燈明断あまたもたせ、二月堂會中二月二日、にまいりて申やう、名字をこめられしより、疾疫流行し、命をうしなひ身をほろほすもの数をしらす、されハ数百の家も亡室逃屋となりて、わつかのこる所五六十家なり、しかしなから

……………（紙継目）……………

かの御崇〔祟カ〕のよし慚愧懺悔し、やかてかの牛玉をひる〔翻〕
かへし、起請文をかき、今よりハ東大寺の外護をいた
すへきよし、捨邪帰正せしかは、衆中奇異の
おもひをなし赦免せられけり、神助冥罰末
代といへとも、あらたなる者乎、凡霊験奇瑞
等これを丹青にのせられたり、そのゆへハあなかち
に歩をはこひ、此會に参籠せさる輩も、此繪
をひらき見て、渇仰をいたさしめハ、利益ひと
しからしめんと、まことに真仮一諦のことハり〔理〕
へた〔隔〕てあるへからさる者也、猶信心ふかゝらしめんか
ため、まのあたりなる奇特さらに一紙をくハ
へて、短筆に録する而已、

四　法会と教学

永村　眞

平安時代より「八宗兼学」を掲げる東大寺では、それに相応しい教学相承と法会勤修がなされてきた。この「八宗」について、華厳宗は良弁、法相宗《ほっそうしゅう》は良弁師の義淵、律宗は鑑真、真言宗は空海、三論宗《さんろんしゅう》は聖宝、天台宗は鑑真・法進の諸師に始まり、倶舎宗《くしゃしゅう》は法相宗、成実宗《じょうじつしゅう》は三論宗に附属するもので、いずれも東大寺に根付いた「宗」と認識されていた。この寺内の認識は、伝来する膨大な諸宗の経・律・論や疏釈《しょしゃく》の存在により裏付けられ、東大寺は「八宗兼学の梵場」との称に相応しい寺院といえる。また「八宗」の中で特に興隆をとげたのは華厳宗と三論宗であるが、寺内学侶の多くが「本宗」（所属する「宗」）としたこの両宗は、寺院社会の頂点にある四箇大寺《しかだいじ》（延暦寺・園城寺・興福寺・東大寺）にあって東大寺のみに相承される「宗」であった。そこで「八宗」とりわけ華厳・三論両宗が如何に東大寺において相承されたのか、また修学活動に励む学侶は如何にして自らの学識を法会の場で寺内外に顕示したのか、その実態を「東大寺文書」と「東大寺聖教記録」類のなかに見ることにしたい。

創建期より東大寺では恒例・臨時の様々な法会が勤修されてきた。法会とは、特定の仏堂を道場として、一定の次第による仏教儀礼の所作を、招請された職衆《しきしゅう》が実現するもので、寺院社会を支える仏・法・僧三宝が一体となった空間・時間といえよう。そして仏教伝来より、寺院社会による仏法受容の能力が高まるとともに、読経・講経・悔《け》過《か》・論義・修法《すほう》・説戒など多様な形態の法要（職衆による所作構成）が生まれた。天皇・皇后の病、天文災異、五穀豊穣、怨敵調伏、継嗣出産等々、祈禱の目的に相応しい法要を核として法会が形づくられ、東大寺で勤修されたわけである。

奈良時代の諸寺で盛んに勤修された法要として、最勝王経・金光明経・大般若経・金剛般若経の読経、薬師悔過・吉祥悔過・十一面悔過などの悔過があった。「国家平安」を始め様々な祈禱として勤修された法要としては、やはり読経が過半を占めよう。また衆生が犯した罪を懺悔《さんげ》しよき新年の訪れを祈願する悔過は、奈良時代に創始され今日の民俗芸能にも痕跡をのこす法要である。神護景雲元年（七六七）に生まれた「阿弥陀悔過料資財帳」には、東大寺の登場に先立って創建された阿弥陀院で、天平十三年（七四一）に阿弥陀浄土変相図などを安置して阿弥陀悔過が勤修されたことが記される（㉛阿弥陀悔過料資財帳）。この阿弥陀悔過は広く善知識を募って勤修されたもので、他の悔過法要と同様に天下泰平・五穀豊穣を願っての護国祈禱の一環と考えるべきであろう。また今日の東大寺にあって最も代表的な法会である二月堂修二会《しゅにえ》（通称「お水取り」）は、天平勝宝四年（七五二）に実忠和尚により創始された十一面悔過に起源をもつと伝えられる。この修二会は少なくとも平安院政期より僅かの断絶もなく継続して勤修されており、その由緒によって「不退の行法《ぎょうぼう》」との評価を得て寺僧集団によって守られた希有な法会といえる（㉞二月堂修中練行衆日記第二）。

さて東大寺が催した最も佳麗な法会として、臨時ながら大仏開眼供養会をあげることができる。東大寺大仏の開眼供養会は、天平勝宝四年・文治元年（一一八五）・元禄五年（一六九二）の三度催された。まず天平勝宝四年の供養会では、聖武上皇の御願に基づいた「天下第一の大伽藍」に相応しく、上皇・光明皇太后・孝謙天皇の臨席のもとに、造花《ぞうけ》・繡幡《しゅうばん》で荘厳《しょうごん》された大仏殿に、職衆と一万口を越す衆僧・沙弥が招請され、開眼師菩提僧正による開眼作法、講師隆尊律師の華厳経講説に次いで、久米舞・伎楽・唐楽・高麗楽など楽舞が奏演されて、無辺の妙理を備える大仏を讃え、さながら「龍宮会」の様が再現された。また元暦二年の供養会では、後白河法皇が出御し、開眼師定遍僧正が仏眼真言を唱えた後、法皇自らが菩提僧正の用いた筆墨により開眼を行い、これに法用僧千口の四箇法用と楽舞が加わって壮麗な空間が出現したわけである（㉜東大寺続要録）。ただし大規模な大仏開眼供養会は、東大寺において勤修されてはいるが、行事官の関与からも明らかなように公家の主導により催されたもので、他の寺内の諸法会とは異質であると考えられる。

大仏開眼や諸堂宇の落慶などにあたり催される臨時の法会とは別に、年間にわたり特定の式日に催される恒例の法会がある。恒例法会の勤修は、寺内で仏法が絶えることなく相承されている証であり、また寺家経営にとって重要な課題とも言える。そこで東大寺では、法会開催を取り仕切る執行所《しぎょうしょ》が、年間にわたり勤修する個々の法会の式日・法会名・道場・職衆・供料・供料所等を列記した「年中行事」を作成した（㉝東大寺年中行事）。この「年中行事」を指針として、確実に職衆を請じて法会が開催され、式日に合わせて財源経営がなされた。また職衆として出仕する寺僧にとっては、法会の式日を節目として修学活動が重ねられており、「年中行事」は寺家・寺僧の双方にとって重要な意味をもっていたわけである。

寺内で催される諸法会は階層化されており、寺僧とりわけ学侶の昇進階梯に配列されていた。そこで学侶は自らの臈次《ろうじ》・僧階や学功《がっこう》（法会出仕の実績）に応じた法会に招請され、その「功」を踏まえてより上位の法会に出仕し僧階昇進を果たした。学侶にとっての法会は、自らの修学の目安として学識を顕示する場であり、僧階を昇進させ供料の下行にあずかるという至って世俗的な意味をもつ場でもあった。そこで学侶は常に上位の法会へ招請されることをねがい、法会間の格差を意識して法会に出仕した。例えば、十二大会に列する華厳会と法華会とはいずれも由緒をもつ法会であるが、学侶は講説を核とする華厳会よりも論義を核とする法華会を重視し、後者には喜んで出仕しながら、前者には故障を言い立てて不参をきめこむという現実すら生まれたのである（㉟東大寺衆徒評定記録）。

東大寺の学侶は寺内法会に出仕することにより僧階昇進を果たしたが、凡僧《ぼんそう》（大法師・法師）から僧綱《そうごう》（僧正・僧都・律師、法印・法眼・法橋）に昇進するためには、寺内のみならず他寺で催される法会に出仕する必要があった。とりわけ興福寺維摩会に講師《こうじ》として出仕することは僧綱昇進の条件とされており、東大寺の学侶は常に同会出仕を意識して教学活動にしたがい、寺内法会を経て竪者《りっしゃ》・講師としての出仕を実現したのである（㊱維摩会遂業日記）。

さらに寺内外の諸法会において学識を示した碩学は、平安院政期に公家・院・女院の発願により創始された、四箇大寺の学侶を職衆とする法勝寺御八講や宮中最勝講などに精義《しょうぎ》・講師・聴衆《ちょうじゅ》として招請され、他寺僧との間で論義を交わし、自らの学識と自宗の優位を誇示したのである（㊲宗性書状）。

このように各時代に様々な法会が創始され、寺僧によりそれらの勤修が支えられたわけであるが、法会勤修の基礎となる寺僧、特に学侶の教学活動に少々触れておきたい。

東大寺の学侶にとって教学活動には、法会に出仕して相応の評価と処遇を得るという世俗的な意味があったが（㊶玄範申状）、それとは別に覚悟の術という宗教的な意味があったことも見過ごせない。すなわち俗人が作善《さぜん》を重ねて往生をねがうと同様に、学侶は教学活動の「功」により、仏果を得て極楽往生を果たそうと意図したのである。

ところで学侶の教学活動には注目すべき現象が見られる。その第一は、学侶が自らの「本宗」とは別宗の教学を併せて修学する「兼学《けんがく》」という修学形態である。平安前期に東大寺は天台・真言両宗を含む「八宗」教学を伝持しており（㊳太政官牒）、学侶にとっては「本宗」を柱に諸宗を修学する環境が整えられていた。例えば、戒壇院再興開山の円照上人は、華厳宗碩学の良忠のもとに入室した後、倶舎宗を良忠・聖禅に、三論宗を智舜・真空に学び、諸宗教学を修めており、このような兼学によって「本宗」に偏らぬ教学の修得がなされたといえる（㊴戒壇院定置）。第二は、師僧のもとで学侶が教学を師資相承するための伝授という行為である。師僧のもとで弟子僧は教学修得に励むが、具体的には師のもつ聖教をあらかじめ書写し口伝によって理解を深めるという伝授の方法がとられ、さらに然るべき弟子には師僧から「宗」の秘書が伝授された（㊵明本鈔日記并明本要目録／明本鈔相承契状写）。第三は、入寺以降の学侶のために、師僧からの伝授とは別に設けられた、教学活動のための「会《え》」・「講」・「談義」という場である。「会」とは十二大会以下の寺内法会であり、読経・講経・論義という法要形式をとるが、「講」は学侶による論義（問答）作法の修得を目的に催された。檀越の発願に基づいて寺家・院家・寺僧により開催される「会」は利他・自行の両面を備えていたが、学侶の修学を目的とする「講」は自行の側面のみをもち、寺家の後援をうけつつも講衆によって独自に運営された。また特定の碩学のもとに学侶が集い経論疏釈の修得を行う「談義」は、「会」「講」よりもより私的な色彩が強い修学の場であった（㊸纂要義断宝勝残義抄）。そして学侶は、入寺から臈次を重ねながら「講」に属して論義の術を学び、「談義」に参じて教学の理解を深め、その臈次・僧階・学功を踏まえて諸「会」に出仕し寺内における立場を昇進させたのである。

　東大寺の学侶による盛んな教学活動は、現存する「東大寺聖教記録」類から確認することができる。特に平安院政期以降、学侶は論義会に出仕することを目指し、また自分の修学活動の術として数多くの論義草（問答草）・聞書《ききがき》を始めとする聖教《しょうぎょう》を撰述した（㊷倶舎論第八九巻要文抄并紙背文書〈聖玄書状〉）。学侶による教学活動の痕跡である多様な形式の聖教は、各時代に諸宗教学が如何に修学されていたか、学侶が層として教学を如何に受容していたかを明快に物語るものであり、「形骸化」という一言で片づけられてきた中世以降の南都仏教と学侶の教学活動の質への再評価を迫る史料といえよう。

悔過会―山林の阿弥陀浄土

天平十九年（七四七）冬、大仏鋳造の開始とほぼ時を同じくして、大倭国金光明寺は東大寺という名を与えられた。大仏殿を中心とする平地伽藍はこのころから整備されはじめる。しかし、東大寺には山林寺院としての前史があった。神亀五年（七二八）に創建された山房＝金鐘寺《こんしゅじ》と、天平十年前後に発願された福寿寺。この二つの寺院が統合されて金光明寺となり、東大寺に発展したのだが、金鐘寺・福寿寺はともに大仏殿東方の山林にあったらしい。大仏以前から、いくつもの仏堂が若草山西斜面に建っていたのである。

こうした山林堂宇の多くは、今では遺址さえわからない。その一つが阿弥陀堂である。平安時代に大風で倒れたというこの仏堂については、幸いにも神護景雲元年（七六七）の「阿弥陀悔過《けか》料資財帳」が伝わり、堂内の荘厳《しょうごん》や法会《ほうえ》の様子を知ることができる。これは「悔過料資財」の現状を報告した文書で、阿弥陀院別当とみられる聞崇が、平栄とともに作成した。阿弥陀悔過とは阿弥陀如来に罪過を懺悔し、国家安穏を祈る法会である。奈良時代には悔過会が盛んで、ほかに薬師悔過・十一面悔過・千手悔過・文殊悔過・吉祥悔過などが勤修されていた。二月堂修二会《しゅにえ》は、今に続く十一面悔過会である。

資財帳によれば、阿弥陀堂の中心にあったのは「阿弥陀浄土変」で、極楽浄土のさまを具現していた。八角厨子に金色の阿弥陀三尊乾漆像が安置され、音声菩薩像・羅漢像がそれを囲繞する。厨子は擬宝珠・鳳凰・玉幡・瑠璃で荘厳された巨大なもの。これらは阿弥陀経などの経典、さまざまな仏具、琴・箏・笙・笛といった楽器とともに、天平十三年に製作された。その後、しばしば某家から資財が施入され、また三綱《さんごう》が新たに作った物品もあり、阿弥陀悔過に用いるべく大切に保管されていた。この法会は毎年三月に行なわれたらしい。晩春の山林、美麗な阿弥陀浄土。僧侶たちは一心に懺悔し、時に音楽が奏でられる。奈良時代の悔過会と阿弥陀信仰の姿が目に浮かぶようである。

阿弥陀堂は悔過会を修する仏堂だったから、阿弥陀浄土変が作られた天平十三年三月は、阿弥陀堂そのものの成立時点とも言える。ちょうどそのころ、東大寺の前身となった福寿寺がまさに完成しようとしていた。とすれば、金堂と言わないまでも、阿弥陀堂が福寿寺の主要堂宇であった可能性は十分にある。八角厨子に使われたものらしい緑釉水波紋塼《せん》は、二月堂・三月堂付近からいくつか出土している。二月堂仏餉屋《ぶっしょうのや》の地下からは、天平十年前後の軒瓦も見つかっており、その文様は福寿寺本願光明皇后との関係を示唆する。こうした点から私は、阿弥陀堂は二月堂近辺にあったのではないかと推定している。古代東大寺では阿弥陀堂のほか、二月堂・上山寺・吉祥堂などで悔過会が行なわれた。みな山林の仏堂である。悔過のためにはこうした清浄な場が、特に選ばれたのであろうか。　（吉川真司）

㉛阿弥陀悔過料資財帳〔奈良時代　神護景雲元年〕（重要文化財）

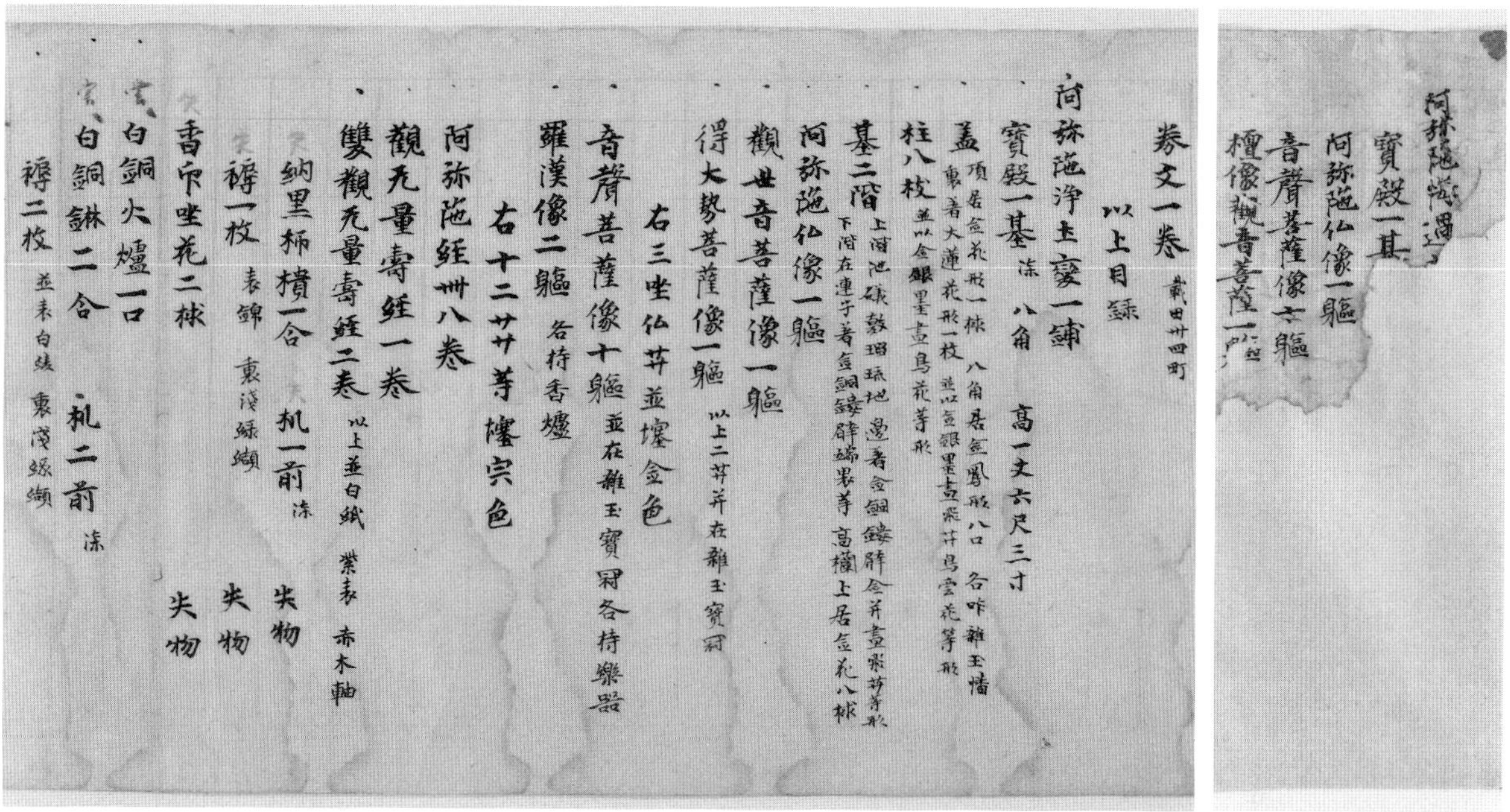

(28.2×363.0)〈部分〉

阿弥陀悔過□

宝殿一基　□

阿弥陀佛像一軀　□

音声菩薩像十軀　□

檀像観音菩薩一軀　□

（中略）

券文一巻 載田卌四町

以上目録

阿弥陀浄土変一鋪

宝殿一基 漆　八角　高一丈六尺三寸

蓋 頂居金花形一枝、八角居金鳳形八口、各咋雑玉幡、
裏着大蓮花形一枚、並以金銀墨画鳥雲花等形、

柱八枚 並以金銀墨画鳥花等形、

基二階 上階池磯、敷瑠璃地、辺着金銅鏤辟金并画飛井等形、
下階在連子、着金銅鏤辟端裏等、高欄上居金花八枝、

阿弥陀佛像一軀

観世音菩薩像一軀

得大勢菩薩像一軀 以上二井并在雑玉宝冠、

右三坐佛井並壊金色、

音声菩薩像十軀 並在雑玉宝冠、各持楽器、

羅漢像二軀 各持香爐、

右十二井等壊宍色、

阿弥陀経卌八巻

観无量寿経一巻

双観无量寿経二巻 以上並白紙　紫表　赤木軸

納黒柿櫃一合　机一前 漆　失物

褥一枚 表錦　裏浅緑纈　失物

香印坐花二枝　失物

白銅火爐一口

白銅鉢二合　机二前 漆

褥二枚 並表白綾　裏浅緑纈

臨時法会―大仏開眼供養

治承四年（一一八〇）十二月二十八日、平重衡の軍勢によって焼払われた東大寺は、俊乗房重源の獅子奮迅の活躍によって、様々な困難をかかえながらも、五年後の文治元年（一一八五）八月二十八日に大仏盧舎那仏《るしゃなぶつ》の開眼供養を迎えた。この供養会の記録は『東大寺続要録』供養篇に「文治記」として収録されて、その一部始終を伝える。

この後、復興事業は大仏殿の再建、伽藍《がらん》全体の再興へと進むのだが、それぞれの供養会の記録が「建久記」（建久六年〈一一九五〉三月十二日開催）、「建仁記」（建仁三年〈一二〇三〉十一月三十日開催）として、同じく『東大寺続要録』供養篇に収められている。

この三回の供養はいずれも「准御斎会」の宣下を受け、国家の主催する臨時法会として開催された。その執行のための手続きを知る上でも一連の供養記は絶好の史料と言えよう。三点とも同じ構成を持ち、前半部に供養会の準備過程、当日の様子を日記の形式で記し、後半部に、供養式、呪願文、願文を載せる。

「文治記」の前半部の記録は、元暦二年七月二十九日から始まり、八月二十八日（八月十四日に文治に改元）の供養会の当日まで、宮中近衛陣での日時定、僧名定、「准御斎会」宣下、そして行事所始、「開眼供養式」の作成といった、主催者側の手続きが順をおって不足なく記されている。また、重源が舎利二粒を大仏胎内に奉納したこと（二十三日）、供養会では後白河法皇が自ら筆をとって大仏を開眼したこと、雨模様だったのが午後四時ころから本降りになって諸事に不都合が生じたことも書き込まれている。しかし供養会の記述は簡略で「今日の儀式つぶさに記録するあたわず」と注記される。詳細な記録は作成されなかったのである。

㉜東大寺続要録〔室町時代後期写〕（本坊宝物）

供養記であれば供養会そのものの様子が詳しく記述されていてもよいように思われるのだが、何故それを省略するのか。恐らく後半部に「東大寺大仏開眼式（開眼供養式）」が収められているからであろう。準備段階に左大臣の担当で作成された「式」は、会場の舗設、参会する諸役の所作をことこまかに列挙していて、法会の具体的な内容はすべてが事前に文章化されていた。供養当日の日記はそれと異なることだけを注記すれば良かったのである。しかし、一方で各役を担当した貴族らは別に一覧があって、参会諸人の人名を記録するという目的は達成されている。

東大寺供養の約二百年後、応永六年（一三九九）九月十五日に、足利義満臨席のもと、相国寺七重塔婆の供養が執行されたが、「建久東大寺の供養の例也と云々、凡毎事彼度事を模さると云々」（『門葉記』百三十）という。東大寺の供養記が大きな臨時法会の開催に際して後々まで参照され、法会の開催形式（すなわち法会の手続き、空間の様々な構成）が引用され続けたのである。

（藤井恵介）

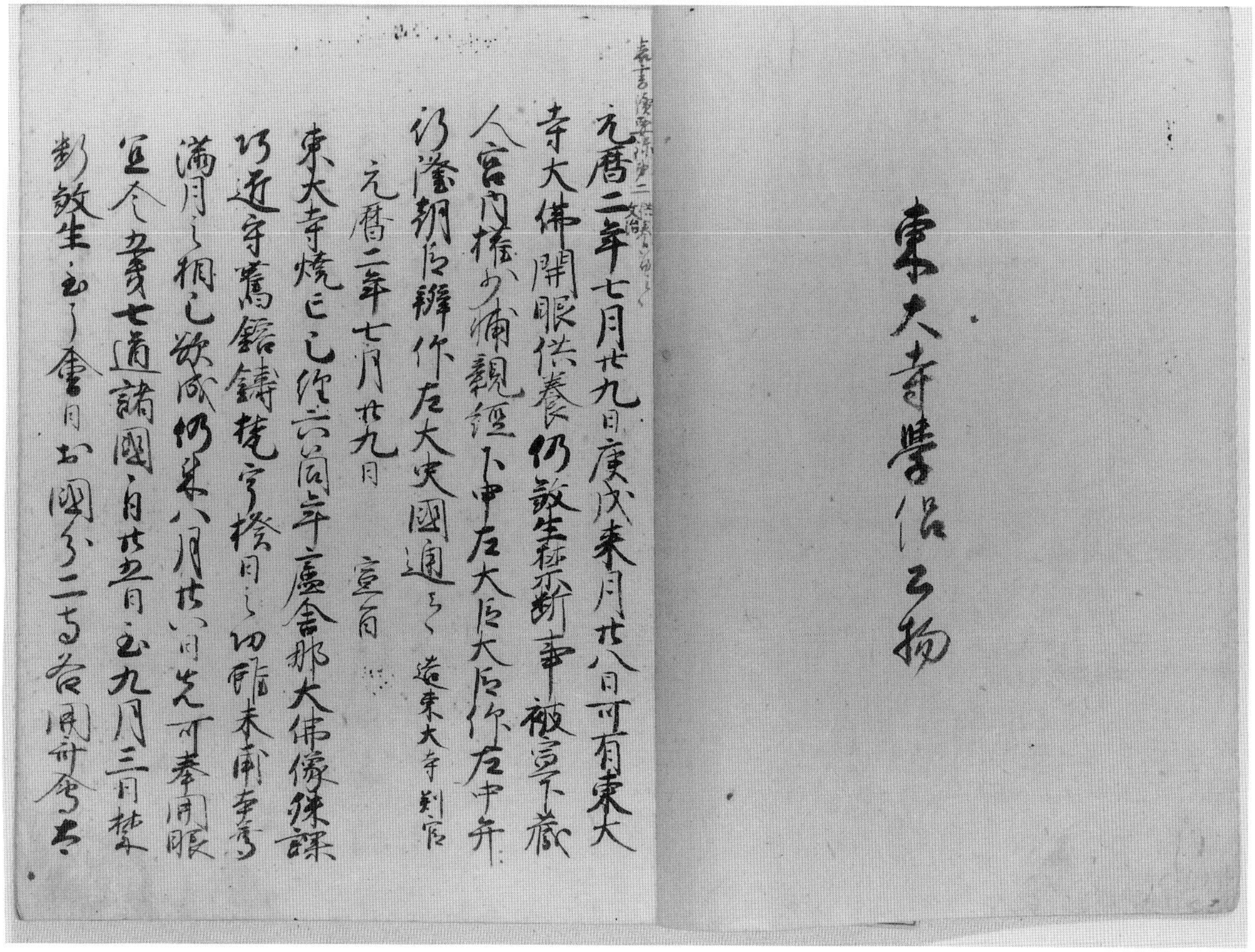

(28.0×21.8)

東大寺学侶公物

『表書、続要録第二 供養篇云々 文治』

元暦二年七月廿九日庚戊〔戌〕、来月廿八日可有東大

寺大佛開眼供養、仍殺生禁断事、被宣下蔵

人宮内権少輔親経、下申左大臣、大臣仰左中弁

行隆朝臣、弁仰左大史国通云々、造東大寺判官、

元暦二年七月廿九日　　宣旨

東大寺焼亡已経六箇年、盧舎那大佛像殊課

巧匠守旧鎔鋳、梵宇揆日之功雖未甫、本尊

満月之相已欲成、仍来八月廿八日先可奉開眼、

宜令五畿七道諸国自廿五日至九月三日禁

断殺生、至于會日於国分二寺各開斎會、太

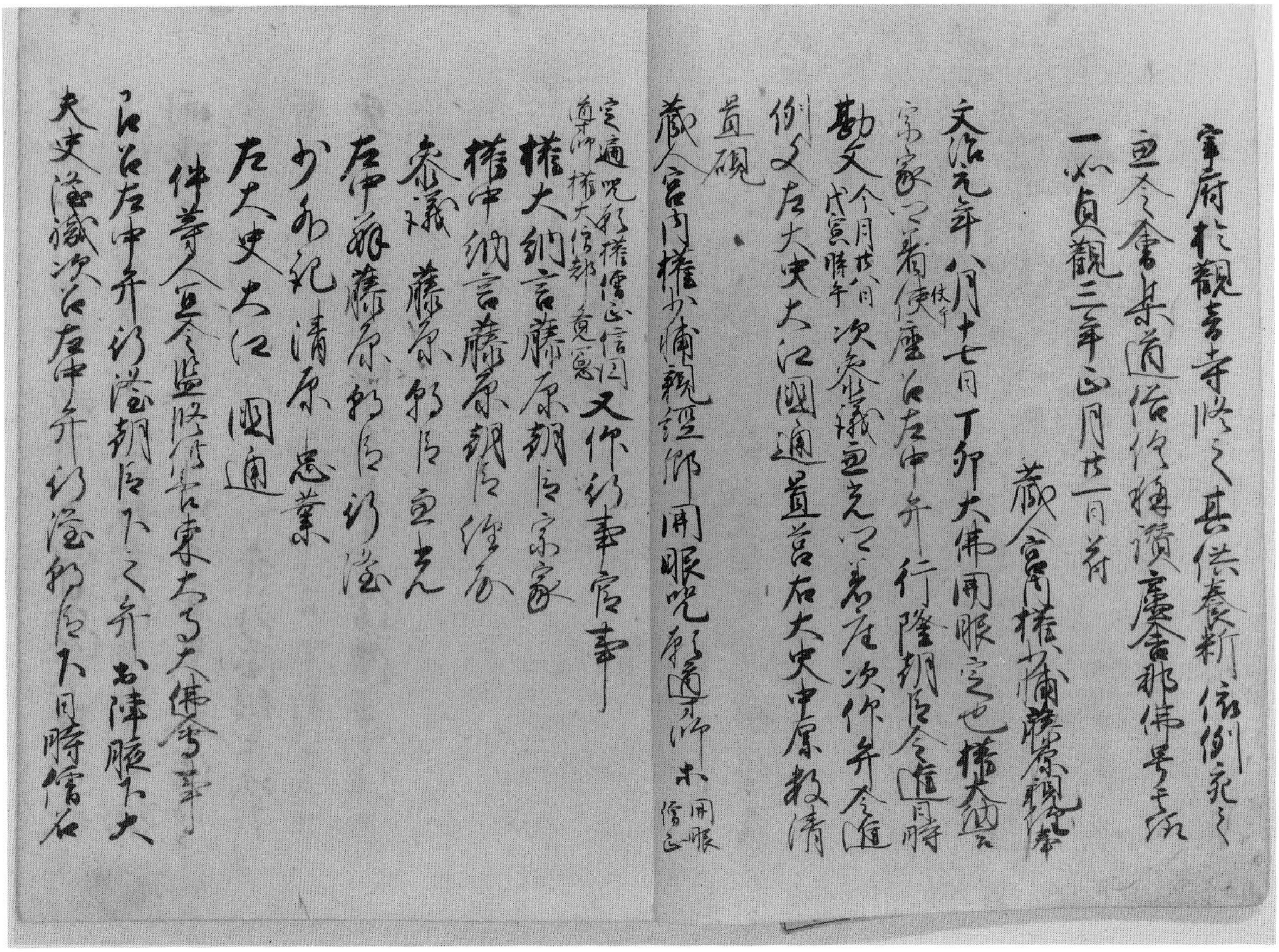

宰府於観音寺修之、其供養析依例宛之、
兼令會集道俗倶称讃盧舎那佛号、其趣
一如貞観三年正月廿一日符、

蔵人宮内権少輔藤原親経 奉

文治元年八月十七日丁卯、大佛開眼定也、権大納言
宗家卿着使座、杖平、召左中弁行隆朝臣令進日時
勘文、今月廿八日、戊寅時平、次参議兼光卿着座、次仰弁令進
例文、左大史大江国通置筥、右大史中原数清
置硯、
蔵人宮内権少輔親経卿(仰カ)開眼・咒願・導師等、開眼僧正
定遍、咒願権僧正信円、導師権大僧都覚憲、又仰行事官事、

権大納言藤原朝臣宗家
権中納言藤原朝臣経房
参議藤原朝臣兼光
左中弁藤原朝臣行隆
少外記清原忠業
左大史大江国通

件等人、宜令監修供養東大寺大佛會事、
即召左中弁行隆朝臣下之、弁於陣腋下大
夫史隆職、次召左中弁行隆朝臣下日時僧名、

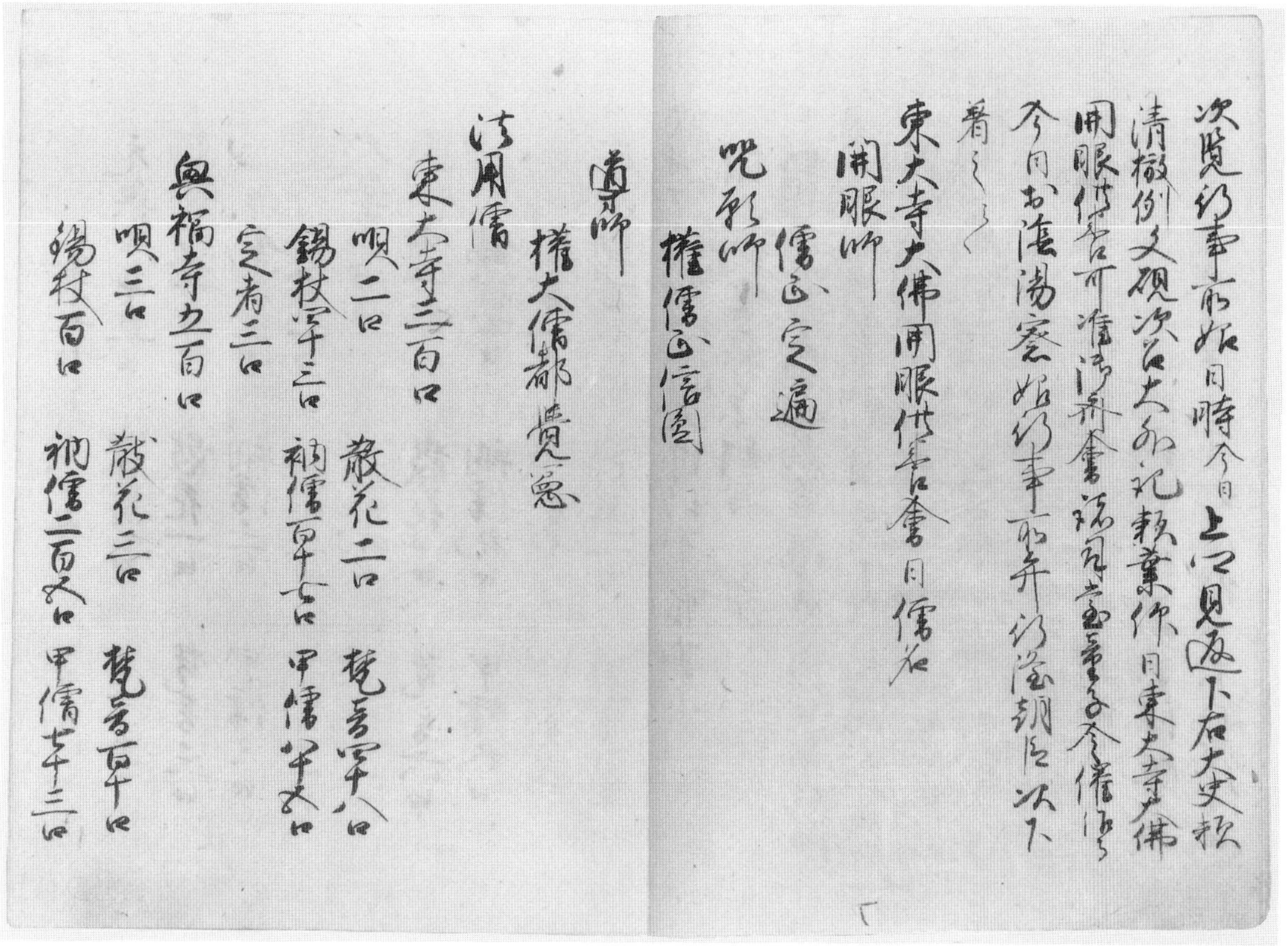

次覧行事所始日時、今日、上卿見返下右大史頼
清、撤例文・硯、次召大外記頼業仰曰、東大寺大佛
開眼供養、可准御斎會、諸司・堂童子令催候而、
今日於陰陽寮始行事所、弁行隆朝臣以下
着之云々、

東大寺大佛開眼供養會日僧名

開眼師
　僧正定遍
咒願師
　権僧正信圓
導師
　権大僧都覚憲
法用僧
東大寺三百口
　唄二口　散花二口　梵音四十八口
錫杖四十三口　衲僧百十七口　甲僧八十五口
定者三口
興福寺五百口
　唄三口　散花三口　梵音百十口
錫杖百口　衲僧二百五口　甲僧七十三口

恒例法会—年中行事

年中行事とは、一年のうちの決まった時期におこなう恒例の行事のことで、東大寺ではさまざまな法会《ほうえ》が年中行事として催されていた。

本書は東大寺の年中行事をまとめたもので、一月から順に法会を配列し、開催される場所、職衆《しきしゅ》（参加する僧侶）の数、会料（経費）の用途とその出所などを記している。

本書が書写されたのは南北朝時代のことである。永仁六年（一二九八）に東大寺と興福寺が合戦に及び、東大寺の建物が壊された時に紛失してしまったので、正安元年（一二九九）に執行《しぎょう》上座法眼慶舜があらためて記し、それを南北朝時代に書き写し、さらに増補したものが本書である。法会を催すための台帳としての役割もあることから、執行職をつとめる薬師院（東大寺の塔頭寺院）に伝えられた。貞享元年（一六八四）には、上座法眼実宣が痛んだ箇所の修復をおこなっている。

年中行事として、まず「十二大会《だいえ》」と総称される法会があった。華厳会《けごんえ》（三月十四日／大仏殿）、仏生会《ぶっしょうえ》（四月八日／大仏殿）、御斎会《みさいえ》（五月二日／大仏殿）、万華会《まんげえ》（六月十四日／大仏殿）、千華会《せんげえ》（六月二十三日／法華堂）、解除会《けじょえ》（六月二十八日／講堂）、伎楽会《ぎがくえ》（七月十五日／大仏殿）、梵網会《ぼんもうえ》（七月十九日／大仏殿）、般若会《はんにゃえ》（九月十五日／大仏殿）、千燈会《せんとうえ》（十一月十四日／法華堂）、法華会《ほっけえ》（十二月十～十四日／講堂）、万燈会《まんとうえ》（十二月十四日／大仏殿）である。このほかにも「お水取り」として名高い二月堂の修二会《しゅにえ》、また法華八講・倶舎《くしゃ》三十講・三論大師講など、さまざまな法会が一年を通しておこなわれていた。

㉝東大寺年中行事〔南北朝時代写〕（薬師院2-220）

法会は、その形式からみて講経会・論義会・悔過会《けかえ》などに分類できる。講経会（華厳会など）は経典の講説、論義会（法華会など）は問答、悔過会（二月堂修二会など）は仏菩薩への悔過（過ちを悔いること）を中心とした法会である。法会にはランクがあり、僧侶は上位の法会に招請されることによって僧階を上げていくことができた。そのためには学識を深め、上位の法会に招請されるよう努める必要があったが、一方では鎌倉時代以降、昇進に関わらない講経会に僧侶が参加しなくなるという状況もみられた。法会に招請された僧侶には供料が支給され、これが僧侶の収入となった。法会では舞楽がおこなわれることが多く、たとえば解除会には僧侶百人と楽人が招請された。

法会を催すには財源が必要である。それぞれの法会の会料には東大寺の荘園から納められる年貢や公事が宛てられたが、とりわけ保安元年（一一二〇）に東大寺の末寺となった筑前国の観世音寺の所領からの年貢米が法会の重要な財源となっており、これを鎮西米《ちんぜいまい》と呼んだ。鎮西米は大治四年（一一二九）には千五百石余りとされたが、次第に減少し、鎌倉時代後期には三百五十石になっていた。図版の二ヶ所にも「鎮西米」の文字がみえる。

（西山厚）

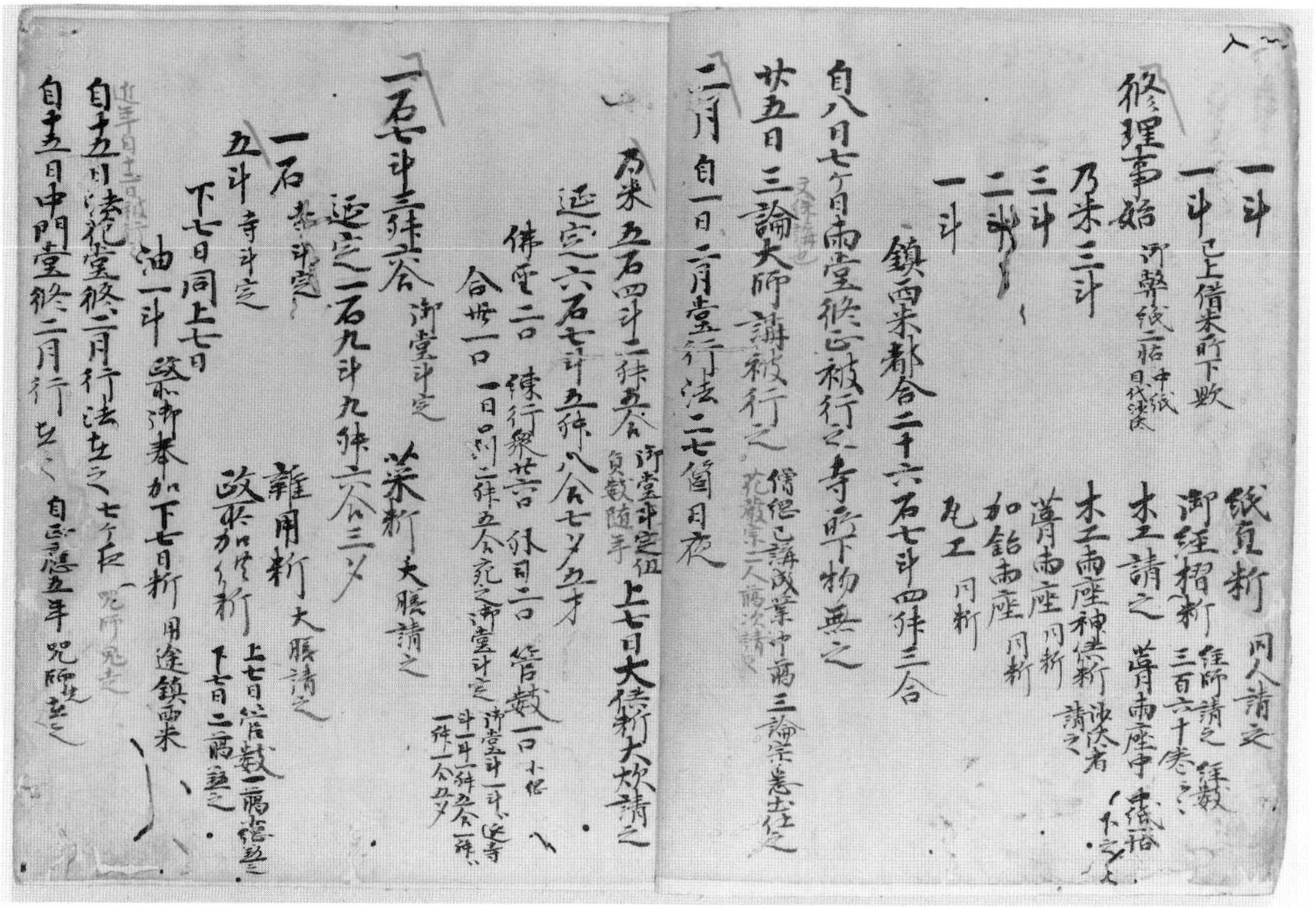

(29.7×24.3)

一斗　紙直析 同人請之、
一斗已上借米所下歟、　御経摺析 経師請之、経数三百六十巻云々、
修理事始 御弊紙二帖 中紙目代沙汰　木工請之、葺両座中 中紙一帖下之、
乃米三斗　木工両座神供析 沙汰者請之、
三斗　葺両座 同析
二斗　加鉛（マヽ）両座 同析
一斗　瓦工 同析

鎮西米都合二十六石七斗四升三合

自八日七ケ日両堂修正被行之、寺所下物無之、
廿五日三論大師講被行之、『文殊講也、』 僧綱已講成業中臈三論宗悉出仕之、『花厳宗二人臈次請之、』
二月自一日二月堂行法二七箇日夜
乃米五石四斗二升五合 御堂斗定、員数随年、但 上七日大供析大炊請之、
延定六石七斗五升八合七夕五才
佛聖二口　練行衆廿六口　外司二口　管数一口 小綱
合卅一口 一日口別二升五合宛之、御堂斗定、御堂斗一斗ハ延寺斗一斗一升五合、一升ハ一升一合五夕、
一石七斗三升六合 御堂斗定、　菜析 大膳請之、
延定一石九斗九升六合三夕
一石 寺斗定、　雑用析 大膳請之、
五斗 寺斗定、　政所加供析 上七日管数一臈小綱懃之、下七日二臈懃之、
下七日同上七日、
油一斗 政所御奉加下七日析 用途鎮西米
『近年自十二日被行之、』
自十五日法花堂修二月行法在之、七ケ夜『咒師鬼走』
自十五日中門堂修二月行在之、自正應五年咒師走在之、

二月堂修二会

㉞二月堂修中練行衆日記第二〔平安末～鎌倉時代〕（貴141―468A）

この記録は、東大寺図書館所蔵の『二月堂修中練行衆日記』（以下『練行衆日記』と略記）の一部である。二月堂で勤修される修二会は、年々不退の行法という自負のもとに継承を果たして今日に至っているが、『練行衆日記』はその証ともいうべき参籠記録で、その年ごとの参籠僧（練《れん》行衆《ぎょうしゅう》と称する）によって記されてきた。年次、参籠僧名、主要な所役、会中の特記事項などを記載内容とするが、二月堂修二会の参籠形態は、本来二七日《にしちにち》の前半（上《じょう》七日と称する）と後半（下《げ》七日と称する）で練行衆の一部が交代する習わしだったから、参籠記録も上七日と下七日に分けて記されている。

『練行衆日記』がいつから記録されるようになったのかは不明だが、伝存する最古の年次は保安五年（一一二四）であり、以後、欠失した文永七年（一二七〇）から文保二年（一三一八）までの部分を除いては、一年の空白もなく書き継がれている。欠失部分は、恐らく寛文七年（一六六七）の二月堂出火炎上の際に失われた。この記録も、火中から間一髪搬出されたことを語る焼痕が痛ましい。

ここに掲げた治承五年（一一八一）と養和二年（一一八二）の参籠記録は、平重衡南都焼打のわずか一箇月余り後と、その翌年の実態を示すもので、戦の攻防から堂塔本尊すべて灰燼に帰し、仏事も断絶、寺領・荘園も停廃して供米にも事欠く当時の惨状が生々しく記され、二月堂本堂はなんとか焼失を免れたものの、まさに東大寺存亡の危機ともいうべき状況だったことが推量される。

この窮状を踏まえて、寺家は治承五年の修二会の催行を見合わせるべく意向を示した。「若し寺本に複さば、後年に修すべし」というものである。しかし、不退の行法の断絶を歎く練行衆はその意向に従わなかった。自力で継続を果たすべく「同心の輩十一人」が「一鉢を傾けて結構し」、「凍《こおり》を破って行水」して開白《かいはく》を迎えたという。結局、この年上七日は十五人、下七日は二十一人の練行衆が参籠し、随伴諸役をやりくりしたり、思わぬ奉加を得たりして、未曽有の難局を乗り切ったのである。翌養和二年も困難な状況は変わらぬ中で、無事修二会はとり行われた。

このような危機的状況に見舞われながら、二月堂修二会が中絶せず続行を果たせたのは、ひとえに「四百余歳に及ぶ行法の趣、断絶すべからず」という練行衆集団の強い意志と実行力のゆえであった。

治承回録の後も、争乱・火災・経済的不如意・練行衆の減少など、法会断絶の危機は一再ならず訪れ、しかしその都度克服する。その拠りどころとされるのが、二月堂の行法は不退ゆえ陵怠あるべからず、という認識と、あの治承の難にすら催行を果たした、という過去の実績であった。治承五年の練行衆の決断と行動の意義は重く、その記録が伝世したことの意義もまた深い。

（佐藤道子）

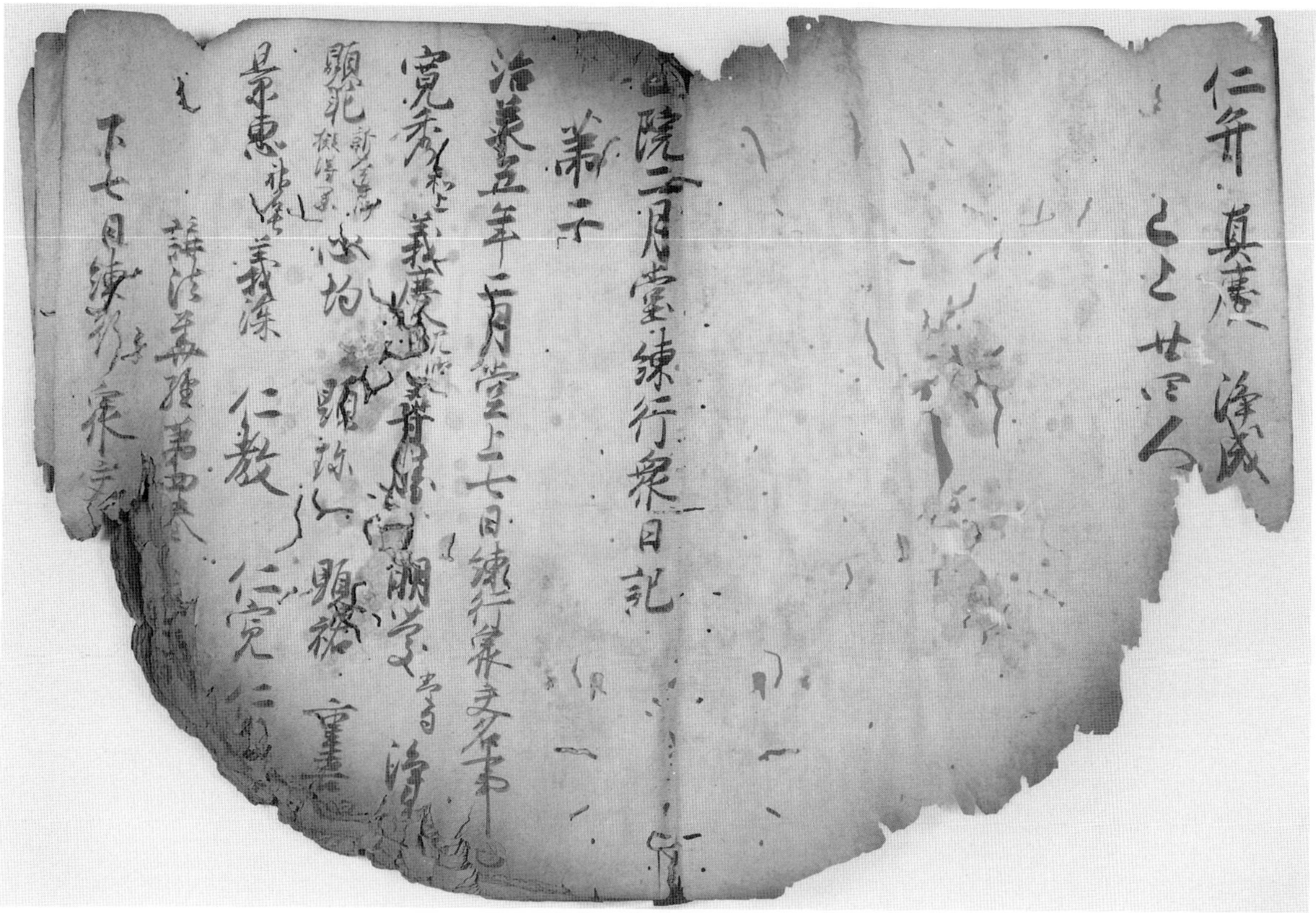

(28.0×22.0)

仁弁　真慶　浄成

已上廿四人

上院二月堂練行衆日記

第二

治承五年二月堂上七日練行衆交名事

寛秀 和上　義慶 呪師　尋勝　明慶 堂司　浄□〔秀カ〕

顕範 新大導師 擬得業〔帳、下同じ〕　心均　顕珍　顕祐　重喜 問□

景恵 神名長　義深　仁教　仁寛　仁□

講法華経第四巻□

下七日練行衆交□

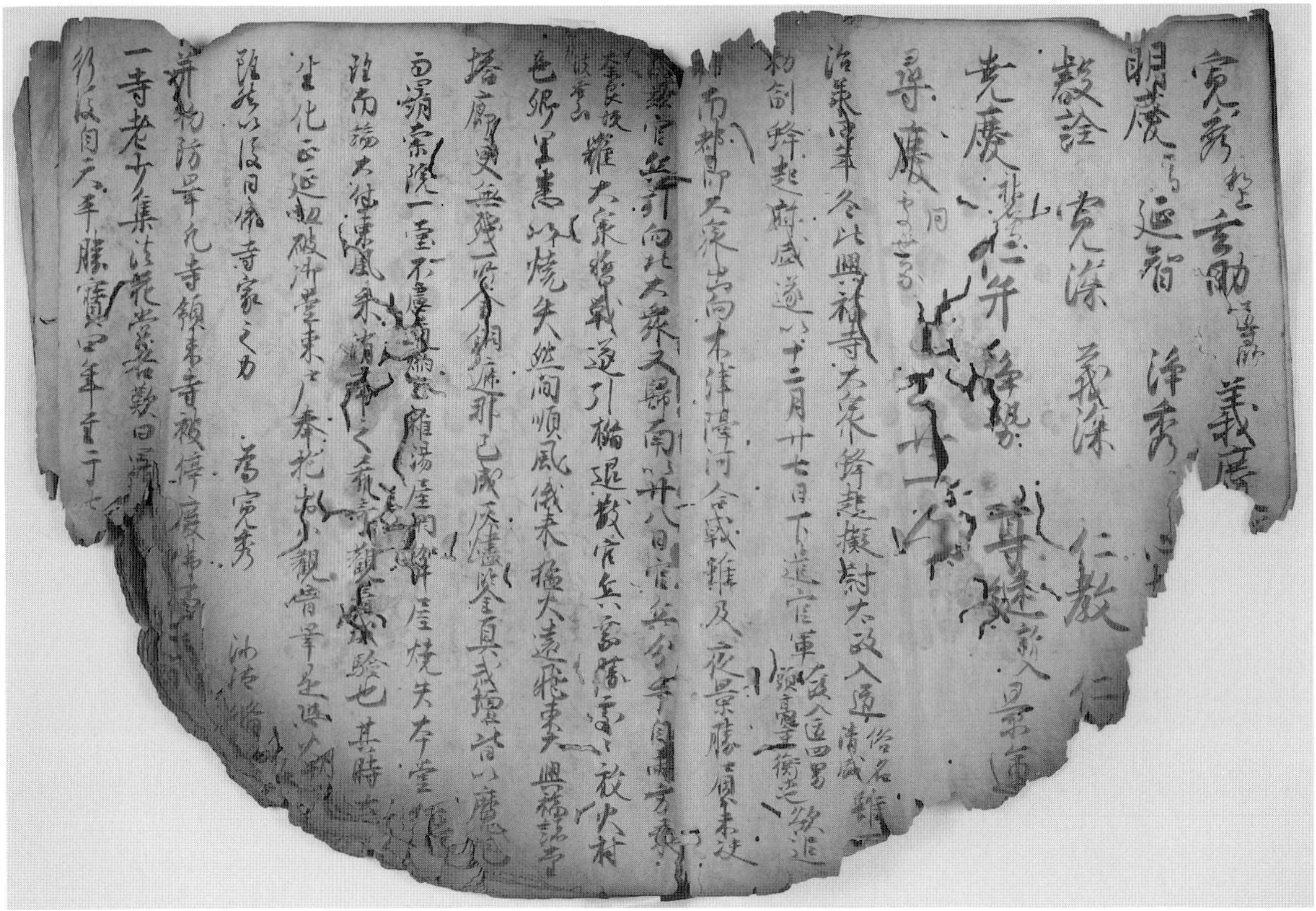

寛秀 和上　玄助 導師　義慶 呪□
明慶 堂司　延智　浄秀　心□〔均カ〕□
叡詮　寛深　義深　仁教　仁□
堯慶 神名長　仁弁　浄勢　尊継 新入　景運□
尋慶 同 處世界　已上廿一人
治承四年冬比、興福寺大衆蜂起、擬討太政入道、俗名清盛、雖□
勅制、蜂起弥盛、遂以十二月廿七日下遣官軍、太政入道四男頭亮重衡等也、欲追
補〔捕〕南都、即大衆出向木津隔河合戦、雖及夜景勝負未決、
因茲官兵引向北、大衆又帰南、以廿八日官兵分手自両方来、
奈良坂波若山、雖大衆暫戦、遂引楯退散、官兵乗勝處々放火、村
邑郷里悉以焼失、然間順風俄来猛火遠飛、東大・興福諸堂
塔廊更無残所、金銅遮那已成灰燼、鑑真戒壇皆以魔滅、
而羂索院一堂不慮遁焔□、雖湯屋・閼伽井屋焼失、本堂猶
雖南端火付、東風来消、事之希奇観音威験也、其時大□
生化正延、切破御堂東戸、奉抱出小観音畢、是恐火□
雖然以後日、依寺家之力　為寛秀　沙汰備□
并物防畢、凡寺領末寺被停廃、佛事□
一寺老少集法花堂各歎曰、羂□
行後、自天平勝宝四年至于□

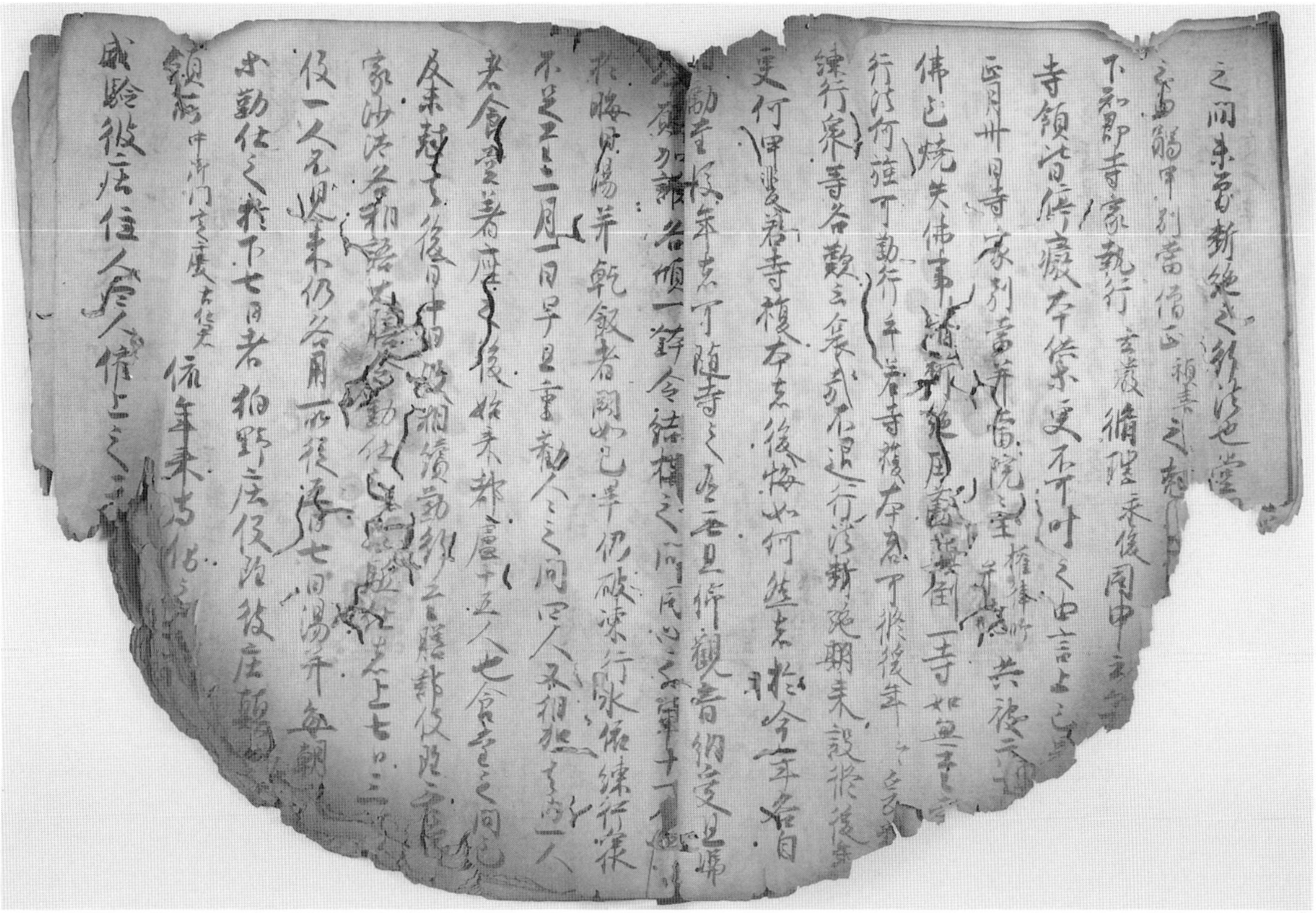

之間、未曾断絶之行法也、堂□
之由触申別当僧正 禎喜 之尅、□
下知、即寺家執行 玄厳、修理 永俊、同申云、□
寺領皆停廃、本供等更不可叶之由言上已畢、□
正月卅日、寺家別当并当院々主、権律師 弁暁 共被示□
佛已焼失、佛事皆断絶、庄薗顛倒、一寺如無、至□
行法何強可勤行乎、若寺複本者、可修後年 云々、爰□
練行衆等各歎云、哀哉不退行法断絶期来、設修後年
更何甲斐、若寺複本者後悔如何、然者於今年各自
相励、至後年者可随寺之有無、且仰観音納受、且憑
本願加護、各傾一鉢令結構之間、同心之輩十一人□、
於晦日湯并乾飯者闕如已畢、仍破凍行水、依練行衆
不足、至二月一日早旦重勧人々之間、四人又相加、其内一人
者食堂着座之後始来、都盧十五人也、食堂之間已
及未尅、其後日中日没相続勤行、至膳部役雖無□〔寺カ〕
家沙汰、各相語大膳令勤仕之、□〔於カ〕駈士者上七日三□
役一人不見来、仍各用所従、五日七日湯并毎朝□
等勤仕之、於下七日者狛野庄役、雖彼庄顛□
領所 中御門定慶土佐君、依年来寺僧之□
威験、彼庄住人四人催上之、其□

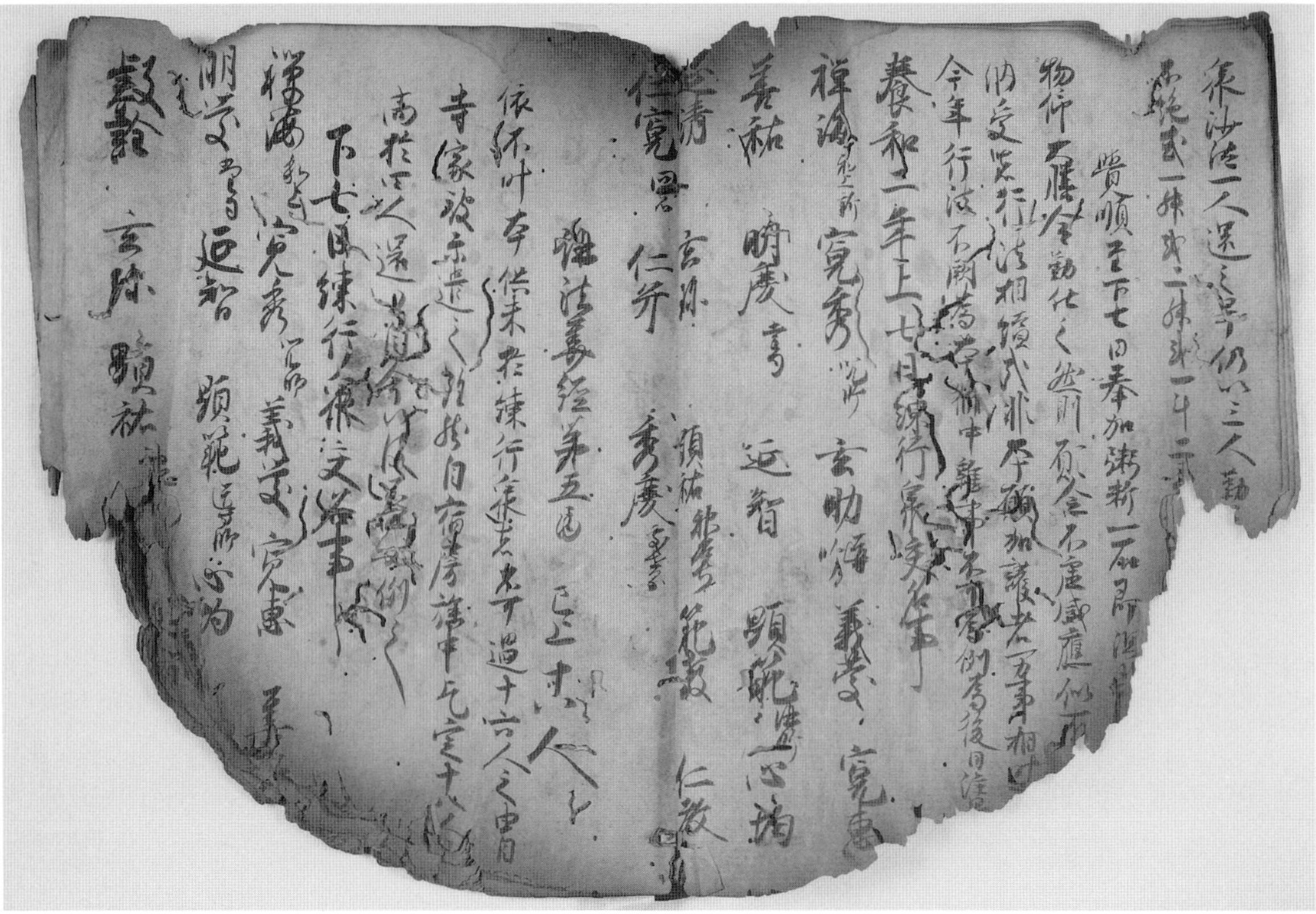

衆沙汰一人還之畢、仍以三人勤□
不絶、或一升或二升或一斗二斗□
　覚順至下七日奉加粥析一石、即涅槃□
物仰大膳令勤仕之、然則願念不虚、感應似有□
納受者行法相続哉、非本願加護者万事相叶□
今年行法不闕、為本修中雑事不可為例、為後日注置□
養和二年上七日練行衆交名事
禅海 和上新　寛秀 呪師　玄助 導師　義慶　寛恵
善祐　明慶 堂司　延智　顕範 講師　心均
延清　玄珍　顕祐 神名長　範教　仁教
仁寛 問者　仁弁　秀慶 處世界
　講法華経第五巻　已上十八人
依不叶本供米、於練行衆者不可過十六人之由、自
寺家被示遣之、雖然自宿房強申乞、定十八人□
尚於四人還了、自今以後不可□例之、
　下七日練行衆交名事
禅海 和上　寛秀 呪師　義慶　寛恵　善□
明慶 堂司　延智　顕範 導師　心均　□
叡詮　玄珍　顕祐 神□□□

華厳会と法華会

㉟東大寺衆徒評定記録〔鎌倉時代　嘉暦三年〕（10―315）

中世東大寺の寺僧集団は寺内法会の勤修に大きな関心をもった。寺僧とりわけ学侶にとって、華厳会・法華会を始め十二大会は、学識の顕示のみならず僧階昇進と供料下行の条件という重要な意味をもつ。奈良時代より様々な法要形式の法会が創始されたが、寺内における法会の位置付けや、学侶の関わり方も時代とともに変化をとげていった。

本文書は、嘉暦三年（一三二八）の満寺集会において、「天平始行の道儀、当時規模の大会」たる華厳会に、職衆・見物衆として招請された学侶の出仕を義務づけたものである。この衆議の淵源を求めるならば、遡る寛喜二年（一二三〇）の満寺集会に、「華厳会出仕の僧綱等を以て、法華会廻請に載するべき事」が決議されている。これは上層の学侶である僧綱が、法華会には好んで出仕するが、華厳会には「故障」を称して出仕せぬ弊害を正すための措置であった。由緒ある両会であるが、法華会は論義、華厳会は講経という法要形式をもつ。平安院政期より公家・院・貴族を願主に、南都・北嶺諸寺の学侶を招請して法華八講など論義会が盛んに催された。そして法華会出仕の功により寺外の論義会に招請されたため、学侶は同会に積極的に出仕する一方で、論義の場のない華厳会にはその出仕を忌避したため、このような決議がなされたのである。

ところが百年弱を隔てた嘉暦三年に至ってもこの現実は好転することなく、職衆・見物衆の「緩怠」は華厳会の継続に大きな障碍となっていた。そこで元亨二年（一三二二）に就任した寺家別当の聖尋は、華厳会の「興行」を図るため、不参の学侶から「寺供《じぐ》」（供料受給の権利）を没収するという厳しい処罰を課したため、これに学侶は強い不満を示し、改めて衆議にもとづき「規式」が定められた。すなわちその第一に、不参の学侶に対して、「学生供《がくしょうぐ》」を基礎に供料総額を算定し、凡僧は二石、僧綱は四石を限りとして順次下行《げぎょう》される供料を差し押さえ、不足した場合は一年分の全供料を、また陀羅尼供《だらにぐ》に代官を出した場合は、代官分三分一を除いた供料を差し押さえるというものである。第二は、毎年三月の華厳会に不参の学侶が、その責めを回避するため「参否」を明らかにせず、四月・五月に弁明の「起請文《きしょうもん》」を提出して処罰を遅滞させる悪質な行為に対処するため、三月中に不参の釈明を義務づけ、これに遅れた場合は「證人」「起請文」を受理せぬこと、第三は、学生供等を差し押さえられながら式日以前に供料を受給した場合、年預五師の権限で没収分を「借物」とみなし、未下行の供料を「質物《しちもつ》」として没収するということである。

本文書の内容は華厳・法華会の内実に触れるものではないが、中世寺院の法会をめぐる寺法と処罰の具体的な有様を物語っている。そして学侶に対する極めて厳しい罰則規定を見るならば、いかに寺家別当のみならず満寺衆徒も華厳会を尊重していたかが知られよう。

（永村眞）

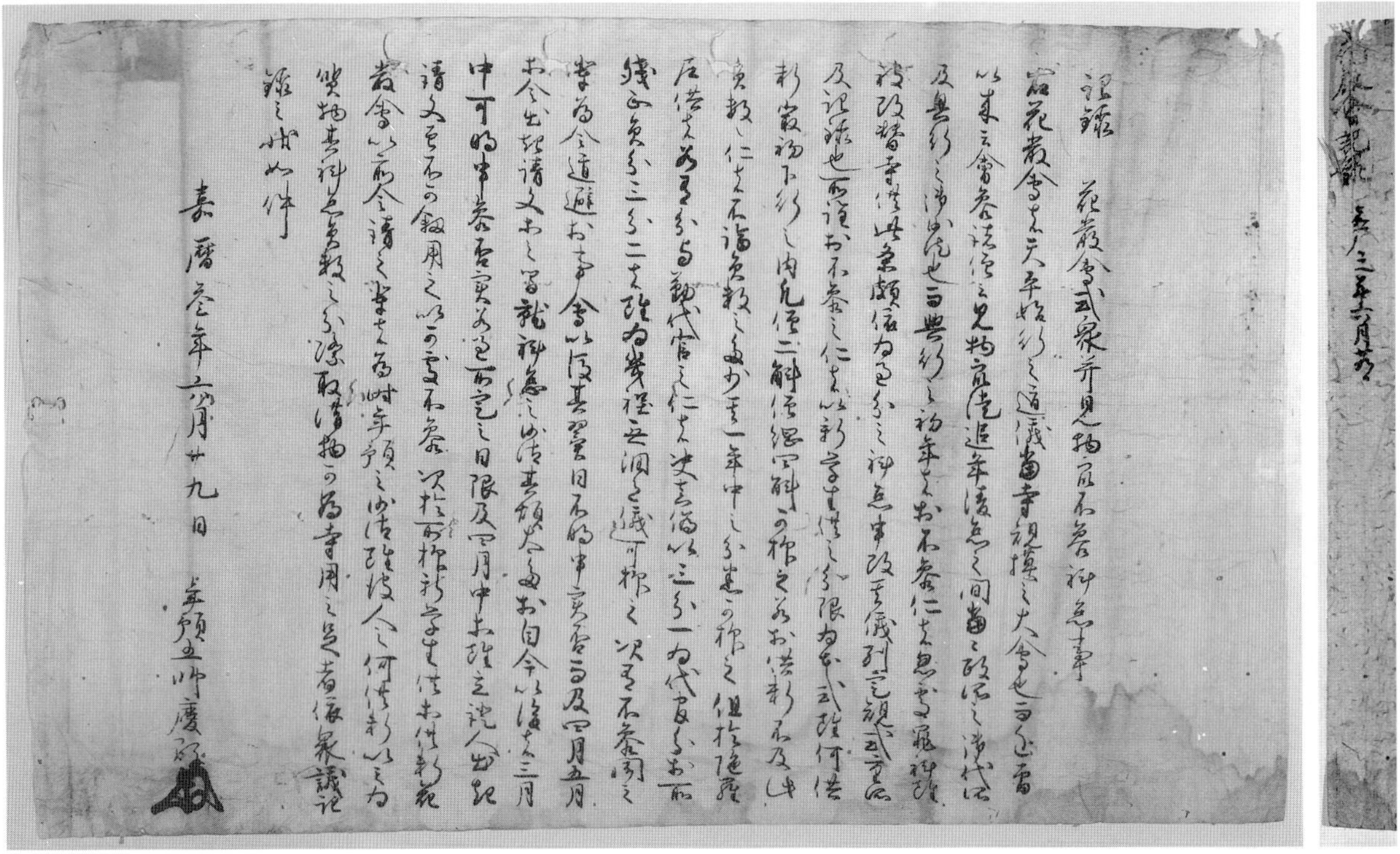

(33.0×53.8)

（端裏書）「花厳會記録 嘉暦三年六月廿九日」

記録　花厳會式衆并見物衆不参科怠事

右、花厳會者、天平始行之道儀、当寺規模之大會也、而近曽以来、云會参諸僧、云見物衆徒、追年緩怠之間、当々政所之御代、所及興行之御沙汰也、而興行之初年者、於不参仁者、忽處罪科、雖被改替寺供、此条頗依為過分之科怠、申改其儀、別定規式重所及記録也、所詮於不参之仁者、以新学生供之分限為本式、雖何供析、宛初下行之内、凡僧二斛、僧綱四斛可抑之、若於供析不及此員数之仁者、不論員数之多少、其一年中之分悉可抑之、但於陀羅尼供者、若有分与勤代官之仁者、決真偽、以三分一為代官分、於所残正員分三分二者、雖為幾程無潤色儀可抑之、次有不参聞之輩、為令遁避於事、會以後其翼〔翌〕日不明申實否而、及四月五月等令出起請文等之間、就科怠之沙汰、其煩太多、於自今以後者、三月中可明申参否實、若過所定之日限及四月中等、雖立證人出起請文、更不可叙用之、以可處不参、次於所抑新学生供等供析、花厳會以前令請之輩者、為時年預之沙汰、雖彼人之何供析、以之為質物、其科怠員数之分際取借物、可為寺用之足者、依衆議記録之状如件、

嘉暦参年六月廿九日　　年預五師慶顕（花押）

興福寺維摩会

㊱維摩会遂業日記〔室町時代　永正十五年〕（貴142―467）

この日記は、永正十五年（一五一八）十二月の興福寺維《ゆい》摩《ま》会《え》に竪者《りっしゃ》として出仕した東大寺僧英憲の手になる。

室町時代の東大寺僧が記した維摩会の記録として、秀胤の「維摩会竪義日記」があるが、興福寺側の記録に比して非常に少なく、本史料の価値は極めて高い。

英憲が竪者を勤仕した永正十五年の維摩会は、十二月十六日に始行した。初夜から第六夜まで修される竪義論義において、課試に臨んだ竪者は六口であり、英憲は第四夜に出仕している。この年、英憲とともに遂業を果たした学侶のなかに、興福寺大乗院門跡の経尋がいた。

内容において特に注目されるのは、竪義論義への出仕に際し竪者が用意する「義名《ぎみょう》」および「二字」・「十題」と呼ばれる文書の書様と、それらを提出する作法である。

「義名」とは、竪者が論義で扱う論題のテーマを、自らの本宗に従って出題者たる探題に申告する文書である。「義名」の存在は、平安院政期頃に成立した「類聚世要抄」（成簣堂文庫）にも確認され、この時代までには、論題選定にあたり、慣例として竪者への便宜が図られたことがわかる。東大寺僧の場合、内明《ないみょう》（仏教学）として「声聞賢聖義章」（三論宗）あるいは「断惑義章」（華厳宗）、因明《いんみょう》（論理学）として「因明四種相違義」を申告するのが通例であった。南都の寺院社会にあって、僧階昇進の重要な階梯となる維摩会出仕に向けて、東大寺や興福寺の学侶は修学を重ね周到な準備を積み上げたことであろう。

また三種の文書の提出する作法に目をむければ、実質的な竪者の招請となる探題からの「義名」提出の指示を受けて、竪者は速やかに受諾の旨を記した返事（請文《うけぶみ》）をしためる。「義名」提出の当日、名簿《みょうぶ》の一種である「二字」と、論義における具体的な論題を記す「十題」を携え、竪者は探題の住房を訪れる。

提出の作法としては、まず中門において、出世奉行に「二字」を手渡す。つづいて竪者は、蘿箱《らばこ》の蓋に入れた「義名」をもって探題の前に参じ、礼節の後に蓋を両手で捧げ探題に進める。探題がこれを受け取ると再度礼節を行い、探題の入御した後に竪者が退出する。帰途、中門において出世奉行に「十題」を手渡すが、先の「二字」の受け渡しとは異なり、竪者が懐中から「十題」を奉行の袖下に入れて渡したという。

「二字」は、出世奉行を通じて正面切って提出される文書であり、「義名」は探題に拝謁して進められる。ところが「十題」は、「義名」のもとで、竪者が議論すべき論題を事前に申告するわけで、その提出は決して公然と行われるものではなかったのである。この「十題」は、室町時代の史料にはじめて現れるもので、課試の場であるはずの維摩会が、次第に本来の役割を失いつつある一面を暗示する文書といえよう。

（髙山有紀）

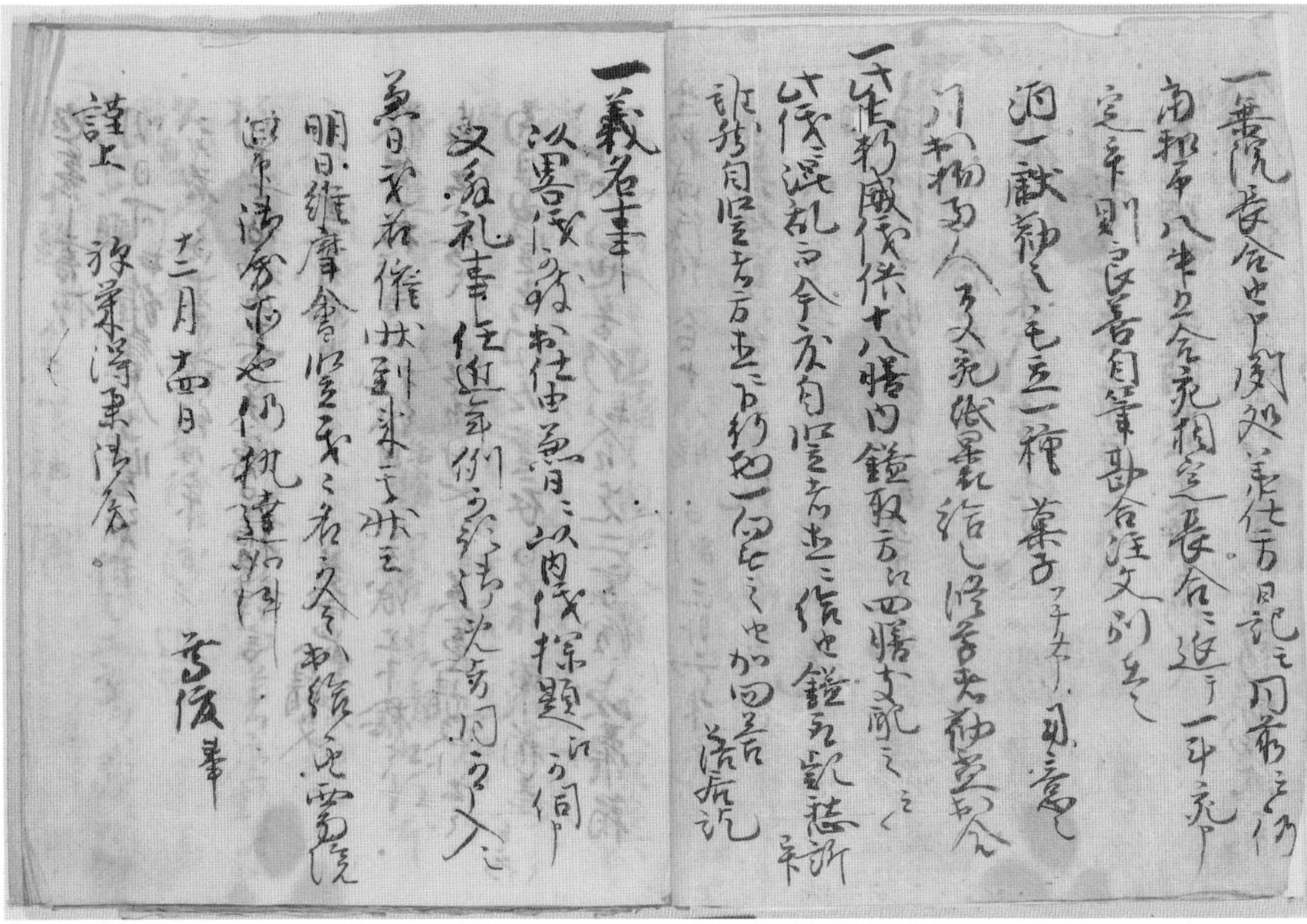

(23.0×19.6)

一乗院長合由申聞處、承仕方日記モ同前云々、仍
当和市八升五合宛相定、長合ニ延テ一斗宛申
定畢、則良善自筆勘合注文別在之、
酒一献勧之、毛立一種、菓子フチメヤ、用意之、
引出物両人百文宛、紙裹給之、修学者勧盃出合、
一此生析威儀供十八膳内、鎰取方江四膳支配之云々、
此儀ニ混乱而、今度自竪者直ニ給由、鎰取疑〔凝カ〕愁訴畢、
雖然自竪者方直ニ下行物一向無之由、加問答落居訖、
一義名事
以略儀可致出仕由、兼日ニ以内儀探題江可伺申、
又拝礼事、任近年例、可預御免旨同可申入之、
兼日義名催状到来、其状云、
明日維摩會竪義々名、可令出給之由、西南院
法印御房所候也、仍執達如件、
十二月十四日　尊俊奉
謹上　禅栄得業御房

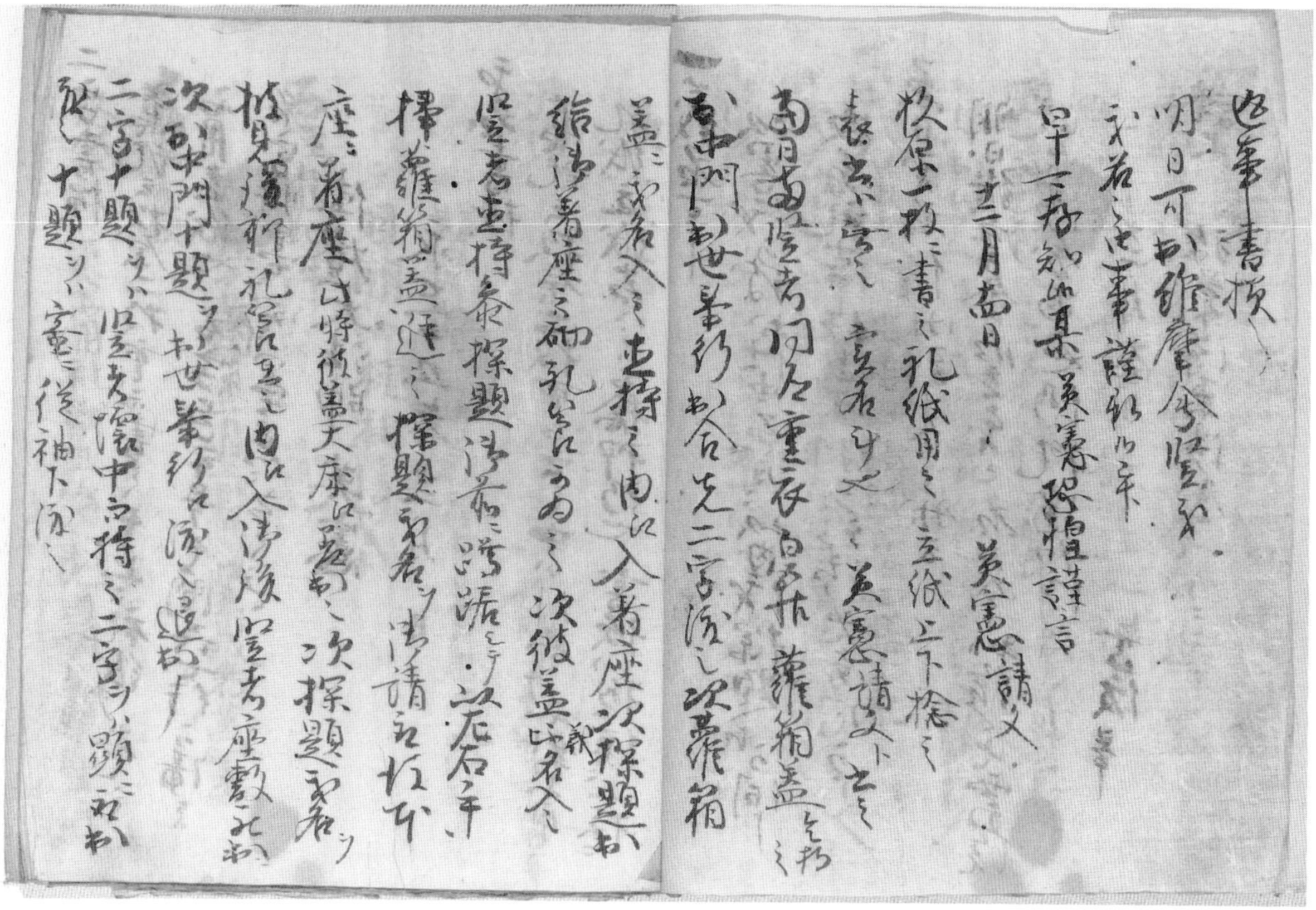

返事書様、
明日可出維摩會竪義
義名之由事、謹承候畢、
早可存知候、某 英憲 恐惶謹言、
十二月十四日　英憲 請文
杉原一枚ニ書之、礼紙用之、立紙上下捻之、
表書ハ無之、實名計也、英憲 請文ト 書之、
当日両竪者同道、重衣・白五帖、蘿箱蓋、令持之、
於中門出世奉行出合、先二字渡之、次蘿箱
蓋ニ義名入之、直持之内江入着座、次探題出
給御着座之砌、礼節可為之、次彼蓋不（義）名入之、
竪者直持参、探題御前ニ蹲踞シテ、以左右手
捧蘿箱蓋進之、探題義名ヲ御請取後、本
座ニ着座、此時彼蓋大床江差出之、次探題義名ヲ
披見後、聊礼節在之、内江入御後、竪者座敷罷出、
次於中門十題ヲ出世奉行江渡之、退出了、
二字・十題ヲハ竪者懐中而持之、二字ヲハ顕ニ取出
渡之、十題ヲハ蜜ニ従袖下渡之、

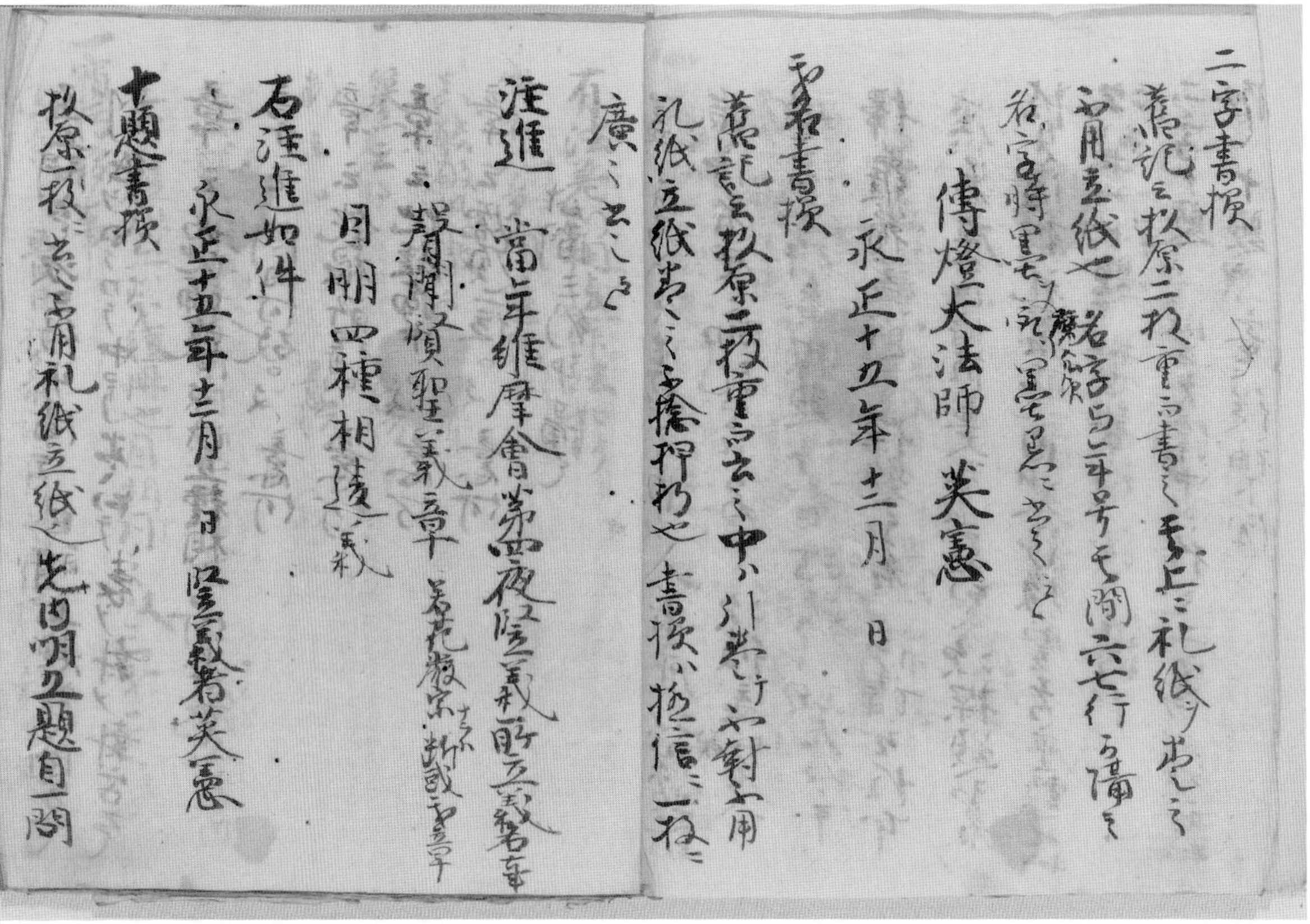

二字書様、
旧記云、杉原二枚重而書之、其上ニ礼紙ヲ巻之、
不用立紙也、名字与年号其間六七行可隔之、
名字時墨ヲ取リ《磨、スル歟、》、墨黒ニ書之云々、
伝燈大法師　英憲
永正十五年十二月　日

義名書様、
旧記云、杉原二枚重而書之、中ハ引巻テ不封、不用
礼紙、立紙巻之、不捻押折也、書様ハ極信一枚ニ
廣之書之云々、

注進　当年維摩會第四夜竪義所立義名事
声聞賢聖義章 若華厳宗ナラハ断惑義章、
因明四種相違義
右、注進如件、
永正十五年十二月　日　竪義者英憲

十題書様、
杉原一枚ニ書之、不用礼紙、立紙也、先内明五題自一問

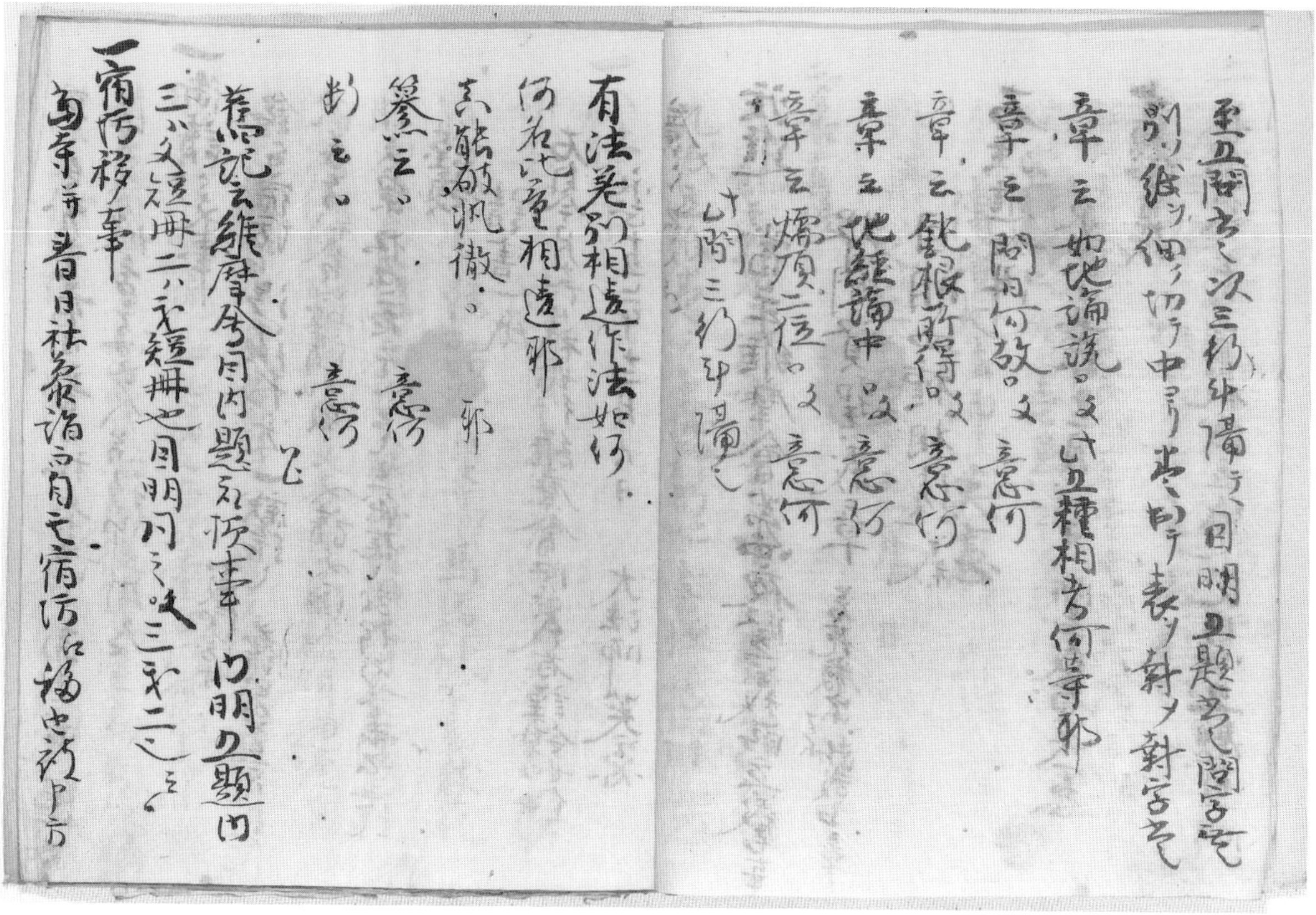

至五問書之、次三行計隔テ、、因明五題書之、問字無之、
別ノ紙ヲ細ク切テ中ヨリ巻出テ、表ヲ封メ封字書之、
章云、如地論説○文此五種相者何等耶、
章云、問曰何故○文意何、
章云、鈍根所得○文意何、
章云、地経論中○文意何、
章云、煗頂二位○文意何、
此間三行計隔之、
有法差別相違作法如何、
何名比量相違耶、
真能破軌徹○　耶、
纂云、○　意何、
断云、○　意何、
以上
旧記云、維摩會因内題取様事、内明五題内
三ハ文短冊、二ハ義短冊也、因明同之、○文三義二也云々、
一宿坊移事
当寺并春日社参詣而、自其宿坊江移由、被申方

法勝寺御八講

㊲宗性書状〔鎌倉時代（嘉禄二年）〕（法勝寺御八講問答記紙背文書　貴113—28—8-1）

白河天皇の御願寺《ぎょがんじ》として創建された法勝寺は、六勝寺の筆頭として院政期を代表する法会道場とされた。その法会とは、法勝寺御八講をはじめとする、「四箇大寺」（延暦・園城・興福・東大四寺）の学侶を招請し、天台・法相・華厳・三論各宗の枠をこえて論義（問答）が交わされた論義会である。天台立宗の当初には興福寺維摩会等への天台宗僧の出仕が見られたが、平安中期以降は相互の交流が激減し、宗の枠をこえた論義は見られなくなった。ところが院政期に入ると上皇・法皇が聖俗両界にわたる権勢を誇示するため、六勝寺や宮中・仙洞を道場に、南都北嶺を代表する「四箇大寺」の学侶を招請し、仏法興隆を象徴する法会を催すようになった。院の権勢を顕示する法勝寺御八講や最勝講において、諸宗の枠に制約されぬ実質的な論義が常になされたとは言いがたいが、公家・院の発願による論義会に参仕することは、招請された学侶にとって大きな名誉であり、その場で自らの学識と自宗の優位を示すためにも、事前の修学活動に励んだことは確かである。

　さて「法勝寺御八講問答記」を撰述した尊勝院宗性もまた、法勝寺御八講などに招請されるため修学に励んだ学侶の一人であった。宗性が法勝寺御八講に聴衆として初参したのは承久二年（一二二〇）で、嘉禄二年（一二二六）に第二度、寛喜元年（一二二九）に三度目の招請をうけている。宗性は出仕した法勝寺御八講の結願後、宿所の禅林寺もしくは帰寧して尊勝院で問答記を記している。そしてこの宗性書状は、嘉禄二年七月七日に「禅林寺宿所に於いてこれを注」した袋綴冊子の一紙の紙背である。

　その内容とは、「季御読経《きのみどきょう》の際にお目にかかれ大変に悦ばしく思いますが、その後はご無沙汰いたしました。さて法勝寺御八講に招請され、今日用意も不十分なまま取り急ぎ上洛することにしましたが、「法服・袍裳并御表袴」と「従僧衣装」が手許にないため、お借しいただきたくお願いいたします。いずれも大切な物とて、事情をお察し下さり是非ともご厚意に与りたく思います。もしこれらがお手許にあれば、一見のためにも即刻この使者にお渡し下さい。また改めてご挨拶いたす所存です」というもので、この書状は使者の手で宛所のもとに届けられた後、宗性に戻されたものであろう。

　ここには、「法勝寺御八講」と「季御読経」の出仕が記され、宗性は嘉禄二年には季御読経に出仕し、承久二年・寛喜元年には出仕しておらず、宗性書状は嘉禄二年七月三日に法勝寺御八講が開白する直前に記されたものであろう。また宛所であるが、使者を遣わして法服等の借用を依頼し、しかも同年の季御読経に出仕し、御八講には出仕しないことから、興福寺の清信大法師ではなかろうか。また宗性はこれら出仕に関わる書状を携えて上洛し、その裏を翻して問答記を記したことになる。

（永村眞）

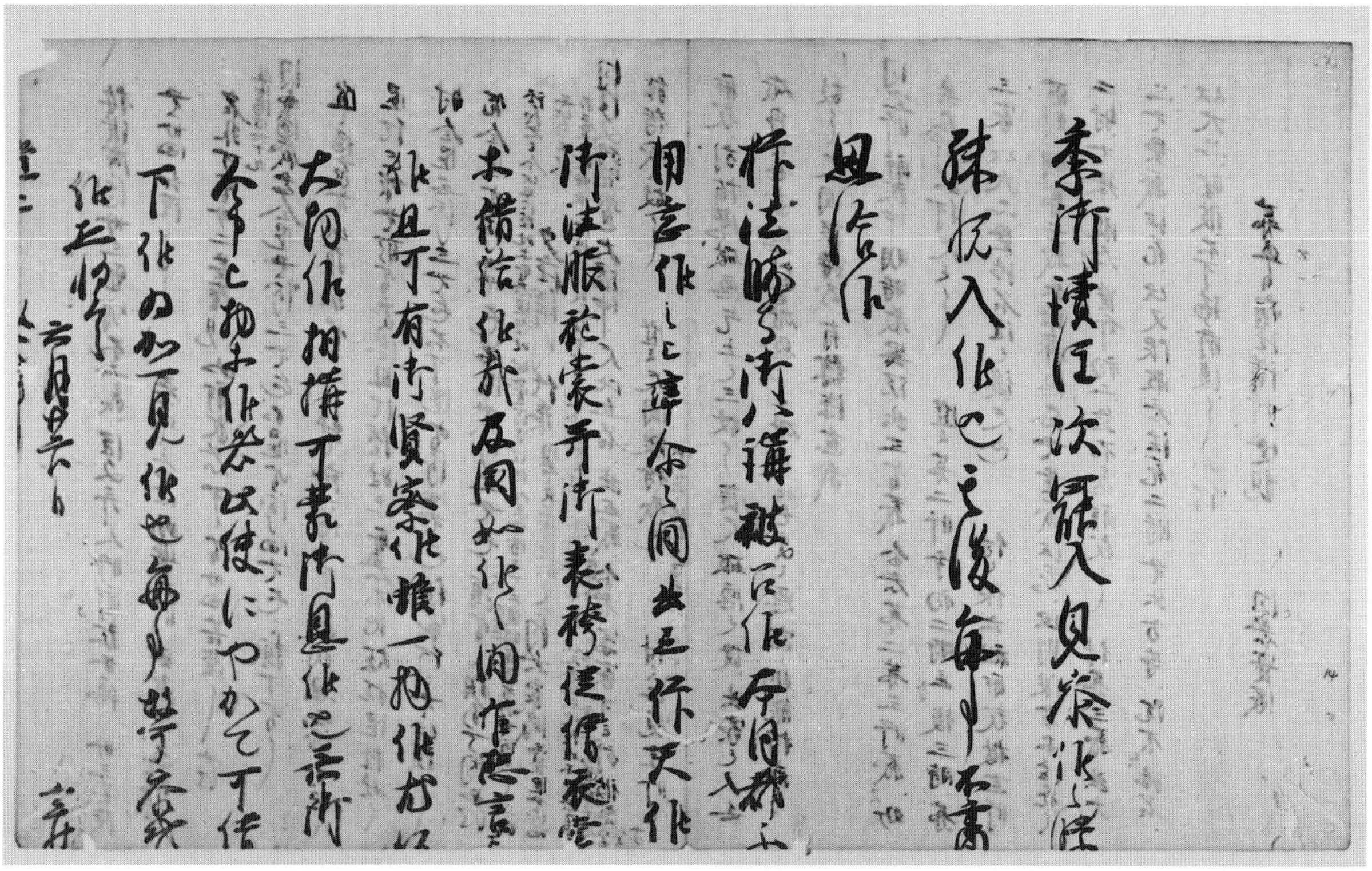

(30.4×25.5)

季御読経次、罷入見参候之條、
殊悦入候也、其後毎事不審
思給候、
抑法勝寺御八講被召候、本日都不
用意候之上、率爾之間出立仰天候、
御法服袍裳并御表袴、従僧衣装
等借給候哉、及闕如候之間、乍恐言上
候、且可有御賢察候、雖一物候、尤以
大切候、相構可蒙御恩候也、若御□
令申上物等候者、此使にやかて可借
下候、為加一見候也、毎事故可参啓
候、恐惶謹言、
（嘉禄二年）六月廿六日　　宗性
謹上　人々御中

㊳太政官牒〔平安時代　延暦二十四年〕（重要文化財）

南都六宗に天台・真言両宗を加えた「八宗兼学」を掲げる東大寺では、「天台宗の本朝に流布するは、もと大和上（鑑真）の天台法門を伝来するの故なり、これに依り東大寺はこれ天台宗の初基なり」（「東大寺要録」諸宗章）として、最澄の請来に先んじて鑑真和上により天台宗がもたらされたとの認識があった。これを裏づけるように、鑑真は「円頓止観・法華玄義并に法華文句疏・四教義・維摩疏等」の天台法文を伝え、これらを後に最澄が書写したという（「叡山大師伝」）。また東大寺の華厳教学は、天台大師智顗《ちぎ》撰「四教義」を引用する寿霊撰述「華厳五教章指事記」からも明らかなように、天台教学とは親密性が高く、寺内には少なからず天台経疏が架蔵されていた。

さて本文書は延暦二十四年（八〇五）二月二十五日に、「内裏宣」を承けた太政官が東大寺に宛てた官牒と考えられる。すなわち東大寺寺主賢高禅師が「天台法華玄記拾巻」と「文句十巻」を所持しているとの風聞を得た「内裏」（桓武天皇）からの、両書の借用と賢高の招請を命ずる「宣」を奉じ、左大弁菅野真道と左少史賀茂立長が両者を「請《しょう》じ奉」るため使者安倍御笠の派遣を東大寺に伝達したものである。智顗が「法華経」の要旨を講述し章安大師灌頂が筆録したとされる「法華玄記」・「法華文句」は、「摩訶止観」とともに「法華三大部」と呼ばれる天台教学の基本経典であり、当時にあって経典自体とこれを講説する僧侶は貴重な存在であったはずである。

では桓武天皇とその周辺がこの両書の所在を知り、東大寺にその借用と所有する賢高の招請を求めたのは如何なる理由によろうか。ここで想定されるのは兼ねてから天台経疏を熱心に求めていた最澄の存在である。実は本文書が発給された時に最澄は入唐中で、同年の八月に帰朝しており、その直接的な意向によって本文書が発給されたとは考えがたい。しかし先立つ延暦十六年に内供奉《ないぐぶ》十禅師に加わった最澄は、天台教学の確立を目指して法華経講説を催し、経疏の蒐集・書写を進めており、桓武天皇もこれを全面的に後援していた。そして天台経疏を請来《しょうらい》するため、同二十三年に還学生《げんがくしょう》として入唐した最澄の意向を忖度し、天皇とその周辺が諸寺にある天台経疏の蒐集を進めたのではなかろうか。この文書を発給した左大弁菅野真道は、桓武天皇のもとでその政策を立案・執行する重要な役割を果たした官人であり、同年九月に早良親王《さわらしんのう》供養の読経を七大寺に命じた「内侍宣《ないしせん》」も真道の手になる。つまり最澄を後援する桓武天皇の意向をうけた真道が、天台経疏の借用を求める太政官牒を発給した可能性は高い。

なお奈良時代から平安前期に見られる「内裏宣」によって発給された本文書は、「太政官牒」との文書名を与えられているが、後の「官宣旨」の祖型であるとの傾聴すべき説がある。

（永村眞）

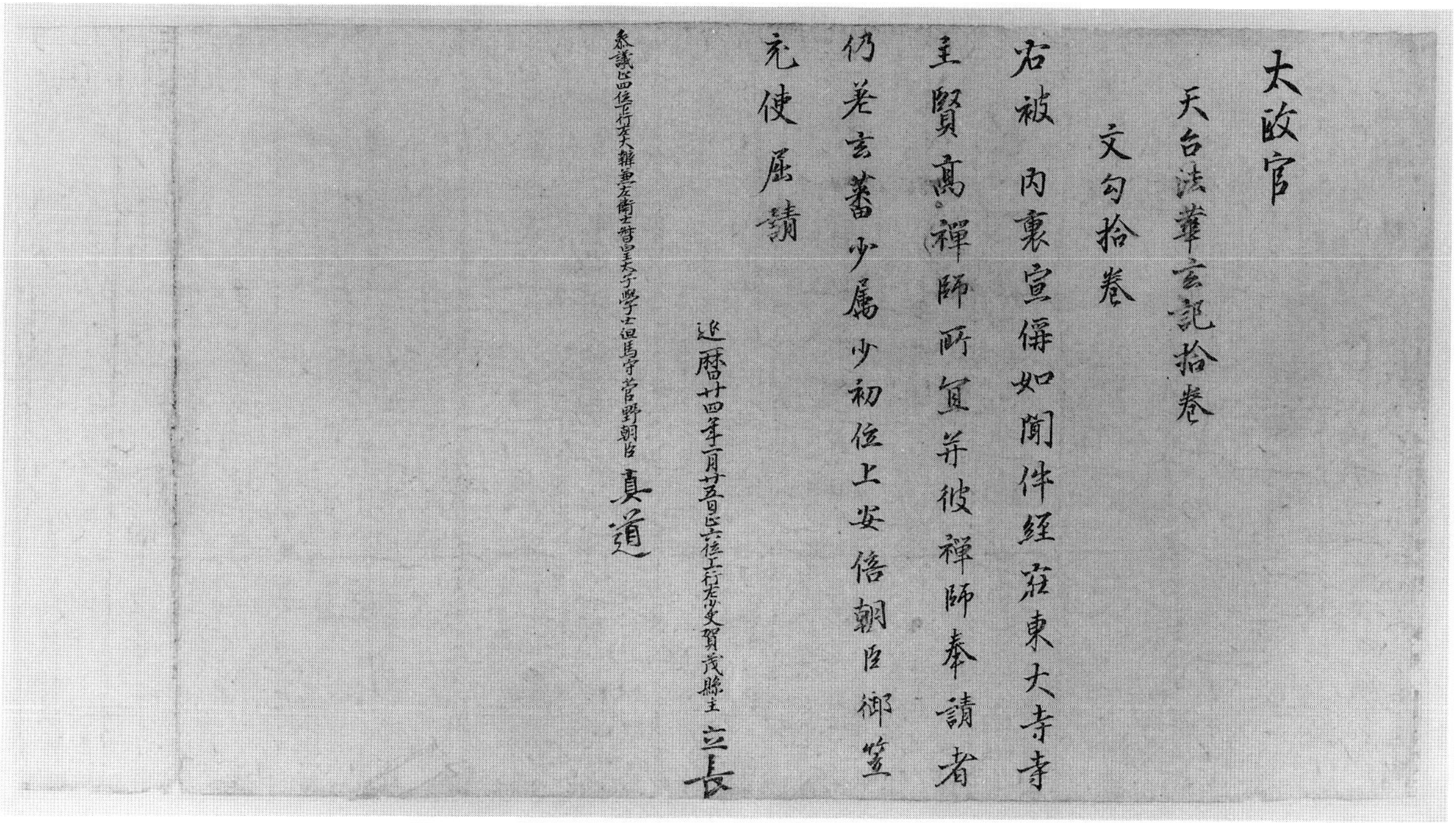

(30.4×56.5)

太政官
　天台法華玄記拾巻
　　文句拾巻
右、被　内裏宣偁、如聞、件経在東大寺寺
主賢高禅師所、宜并彼禅師奉請者、
仍差玄蕃少属少初位上安倍朝臣御笠
充使屈請、
　　延暦廿四年二月廿五日　正六位上行左少史賀茂県主「立長」(自署)
参議正四位下行左大弁兼左衛士督皇太子学士但馬守菅野朝臣「真道」(自署)

㊴戒壇院定置〔室町時代写　長享元年〕（貴104—807—1）

治承四年（一一八〇）の南都焼討ちによって、奈良時代以来、国家的な受戒制度を担ってきた東大寺戒壇院の堂舎も悉く焼失したが、大勧進重源や栄西らの手によって中央伽藍とともに徐々に復興が進められ、とりわけ西迎房蓮実・円照らの活躍により建長末年頃には復興造営事業がほぼ完了した。中でも寛元二年（一二四四）に戒壇院に僧房が完成したことにより、ここに唐招提寺覚盛の法流に連なる僧衆が止住するようになった。建長三年（一二五一）円照が戒壇院住持となって以降は、戒壇院の中興開山と称せられたこの円照の一門がここを拠点として戒律教学の振興に努め、数多くの碩学が輩出した。中でも特に傑出した存在として師円照の譲りを受けて戒壇院中興第二世となったのが凝然である。

凝然は円照に師事して戒律教学の振興に大いに活躍するとともに、尊勝院宗性に華厳を、円照の兄真言院聖守や木幡の真空に密教を、法然の弟子九品寺《くほんじ》長西に浄土を、東福寺で禅を、唐招提寺証玄に律を学び、更に京都泉涌寺で俊《しゅん》芿《じょう》・浄業の伝えた北京律《ほっきょうりつ》も修めた。そのほか国史や諸子百家等の外典や声明音楽なども広く修学し、博学精記による生涯の全著作は百五十部千二百余巻にのぼると伝えられている。凝然のこのような諸宗兼学の態度はまさしく師円照以来の特徴であった。

この文書は、東大寺戒壇院住持であった凝然が正和五年（一三一六）七十七歳の高齢に達した際に、自らの没後の戒壇院住持の後継者として、弟子の禅爾円戒房、さらに実円禅明房（凝然の俗甥）と継承されるべきことを明記した定置文の写しである。中興開山二世である凝然が、戒壇院の管領に円照を祖とする自らの法流以外の者が介入してくることを防ぐために、今後の住持相承のあり方を定めて後世に伝えた寺院法というべき性格を有する文書である。

住持継承の条件として、禅爾も実円も凝然から親しく受学稟承した正統の弟子であり、かつ両人とも律・華厳を中核的な学行としつつも幅広い諸宗兼学という円照以来の一門の特徴を実践していることが挙げられている。そして今後も華厳宗を本として「開山上人（円照）定め置かるるの旨」を堅持し一事たりとも違背することなく学行に勤めるべきことを促している。凝然は師祖円照に端を発する師資相承の法流による戒壇院の継承を企図したのである。

東大寺に交衆する学侶が寄住する院家などが師資相承による私的な門流の原理によって継承されることは、平安期以来、一般的な形態となっていた。戒壇院に止住した律僧たちは本来、東大寺の本寺交衆から「遁世」しそれとは一線を画する僧団であったが、師資法流による住持の継承という点では全く変りはなかったといえる。なおこの写本のもとになった凝然自筆の原本も前文十行分の一紙のみであるが伝存している〈参考写真〉。

（佐伯俊源）

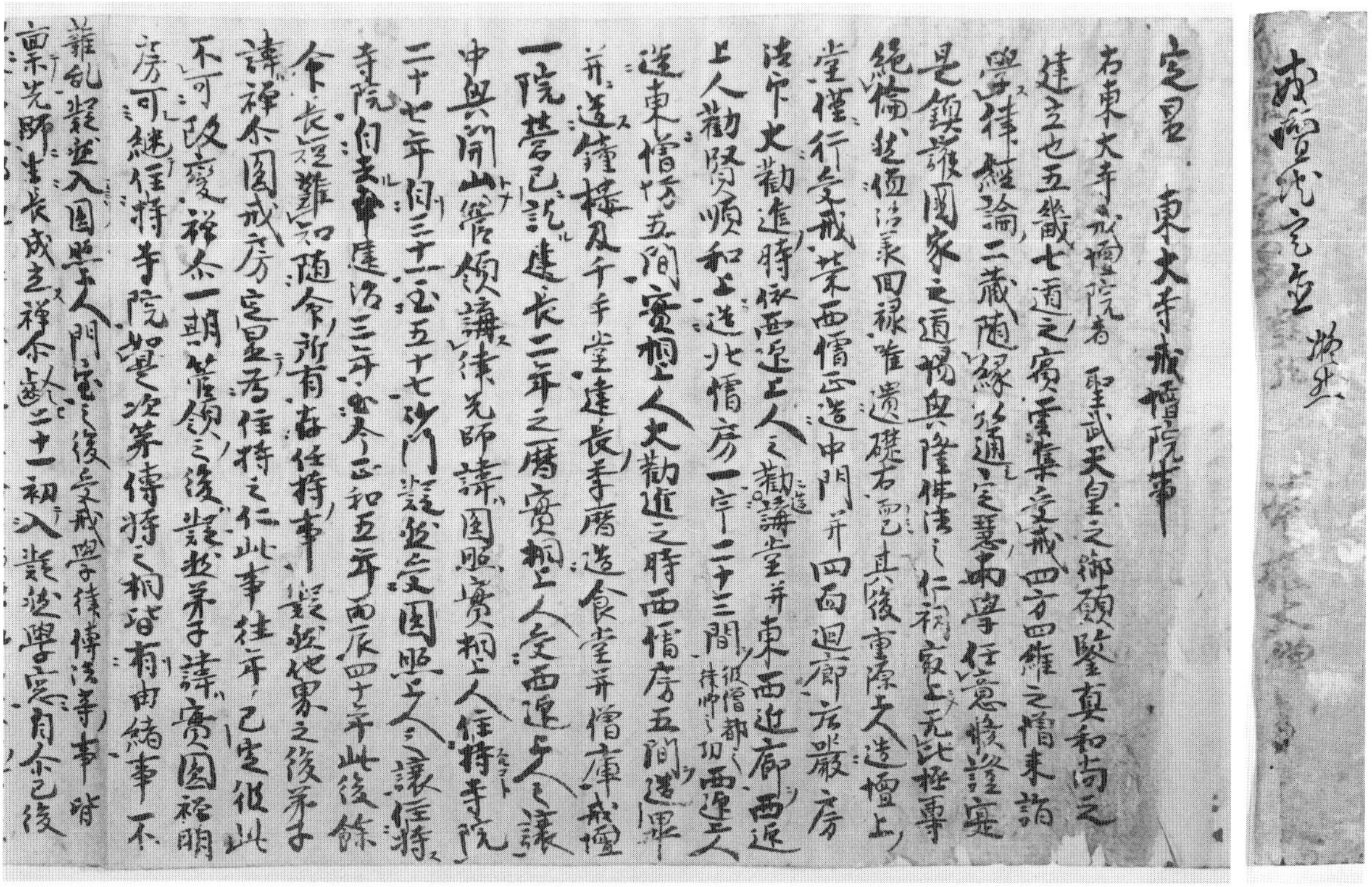

(27.7×124.0)

（端裏書）「戒壇院定置　凝然」

定置　東大寺戒壇院事

右、東大寺戒壇院者、　聖武天皇之御願、鑑真和尚之建立也、五畿七道之賓、雲集受戒、四方四維之僧、来詣学律、経論二蔵、随縁弘通、定慧両学、任意修證、寔是鎮護国家之道場、興隆佛法之仁祠、寂上无比、極尊絶倫、然値治承回禄、唯遺礎石而已、其後重源上人造壇上堂、僅行受戒、栄西僧正造中門并四面廻廊、庄厳房法印大勧進時、依西迎上人之勧、○造講堂并東西近〔軒カ〕廊、西迎上人勧賢順和上、造北僧房一宇二十三間、彼僧都之律師之功、西迎上人造東僧房五間、實相上人大勧進之時、西僧房五間造畢、并造鐘楼及千手堂、建長季暦、造食堂并僧庫、戒壇一院営已訖、建長二年之暦、實相上人受西迎上人之譲、中興開山管領講律、先師諱圓照實相上人、住持寺院二十七年、自三十一至五十七、沙門凝然受圓照上人之譲、住持寺院、自去■建治三年至今正和五年丙辰四十年、此後余命長短難知、随命所有存任持事、凝然他界之後、弟子諱禅爾圓戒房、定置為住持之仁、此事往年已定、彼此不可改変、禅爾一期管領之後、凝然弟子諱實圓禅明房、可継住持寺院、如是次第伝持之相、皆有由緒、事不

……………………（紙継目）……………………

雑乱、凝然入圓照上人門室之後、受戒・学律・伝法等事、皆稟先師、生長成立、禅爾齢二十一初入凝然学窓、自爾已後、

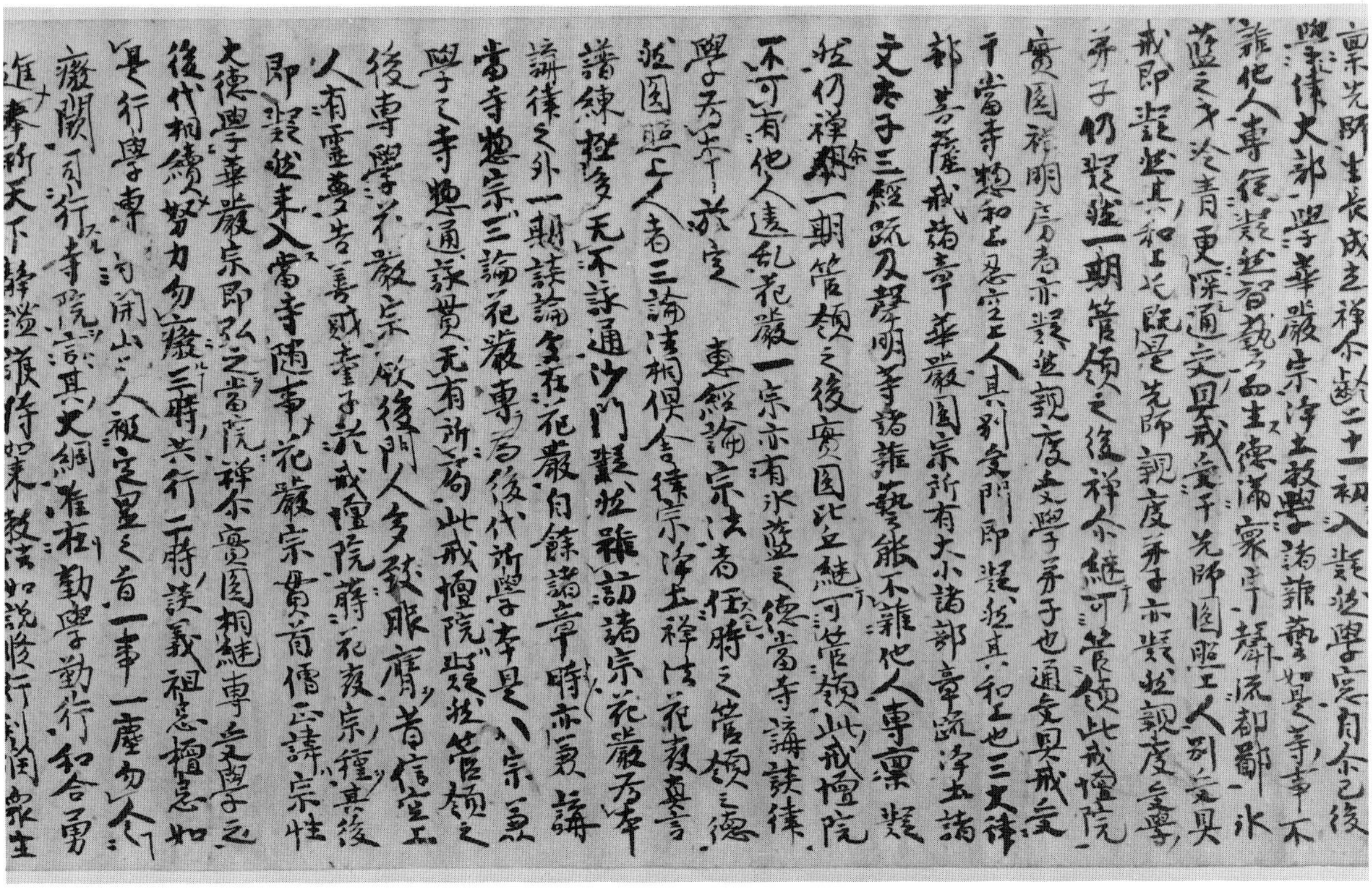

学律大部、学華厳宗・浄土教学・諸雑藝、如是等事、不
雑他人、専従凝然智藝而生、徳満寰宇、声流都鄙、氷
藍之才、冷青更深、通受具戒受于先師圓照上人、別受具
戒即凝然其和上也、既是先師親度弟子、亦凝然親度受学
弟子、仍凝然一期管領之後、禅爾継可管領此戒壇院、
實圓禅明房者、亦凝然親度受学弟子也、通受具戒受
于当寺惣和上忍空上人、其別受門即凝然其和上也、三大律
部菩薩戒諸章、華厳圓宗所有大小諸部章疏、浄土諸
文、太子三経疏及声明等諸雑藝、能不雑他人、専稟凝
然、仍禅明爾一期管領之後、實圓比丘継可管領此戒壇院、
不可有他人違乱、華厳一宗亦有氷藍之徳、当寺講談律
学為本、於定　恵経論宗法者、任時之管領之徳、
然圓照上人者、三論・法相・倶舎・律宗・浄土・禅法・花厳・真言、
譜練極多、无不該通、沙門凝然雖訪諸宗、花厳為本、
講律之外、一期談論多在花厳、自余諸章、時亦兼講、
当寺惣宗三論・花厳、専為後代所学、本是八宗兼
学之寺、惣通該貫、无有所局、此戒壇院凝然管領之
後、専学花厳宗、厥後門人多致服膺、昔信空上
人有霊夢告、善財童子於戒壇院蒔花厳宗種、其後
即凝然来入当寺随事、花厳宗貫首僧正諱宗性
大徳、学華厳宗即弘之当院、禅爾・實圓相継専受学之、
後代相続、努力勿癈、三時共行、二時談義、祖忌檀忌、如
是行学、専守開山上人被定置之旨、一事一塵、勿令
癈闕、司行寺院、言其大綱、唯在勤学勤行、和合勇
進、奉祈天下静謐、護持如来教法、如説修行、利潤衆生、

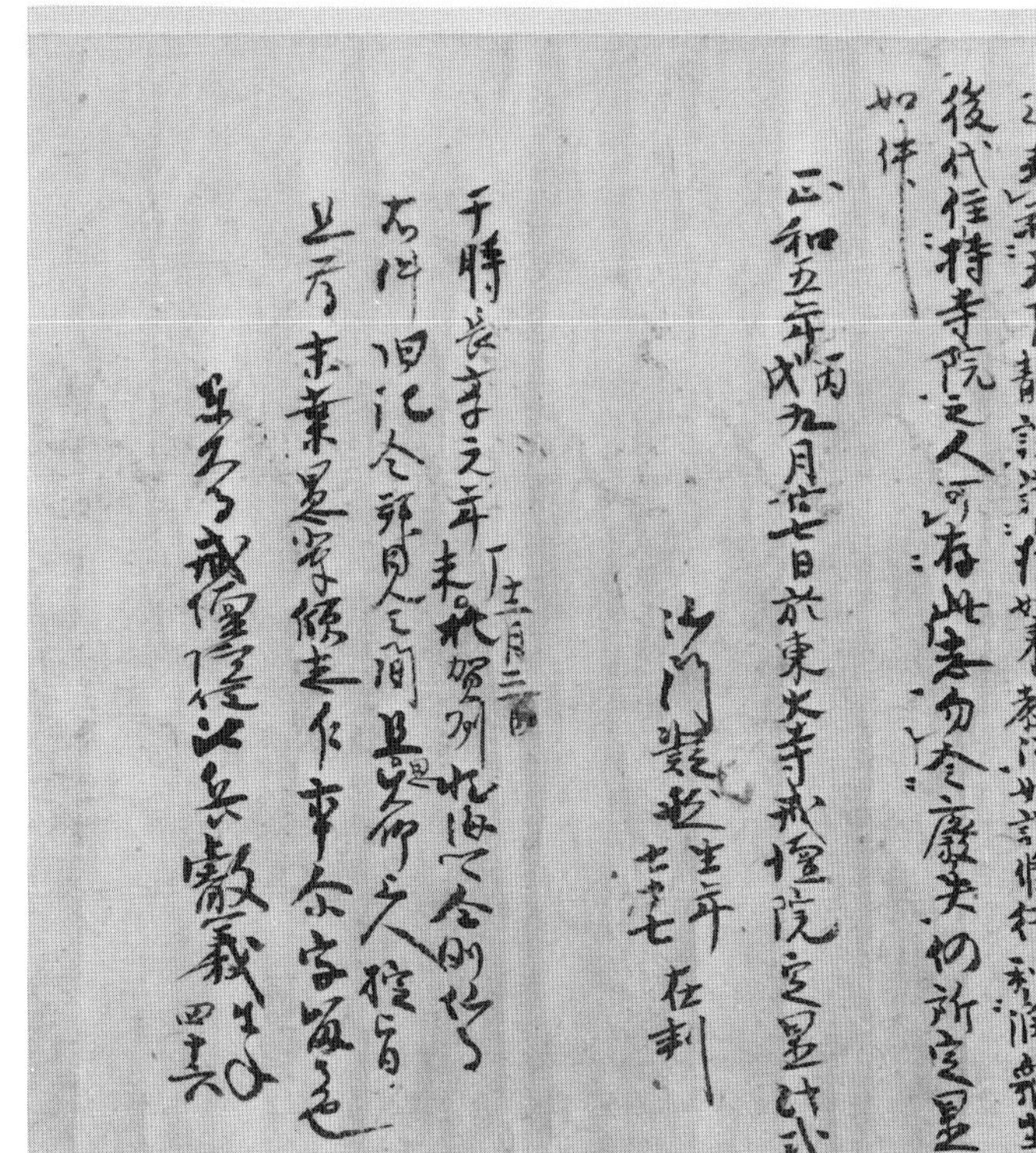

後代住持寺院之人、可存此志、勿令廃失、仍所定置
如件、
正和五年丙戌（マヽ）九月廿七日於東大寺戒壇院定置此式、
沙門凝然 生年七十七 在判

……………………（紙継目）……………………

于時長享元年丁未十二月三日於賀州軽海郷金剛仙寺、
右、件旧記令拝見之間、且思先師上人掟旨、
且為末葉愚輩傾志、乍卒爾写留者也、
東大寺戒壇院住比丘叡義 生年四十六

○返点、送仮名は省略した。

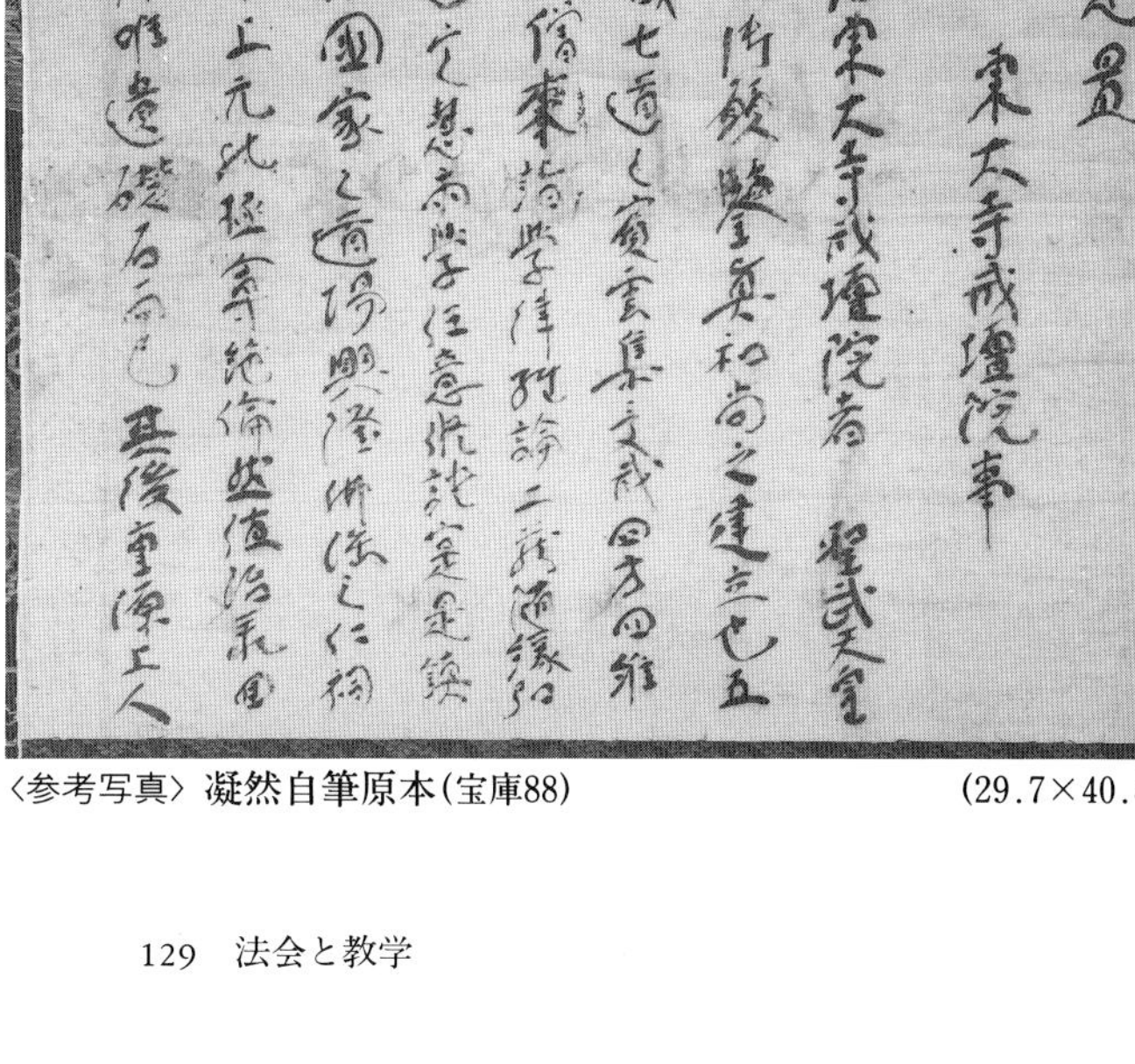

〈参考写真〉凝然自筆原本（宝庫88）　（29.7×40.8）

㊵明本鈔日記并明本要目録〔江戸時代写〕(貴103—94—11-1)／明本鈔相承契状写〔江戸時代写〕(貴124—37—1)

「明本抄」十三巻は、仏教論理学である因明《いんみょう》に関する解脱上人貞慶の最も代表的な撰述書で、真興・蔵俊の著を基とし、「明要抄」五巻とともに彼が没する直前の建暦二年(一二一二)十一月一日に完成した。

当時、因明学は興福寺を中心に元興寺・薬師寺・東大寺など南都の諸大寺で盛んに行われた。これらは学侶らによる多種多量の著作・抄録の撰述と諸法会の盛行をもたらし、特に興福寺の維摩会《ゆいまえ》、宮中の御斎会《ごさいえ》および薬師寺の最勝会《さいしょうえ》は「三大会」「三会」と呼ばれ、非常に重要視された。なかでも十月に行われる維摩会の講師は、翌年正月の御斎会、三月の最勝会の講師を経て僧綱に任ぜられたため、これらの法会は官僧の登竜門として盛儀を極めたのである。

そもそも因明学は倶舎・唯識と密接な関係にあり、その相承は秘伝的傾向を持っていることが指摘されている。このため相承は法相の学燈のそれに関係し、伝えられる書物の題名にもこれをうかがわせるものが多く見られる。

ここに取り上げた「付嘱《ふしょく》状」(「明本鈔日記并明本要目録」)によれば同年十二月二十三日、貞慶はこの上帙七巻を東北院僧都円玄、下帙六巻を光明院律師覚遍にそれぞれ与え、両人に互いに残巻を書写することを命じている。興福寺には覚遍の書写による上帙と、同じく貞慶の弟子である正覚房良算の筆とされる下帙が現存している。しかも「明要抄」第五の奥書によれば、貞慶は病により良算に「明本抄」「明要抄」を書かせた旨が見え、「明本抄」原本はすでに良算の代筆であったと考えられている。したがって現存の下帙は円玄に分与された貞慶自撰・良算代筆の原本そのものである。

この「付嘱状」では「当時伝受の三人」即ち、良算・円玄・覚遍以外、特に「真実の器無き者」には絶対に相承させてはならないとしており、ここでも「明本抄」が非常に尊重されていたことが理解できよう。

そのことは、契約が連ねられた「契状」(「明本鈔相承契状」)からも窺うことができる。建長七年(一二五五)十一月十一日付の本文書によると、覚遍は東大寺の宗性に対してこの「明本抄」の書写を認めている。但しここでも宗性からの相承に対しては、「二明の法器」の者がいなければ覚遍の弟である性誉の許に返すように求めているのである。

また文永五年(一二六八)十二月十九日付の契状においては、聖禅は院主上綱宗性の御芳恩により書写の許可を受けたことを、「多生を逕るといえども之に報じ奉り難し」すなわち生まれ変わってもその恩に報いることはできないと述べている。

宗性ら学侶にとってはこれら書物を書写することが叶うか否かは、維摩会などの法会に出仕する上でも大きなポイントであり、それだけにこのような契状を記して相承を厳重に保ったのであろう。

(森本公穣)

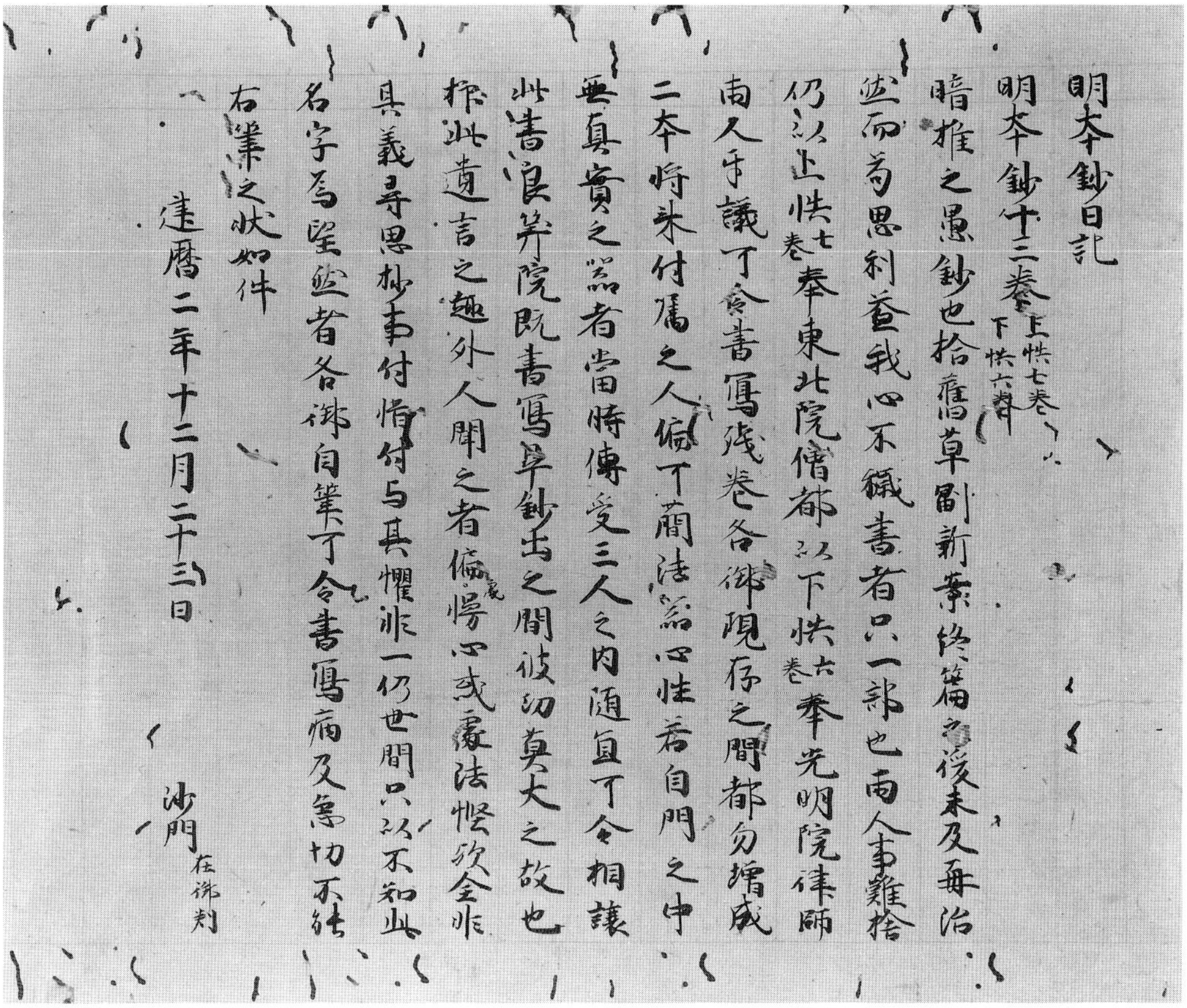

(30.9×373.3)〈部分〉

明本鈔日記
明本鈔十三巻 上帙七巻、下帙六巻、
暗推之愚鈔也、拾旧草副新案、終篇之後、未及再治、
然而苟思利益、我心不穢、書者只一部也、両人事難捨、
仍以上帙七巻、奉東北院(円玄)僧都、以下帙六巻、奉光明院(覚遍)律師、
両人互議、可令書写残巻、各御現存之間、都勿増成
二本、将来付属之人、偏可簡法器心性、若自門之中、
無真実之器者、当時伝受三人之内、随宜可令相議、
此書良算院既書写畢、鈔出之間、彼功莫大之故也、
抑此遺言之趣、外人聞之者、偏○處慢心或處法慳歟、全非
其義、尋思抄事、付惜(借カ)付与其懼非一、仍世間只以不知此
名字為望、然者各御自筆可令書写、病及急切、不能
右筆之状如件、
建暦二年十二月二十三日
沙門(貞慶) 在御判

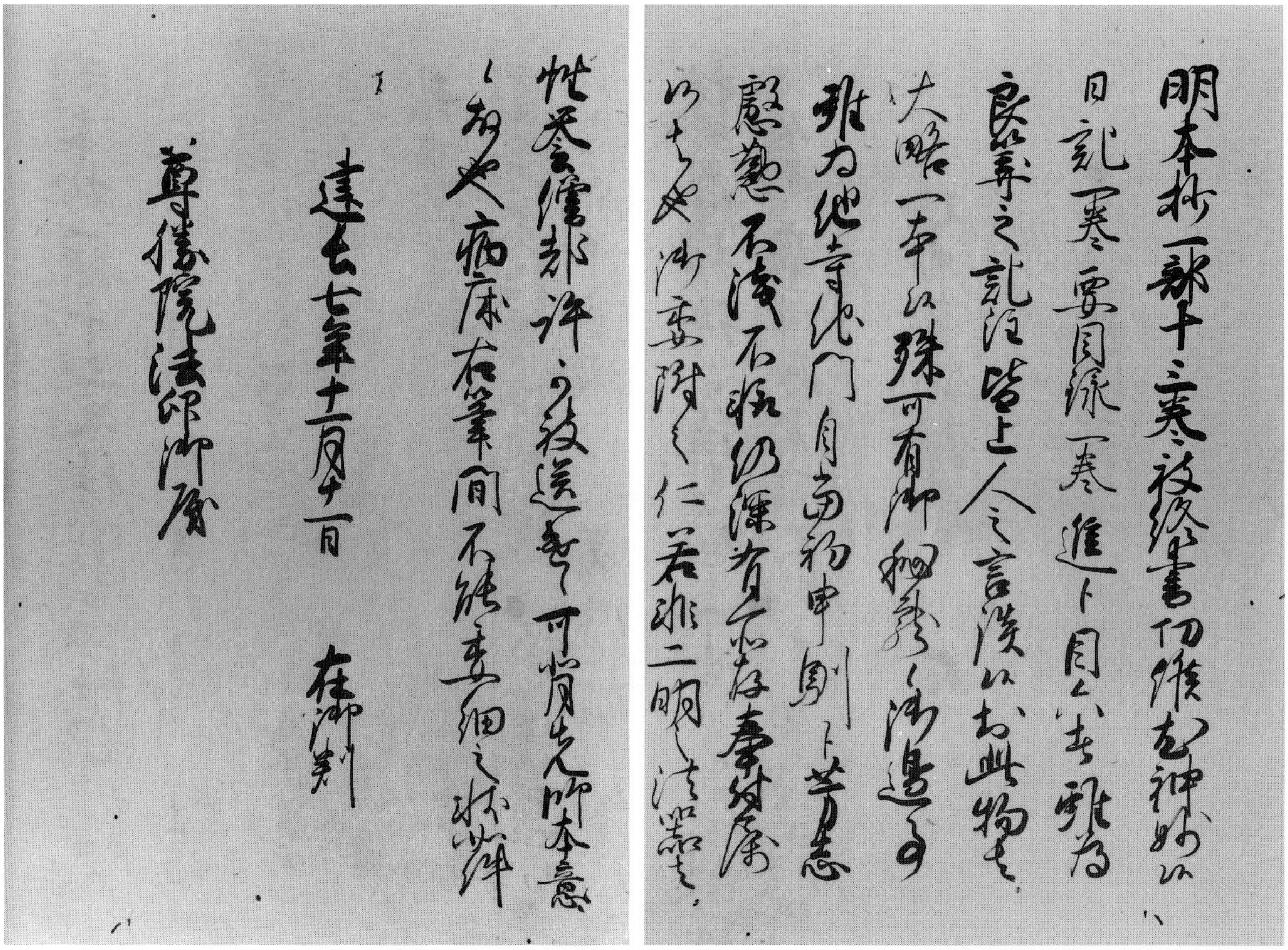

(33.6×23.0)

明本抄一部十三巻、被終書功候、尤神妙候、
日記一巻、要目録一巻進候、目六者雖為
良算之記、注皆上人(貞慶)之言談候、於此物者、
大略一本候、殊可有御秘蔵候、御辺事、
雖為他寺他門、自当初申馴候、芳志
慇懃不浅不軽、仍深有所存、奉付属
候者也、御委附之仁、若非二明之法器者、
性誉僧都許可被送遣候、可背先師本意
候故也、病床右筆間、不能委細之状如件、
建長七年十一月十一日　(覚遍)在御判
(宗性)尊勝院法印御房

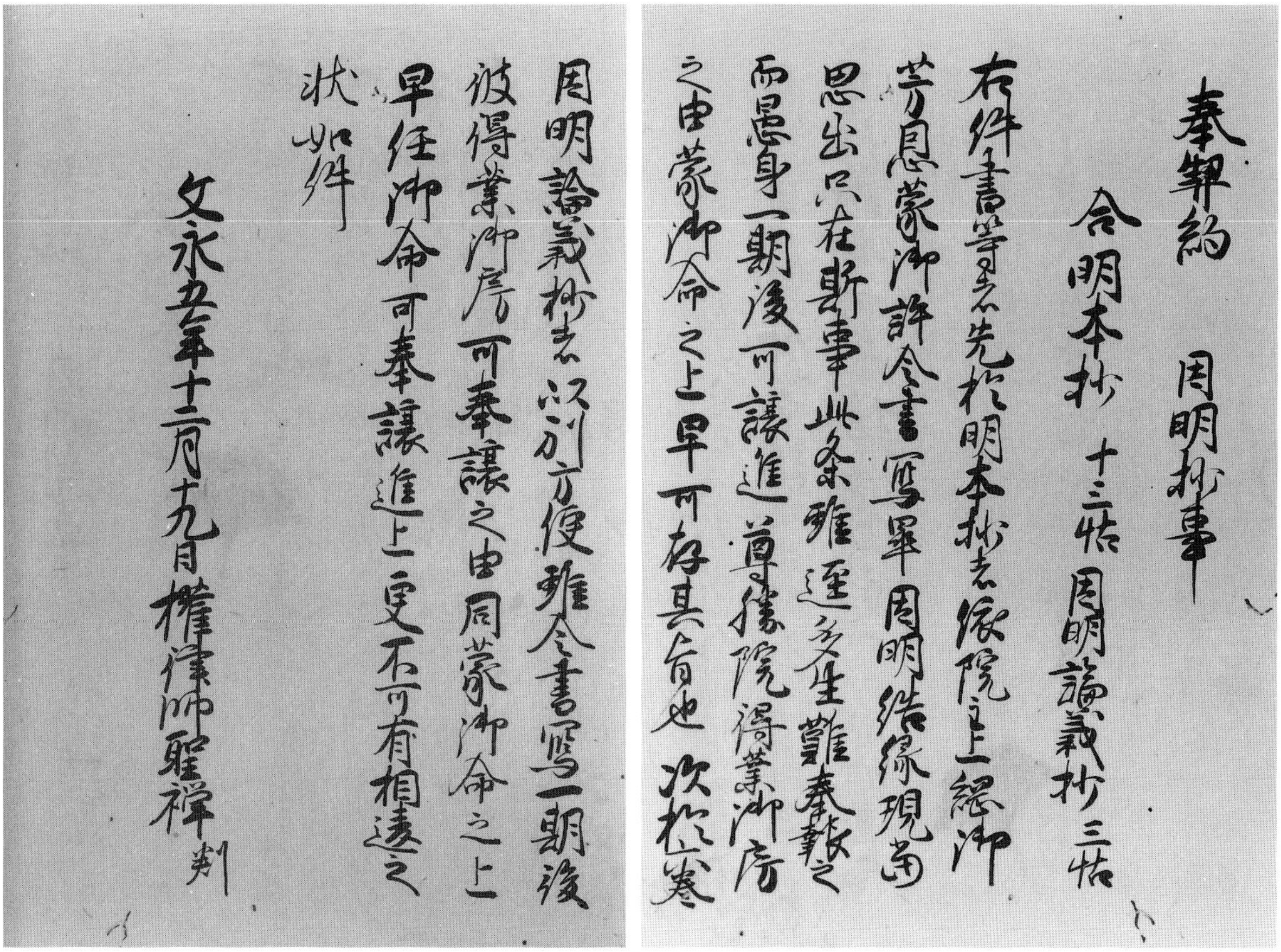

奉契約　因明抄事

　合明本抄十三帖、因明論義抄三帖、

右、件書等者、先於明本抄者、依院主《（宗性）》上綱御
芳恩、蒙御許令書写畢、因明結縁、現当
思出、只在斯事、此条雖遥多生、難奉報之、
而愚身一期後、可譲進尊勝《（宗顕）》院得業御房
之由、蒙御命之上、早可存其旨也、次於六巻
因明論義抄者、以別方便雖令書写、一期後
彼得業御房可奉譲之由、同蒙御命之上、
早任御命可奉譲進上、更不可有相違之
状如件、

　文永五年十二月十九日権律師聖禅判

法会出仕と昇進

㊶玄範申状〔鎌倉時代前期〕（探玄記義決抄紙背文書　貴104—1—8-4）

本文書は尊玄（一一四三～一二二三?）撰「探玄記第十七義決抄第一巻」の紙背文書の一つである。表面の撰述奥書によれば建保三年（一二一五）八月二十一日に東大寺北院住房で抄したとあり、紙背の本申状はその少し以前のものと推定される。尊玄には他に「華厳孔目章抄」「華厳五教章抄」等の著作があり、後に明恵・宗性・凝然らの活躍により隆盛する東大寺華厳教学の礎を作った碩学であった。尾張已講などと呼ばれ尾張出身もしくは父祖が尾張国守だったと思われるが、元久元年（一二〇四）六十二歳で維摩会竪義に精義を勤め、建保五年（一二一七）ようやく権少僧都になり、昇進は遅く貴顕出身でなかったと考えられる。

中世東大寺の中核的階層であった学侶は、得度・入寺して法師位、倶舎三十講の門者・講師を遂業して中臈の伝燈法師、法華会講師を遂業して大法師、さらに興福寺維摩会講師を勤仕して僧綱になるというのが僧階昇進の一典型であり（「東大寺見聞実録」）、寺内の種々の法会に出仕して学功を積むことが昇進の要件であった。それに対応して鎌倉期の東大寺には寺家開催の倶舎三十講、世親講、探玄記三十講、三季講、因明講や、院家開催の東南院問題講、華厳宗三十講、新院談義講、四聖講などの多くの諸講が存在した。学侶たちはそれらへの出仕を義務としまた名誉として競望し切磋琢磨して学功を重ねていった。しかしその中から寺外の大会である興福寺維摩会にまで招請されて僧綱位に昇る者はごく一部に限られ、しかもその大半は貴顕出身者の優遇的昇進であったと考えられる。上記の尊玄は傑出した学才が認められて晩年にようやく僧綱に昇進した例であるが、本申状を記した玄範の場合からもそのあたりの事情を如実にうかがうことができる。

玄範は同じく「探玄記義決抄」紙背文書の承元四年（一二一〇）十二月法華会請定に、明年の竪義者に招請される一人として出てくるが、他に目だった事蹟はみあたらない。いずれにしても貴顕出自でない平僧の学侶であったと思われる。そして玄範の所属した世親講は建久六年（一一九五）に世親を祖師とする倶舎宗の紹隆のために創始された教学組織であるが、とりわけそのような平僧達の寺内での拠り所という性格をもつ講衆であったと考えられる。玄範は入寺以来、世親講衆として長年活躍し、その他の寺家・院家開催の諸法会にも参仕して学功を重ねてきた。しかし更に上位の寺内法会に位置付けられる八幡宮御八講（東大寺八幡宮宝前で毎年二月・八月に四ヶ日行われる論義で平安中期にはすでに実修が確認される）にはまだ招請されず、浅臈者に超越されている状況が述べられている。このように貴顕出身者とそうでない平僧との間には寺内法会招請に際して歴然とした格差があり、それが必然的に僧階昇進の遅速につながるという寺院社会の慣習が存在したことがうかがい知られるのである。

（佐伯俊源）

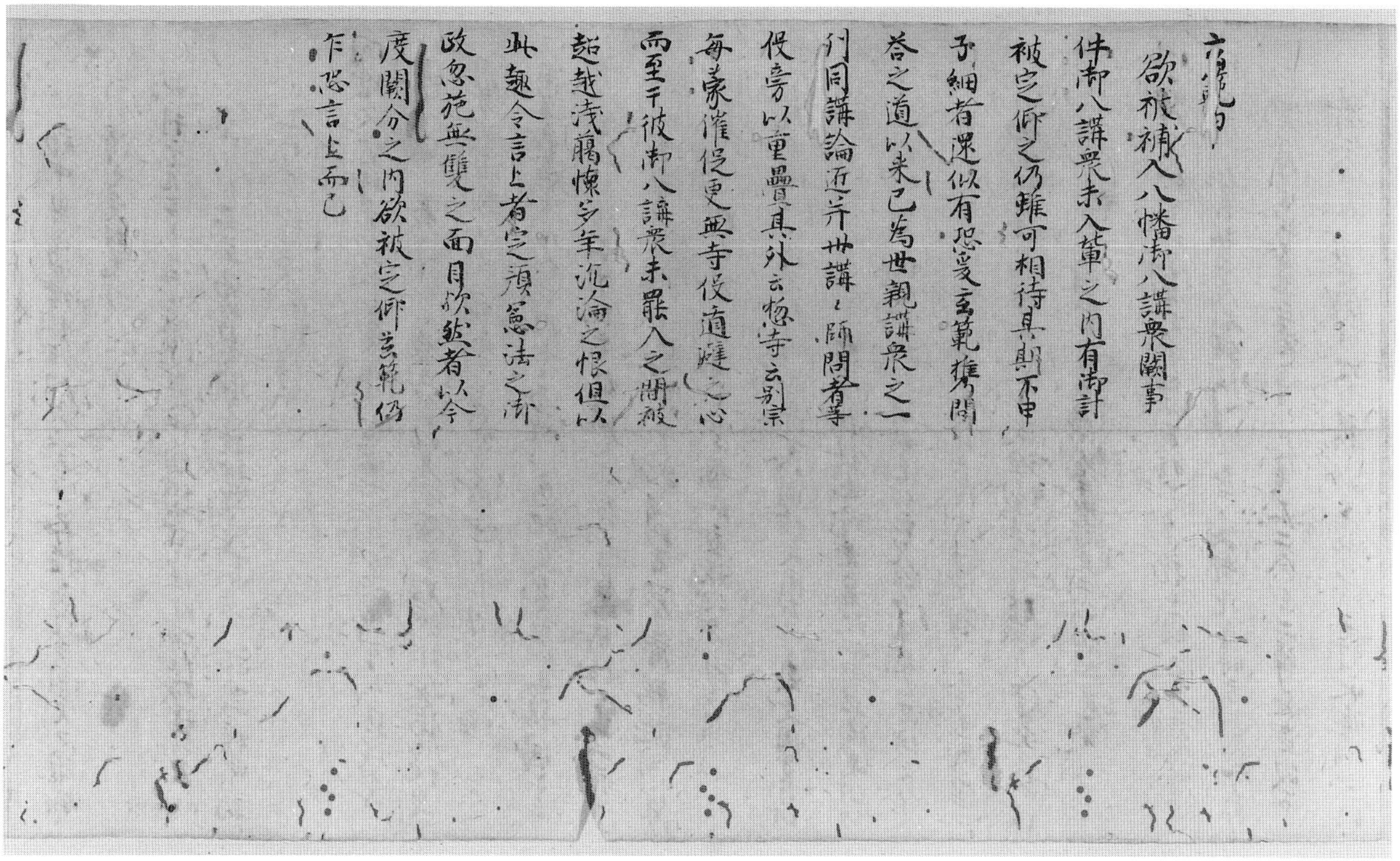

(29.7×1595.3)〈部分〉

玄範申

　欲被補入八幡御八講衆闕事

件御八講衆、未入輩之内、有御計
被定仰之、仍雖可相待其期、不申
子細者、還似有恐、爰玄範携問
答之道以来、已為世親講衆之一
列、同講論匠并卅講々師問者等
役、旁以重畳、其外云惣寺云別宗、
毎蒙催促、更無寺役遁避之心、
而至于彼御八講衆、未罷入之間、被
超越浅臈、懐多年沈淪之恨、但以
此趣令言上者、定預憲法之御
政、忽施無双之面目歟、然者以今
度闕分之内、欲被定仰玄範、仍
乍恐言上而已、

㊷倶舎論第八九巻要文抄并紙背文書（聖玄書状）〔鎌倉時代前期〕（貴103―3―5-1）

聖教の撰述

この聖教《しょうぎょう》は、鎌倉時代初期の東大寺学侶らによる教学復興の様子を伝えるものである。その中心的存在として高く評価される宗性上人が記した奥書には、建保六年（一二一八）十二月二十五日に東大寺東南院において行われた倶舎三十講の講師を勤めるため、論義の要文を著したことが述べられている。

宗性は建保二年、十三歳で東大寺に入寺し、弁暁のもとで尊勝院の住侶となり、寛元四年（一二四六）に尊勝院々主、文応元年（一二六〇）には東大寺別当に就任している。その宗性が若き日、学侶としての僧階昇進のため法会に出仕して学功を積み、さらに上級の法会の職衆に請ぜられた様子が奥書には詳細に記されている。

当時の寺僧は得度して法師位となり、以後、倶舎三十講・法華会・維摩会など寺内外の所定の法会に出仕し昇進したことが知られている。中でも倶舎三十講は平安院政期に成立しており、「東大寺要録」にもその姿が見いだされる。また建保七年正月九日に宗性が参じた問題講は、正治元年（一一九九）に定範によって始められており、これら様々な講会の設置により東大寺は学問寺院としてめざましい復興をとげたのである。そしてこれらの講会は、講経論義として多種多量の著作・抄録の撰述を今日に伝えている。

ところでここで興味深いのは、その若き宗性に宛てた聖玄の書状（紙背文書）である。聖玄も尊勝院に属する華厳の学徒であり、宗性にとっては大切な後見人であった。東大寺関係の文書に数多く登場する聖玄は、寺の実質的経営を担う三綱、つまり実務担当の僧侶でもあったことが知られている。また、「東南院文書」によると宝治三年（一二四九）三月、聖玄は修二会の達陀《だったん》に使用する松明料田《しょうみょうりょうでん》として私領六段を二月堂に寄進している。現在、二月堂円玄講社の一つである伊賀一ノ井松明講が毎年三月十二日、達陀の松明木を東大寺に納めている行事は、この聖玄による私領寄進に始まることが指摘されている。

ここに取り上げた紙背では、倶舎三十講の講師を約一ヶ月後に控えた宗性に対して、聖玄は大進得業に、自分が関東に出かけている間のことを頼んでいることを明かしている。ここからも藤原隆兼を父に持ち、将来の尊勝院を担うべく期待されていた宗性に対して、聖玄が細部にわたる心遣いを見せていたことが理解できよう。ちなみに聖玄が関東へ出かけた数日後の建保六年十二月二日には実朝が右大臣となっている。あるいは聖玄は事前にその連絡を受け、慶賀のため関東に出かけたのであろうか。

いずれにせよ、現在ではかなり形式化している論義法要が、昇進にとって不可欠の条件とされたとはいえ、学侶らの研鑽を通して非常に重要視されたことはこれらの文書からも明らかである。現代の我々僧侶にとってこの時代から学ぶべき点は大変多いように感じられる。

（森本公穣）

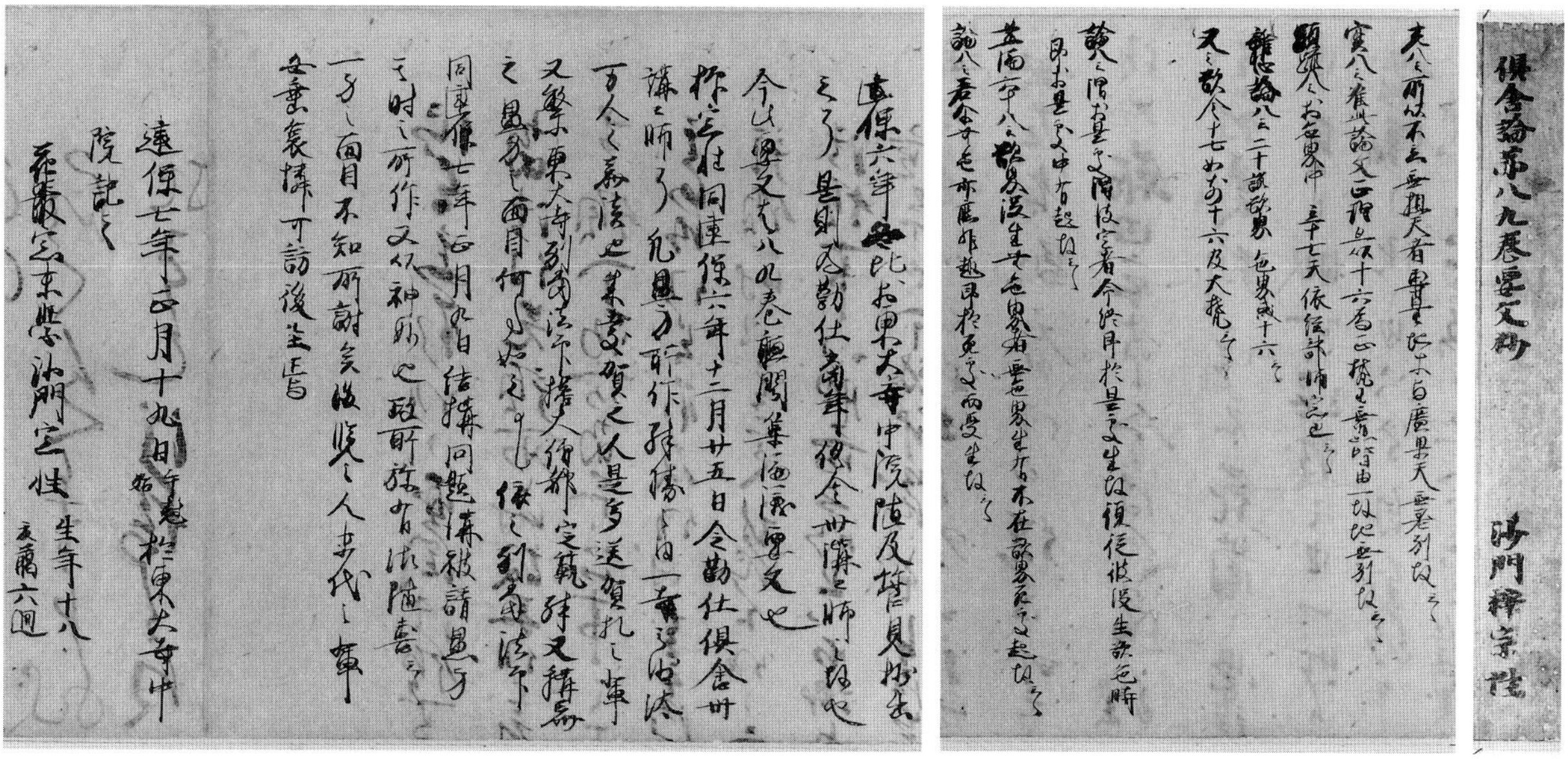

(30.3×747.9)〈部分〉

(外題)「倶舎論第八九巻要文抄　沙門釈宗性」

光八云、所以不立無想天者、専量地等与廣果天無差別故 云々、

宝八云、准此論文正理且以十六為正梵王、無想皆由一故地無別故 云々、

頌疏八云、於色界中三十七天依経部師宗也 云々、

雑心論八云、二十説欲界色界惑十六 云々、

又云、欲令十七如前十六及大梵 云々、

論八云、謂於是處得彼定者、命終即於是處生故復従彼没生欲色時、
即於是處中有超故 云々、

涅槃論六十八云、欲界没生無色界者、無色界生有不在欲界死處起故 云々、

論八云、若爾無色亦應非趣、即於死處而受生故 云々、

（中略）

建保六年冬比、於東大寺中院随及管見抄出
之了、是則為勤仕当年倶舎卅講々師之故也、
今此要文者、八九巻聴聞集論議要文也、
抑宗性同建保六年十二月廿五日、令勤仕倶舎卅
講々師了、凡愚身所作殊勝之由、一寺之沙汰、
万人之美談也、来慶賀之人是多、送賀礼之輩
又繁、東大寺別当法印権大僧都定範殊又称美
之、愚身之面目何事如之乎、依之別当法印、
同建保七年正月九日、結講問題講被請愚身、
其時之所作又以神妙也、政所弥有御随喜 云々、
一身之面目不知所謝矣、後覧之人末代之輩、
必垂哀憐可訪後生焉、

……………（紙継目）……………

建保七年正月十九日午尅始、於東大寺中
院記之、
花厳宗末学沙門宗性 生年十八 夏臈六廻

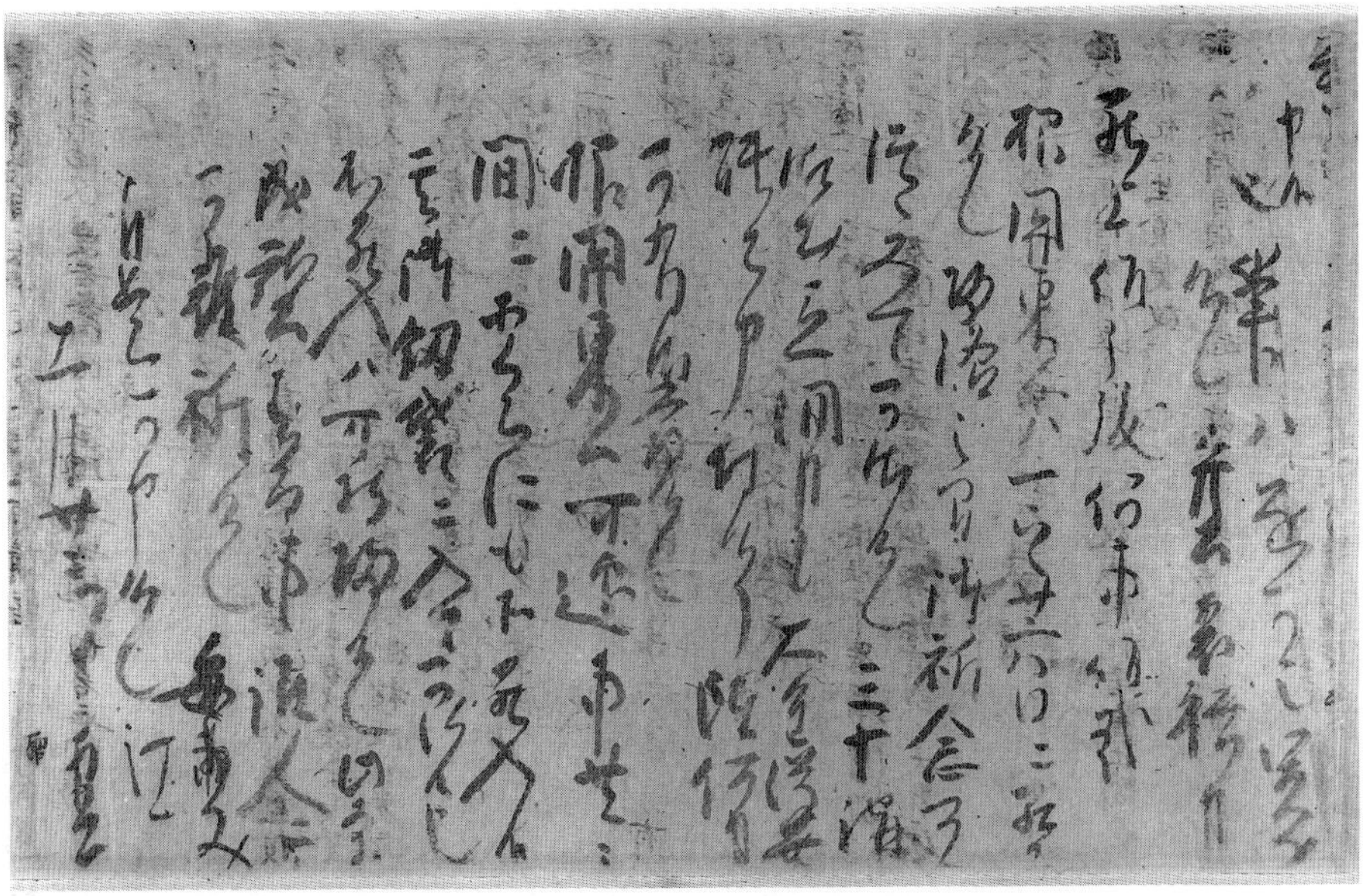

重々申候也、「筆ハ逐可令買進候也、弁公表袴事」
罷上候之後、何事候哉、
抑関東へハ一定廿六日ニ罷□〔下カ〕
候也、帰洛之間、御祈念可□、
つゝみて可御候也、三十講
御出立間事も、大進得業
能々申付候了、雖何事□
可有御尋候也、
抑関東へ可迎事共□
間ニ、聖玄にも所罷入候、
其御釼袋ニ入て可御候也、
不罷入ハ可持帰候也、此条
成望する事、誰人ニ□〔モ〕
可被祈候也、毎事文□
自是可申候也、謹言、
十一月廿三日聖玄

講と談義

中世東大寺の仏法相承を支えたのが学侶の教学活動であったことは言うまでもない。諸法会とりわけ論義会出仕を節目において学侶の日常的な教学活動が進められたが、その具体的な場とされたのが寺内外で催される講と談義であった。世親講・倶舎三十講に代表される諸講では、先達を中核とする講衆が式日を定めて、内明《ないみょう》・因明《いんみょう》に関わる問題について論義（問答）を重ねることにより論義会出仕の準備がなされた。鎌倉時代の東大寺では別当や学侶によって諸講が創始され、寺家や寺僧からの援助をうけながら教学活動の場としての役割を果している。また学侶有志が碩学のもとに集い、特定の経論疏を熟読してその内容の理解を深める場が談義である。そして講・談義に参仕した学侶の手で多くの聖教《しょうぎょう》類が撰述されたわけで、これらからも学侶による教学活動の実態を知ることができる。

ここに掲げた「纂要義断宝勝残義抄」は、碩学の尊勝院宗性とその弟子実弘が参仕した談義の内容を記した聖教である。延応元年（一二三九）に宗性・実弘を始め東大寺・興福寺・薬師寺の学侶六人は興福寺勝願院に集まり、良遍を師として談義を催した。同年二月二十二日から四月一日まで「因明大疏」上下巻、これについで四月二日から二十一日まで「因明入正理論纂要」、さらに四月二十二日から晦日まで「因明義断」を相次いで講読した。談義の場では、「上綱（良遍）に対し奉り纂要を読み了《おわん》ぬ」とあるように、

㊸纂要義断宝勝残義抄〔鎌倉時代　延応元年〕（貴113―174）

談義衆が良遍に向かって「纂要」等の論疏の本文を逐条で読み上げ、要所の「事を指して問答」を重ね、さらに良遍の解説を踏まえて実弘が「要を取りて記録」しており、その末に「纂要義断宝勝残義抄」が生まれたわけである。因明の論疏を読み合わせ、細々の解説を受けて談義衆は深い理解を得たことであろう。

さて本書には実弘と師宗性の手になる奥書が記される。まず宗性筆の奥書には、「纂要」について自らの理解の及ばぬことの多さに驚き、改めて本書を「清書」しようとの決意とともに、持病で欠席した弟子実弘が、春日権現の冥助をうけ本復して「学問」の場に戻り、「纂要習学」の「功」を果たしたことへの喜びが記される。なお実弘に代わり「記録」を引き継いだため、宗性自身がこの奥書を記したわけである。また実弘の奥書には、「因明大疏」の談義に参仕しながら、持病再発により「纂要」談義に欠席したことを「薄福」・「遺恨」と大いに嘆き、「生命」を全うして因明修学を遂げようとの意思が記されている。

このように「纂要義断宝勝残義抄」の奥書から、良遍を師とした談義における教学活動の有様や、宗性の弟子実弘への深い思いやりとともに、実弘の談義と因明修学への強い執着を知ることができる。そして実弘の執着のなかに、鎌倉時代の東大寺において学侶による教学活動が隆盛した根源がうかがわれよう。

（永村眞）

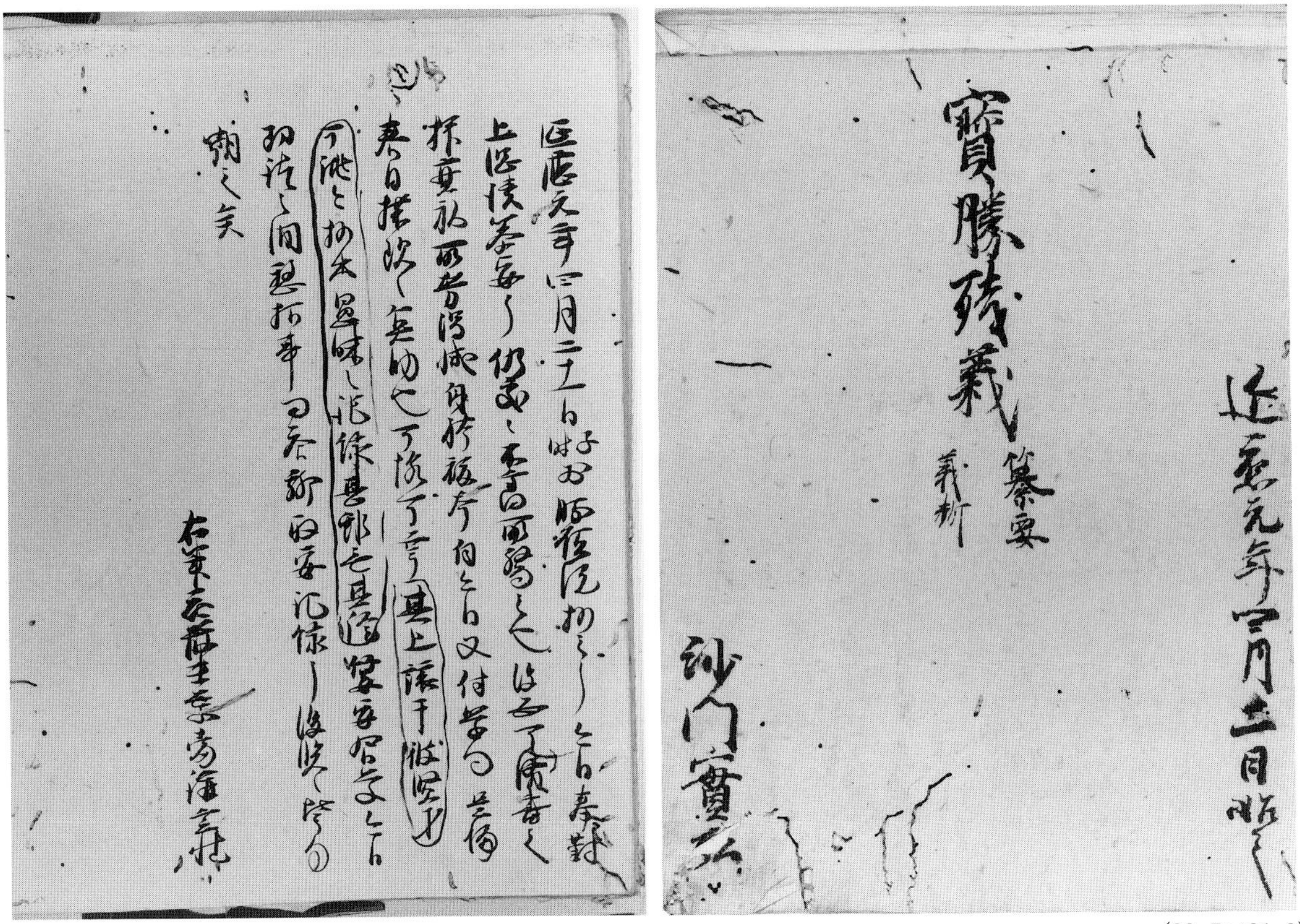

(29.7×21.8)

「(表紙)
宝勝残義 纂要 義断

延應元年四月二日始之、

沙門實弘 」

(中略)

延應元年四月二十一日子時、於勝願院抄之了、今日奉対
(良遍)上綱読纂要了、仍處々不審所驚之也、後必可清書之、
抑實弘所労得減、身躰複本、自今日又付学問、是偏
春日権現之冥助也、可悦可幸、其上讓于彼賢才
可誂、令抄出愚昧之記録、甚雖無其詮、纂要習学、今日
功訖之間、愍指事問答、聊取要記録了、後覧之輩勿
嘲之矣、

右筆花厳末学当講宗性

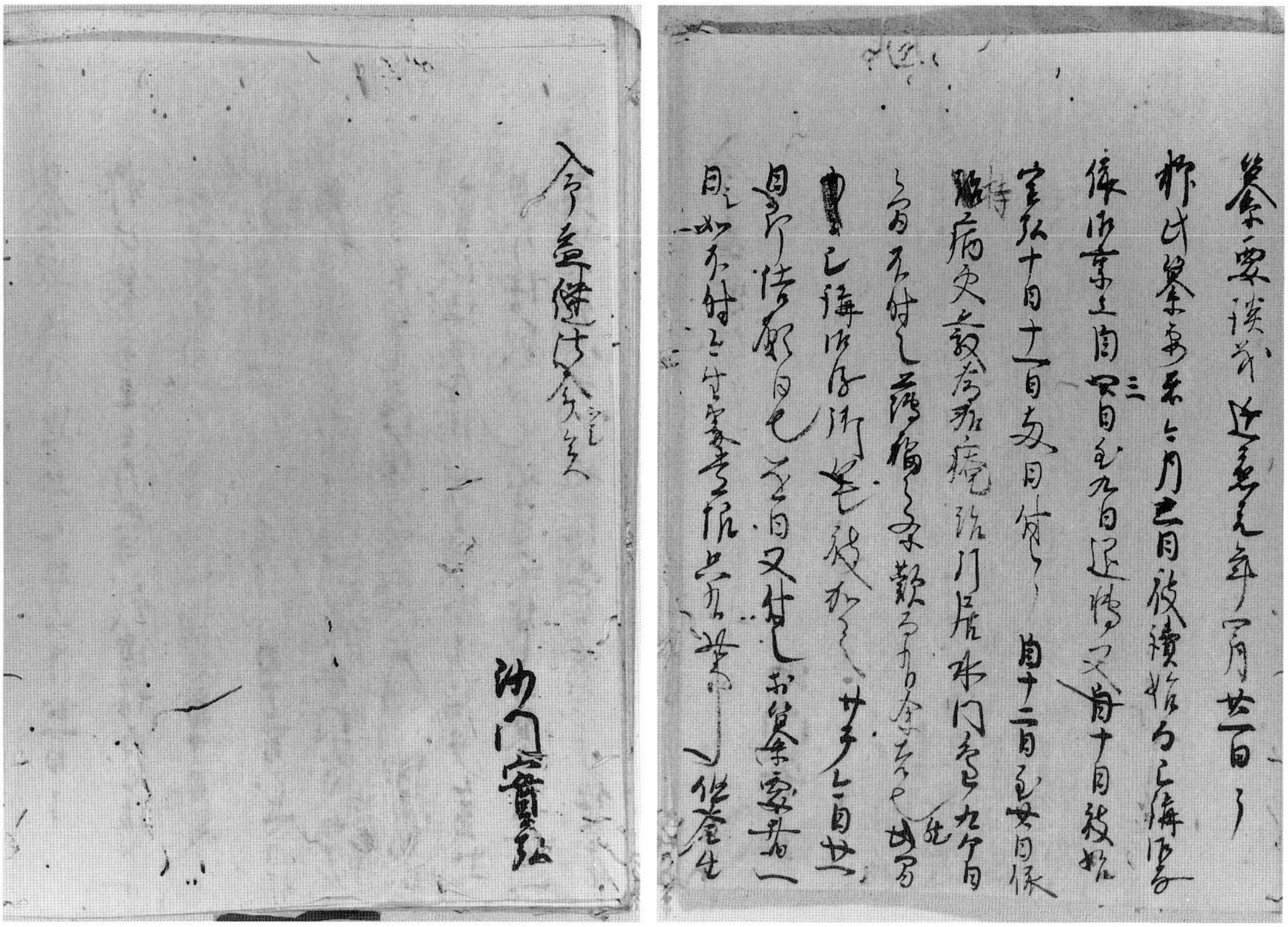

纂要談義、延應元年四月廿一日了、
抑此纂要者、今月三〔二〕日被読始、而已講(宗性)御房
依御京上、自四〔三〕日至九日退転、又自十日被始、
實弘十日・十一日両日付之了、自十二日至廿日依
治〔持〕病更発、為加療治引居水門辺、九ケ日
之間不付之、薄福之条、歎而有余者也、此〔然〕間
少々已講御房御筆被加之、サテ今日廿一
日即結願日也、逐日又付之、於纂要者一
日モ如不付、今生界遺恨只有此事、但全生
命蓋継法命ヲモ矣、

沙門實弘

五　文書の姿

湯山賢一

わが国に伝来する中世以前に遡る古文書の多くは、巻子装《かんすそう》に成巻されている。これは、古文書が大切にされればされるほど種々の整理保存の手が加えられ、伝統的な保存技術に基づく最良の手段としての巻子装に仕立てられて現在に伝わったという、歴史的な伝来の経緯を示した姿でもある。他方、その対象が余りにも膨大であったため、成巻されることなく伝わった文書群も存在し、その代表例の一つに東大寺文書がある。江戸時代、印蔵《いんぞう》の唐櫃《からびつ》に納められて保管されてきた東大寺文書の場合は、その殆どが未成巻のままに明治維新を迎えた。現在百巻文書と呼ばれている成巻文書（九七九通）は、明治二十九年（一八九六）頃に東大寺奴婢見来帳などを含む一部を分類成巻したもので、このほか、既に宝庫文書として成巻されていた源頼朝書状・足利尊氏寄進状等の巻子分（三十八通）を除くと、全体の九〇％に相当する八千四百七十四通の文書が、現在も未成巻のままに生《うぶ》に近い姿で伝来している。

周知のように古文書は、発信・受信対象の地位・身分、様式、または時代や地域などによって種々の料紙が用いられていた。こうした古文書料紙の原材料には、楮《ちょ》紙と雁皮《がんぴ》、三椏《みつまた》紙が用いられているが、中でも一番多いのが楮紙である。これは和紙の九〇％を占める楮の栽培利用の盛行と流漉《ながしずき》技法の発達によるものであるが、東大寺文書の場合も例外ではなく、楮紙系の料紙が圧倒的に多く用いられている。これらは時代により、楮系が檀紙・引合・杉原《すいばら》・奉書・美濃紙、雁皮・三椏系が鳥ノ子《とりのこ》・間似合《まにあい》紙などの名称で用いられていたと考えられるが、その実態については必ずしも十分な解明がなされていないのが現状である。その意味からも東大寺文書の歴史的価値は東寺百合文書のそれに匹敵するものがあり、特に平安時代文書の原本研究などには最もまとまった史料群といえよう。

例えば、平安時代院政期の文書では、伊賀国黒田庄関係文書中の東大寺別当御教書案（1―1―177）、黒田・玉滝庄文書目録（1―1―108）等の寺家作成になる証文類には、比較的多くの漉返《すきかえし》紙の使用例がみえ、寺内文書における再生紙利用の一端を示して注目される。また、室町時代の文書では、明徳二年（一三九一）に東大寺領となった遠江国蒲御厨関係文書中には、蒲御厨公文百姓等目安（1―14―32）等の荘官上申文書に三椏が使われており、同時期の蒲御厨東方諸公文等目安（1―14―25）等の雁皮使用例と併せ、室町時代中期に同地域における雁皮と三椏の並行使用が明確に示されている。これにより、東海・伊豆地方における近世へと続く三椏紙生産が確認されることは、今後の東国中世文書の料紙研究上に一つの成果となる筈である。この様に管見の範囲でも、生に近い姿を残している東大寺文書は、文書の原姿が持っている種々の情報を我々にもたらしてくれるのである。

古文書に用いられる料紙の基本型は竪紙である。『延喜式』には竪紙の標準寸法が縦一尺二寸、横二尺二寸とあって、竪紙が漉桁の枠の範囲で、漉上り後に四周の耳部分を化粧裁《だち》した姿で用いられたことが知られる。この化粧裁が商品化の工程で行われるのは近世以降のことで、古くは使用する側の手によって行われていた。公式様《くしきよう》や下文様《くだしぶみよう》文書に四周を正確に裁断されているものが多くみられるのは、これが専門の経師などの手によることを示している。これに対して書札様《しょさつよう》文書は当事者の手になる場合が多く、特に書状等にみえる切口の歪などは、その人物の性格をみる上にも面白いところである。

公式様・下文様にみえる竪紙文書は、後世の書札様のように奥から順に折畳まれたものではなく、位記の例をみるように奥から丸く畳込まれていたと考えられる。東大寺文書中にも遺例のみえる題籤（往来軸）の利用もこれと無関係ではない。㊺官宣旨は、能書として知られた藤原伊房の行事弁として署名がみえるもので、本文書止めに通常の弁官下文にある執達文言がなく、宣旨に近い略式形式の文書である。㊻堀河天皇宣旨は、同様に弁官下文を更に略した史奉宣旨で、ともに当時は官宣旨と呼ばれていた。こうした宣旨は東大寺文書中に少なくないが、わけても㊹内侍宣は、内侍司の長官尚侍が天皇の意を奉じた宣旨の現存唯一の遺例として、文末に菅野真道の自署もみえて珍らしいものである。

公式様・下文様を除いた書札様文書は、その料紙の調達は発給者の手によって行われており、綸旨《りんじ》・御教書《みぎょうしょ》などの奉書形式の文書の場合は、奉者がこれを賄っていた。綸旨の場合は蔵人《くろうど》が奉者となり漉返紙の宿紙を用いることはよく知られている。宿紙《しゅくし》の場合は漉返紙といっても普通の漉返では墨色が出ないため、一般に墨を加えて漉返すといわれている。しかし、編者等による宿紙の復元研究では、漉返紙に墨を加えただけでは、紙漉きの過程で墨は全て水に流れてしまい、墨色はつかないことが分った。後醍醐天皇綸旨（成巻33-6）の宿紙のように墨色を出すには、墨を紙繊維に定着させるための界面活性剤の役割を担う物質が必要となる。それには柿渋や明礬《みょうばん》を加えるとよいことが判明した。綸旨料紙にやや茶色化した宿紙のみえることや材料としての身近さを考えると、宿紙の漉上げには柿渋が用いられたと考えられるのである。㊼伏見天皇綸旨は、奉者が蔵人でないため白紙の料紙を用いているが、この料紙を調えたのは奉者の葉室頼藤である。綸旨や書状などの書札様文書は竪紙に書かれ、本文が二紙以上に亙っても、近世以前には続紙仕立てで発給されることはなかった。平安時代の高僧遺墨としても知られる㊽大僧正雅慶書状は、本文の書出が「（草名）《（雅慶）》謹言」で始まるもので、書出・書止に差出者名を記した藤原佐理の離洛帖と、十二世紀後半の差出者名の省略で事項から始まる形式の中間に位置する遺例として注目される。なお、この文書は現状が続紙仕立てになっているが、これは後世の貼継ぎで、本来は文字のない方を背中合わせにして奥より巻き畳んだものである。

書状形式と並び中世の私文書を代表するものに売券がある。㊾門ワキノセアミ田地作職売券は、料紙やその稚拙な文体と筆蹟、略押などにみえるように、従来の文書の枠を越えた都市住民の存在を主張する文書といえよう。東大寺文書中の売券には略押の替りに画指状に指の形を描いたものなどもみえている。

書札様を除く下文様文書では、竪紙で一枚に書ききれない場合は続紙仕立てとなる。東大寺内における各講会の際に出席を要請する請定《しょうじょう》は、通常は一紙で事足りるものであるが、㊿大仏殿大般若経転読経衆請定の場合は、弘安役直前の異国降伏の御祈のため、その出仕交名《きょうみょう》も多数となって二紙に亙り、当時の緊迫した社会状況を垣間見せている。

竪紙を横乃至縦に裁断し、更に小さくして用いたものに切紙があり、その竪切紙の典型に年貢等の請取状がある。(51)小東庄仏聖米返抄は、堂司が大仏仏聖米の納入者に渡した返抄の控を続紙仕立てにまとめたもので、継目裏に花押がみえ、これにより旧状への復元も可能となっている。同様に(52)奈良段銭請取状の場合は、一時期に大量に作成する必要があったため、受取側の署判部分には木版刷が使われる外、伝票としての性格からまとめて上部を紙縒《こより》で綴じた原姿を伝えている。

東大寺文書中には冊子のものも少なくない。中世後期になると検注・名寄帳などの土地台帳類は、いずれもが巻物状から袋綴冊子に姿を替える。これは室町時代に入り日記の類が巻子から冊子に替わるのと機を一にするもので、その最大の理由は披見利用の便によるものである。(53)大部庄領家方名寄帳は、現地の杉原料紙を用いて作成されたもので、綴じ・装幀から文中の拘点・訂正注記など、中世の荘園土地台帳の特徴をよく伝えている。

文書の中で神仏に充てて誓いを立てるものに起請文《きしょうもん》がある。起請文は古くは他の文書と同様素紙に書かれていたが、鎌倉時代中期頃から牛玉宝印《ごおうほういん》と呼ばれる護符を料紙として、その裏に書くことが行われた。東大寺でも二月堂牛玉紙を始めとして、法華堂・戒檀院・手向山八幡などの寺内から西福寺・阿弥陀寺の周辺寺院および熊野三山・長谷寺など、三十数種の使用が確認される。このうち(54)東大寺世親講衆等連署起請文は、文永三年（一二六六）のもので、年紀を存する牛玉宝印の遺品としては現存最古のものである。また㊺東大寺亀松丸殺害事落書起請文は、寺内の治安維持手段の一つとしての落書《らくしよ》起請文の遺例としての原姿をよく伝え、畳み方から切封の封式に至る牛玉紙利用の具体例を示し、中世の人々の神仏に籠める思いを伝えている。

こうした単独の文書に対して、文書を蒐め編集することによって遺された文書もある。この様な行為は日次記から部類記を作るのと同じく、凡そ手控え資料としての利用を目的とした例が多くみられる。中でも神仏に祈願の意を捧げる願文などは、平安貴族社会に不可欠な儀礼の一つであったため、文範としての需要も少なくなかったのである。藤原明衡撰になる『本朝文粋』には、平安時代を代表する名家の詩文四百二十七編が収められているが、とくにその願文部分を収録した巻第十三、十四の古写本が多く存するのは、当時の貴族社会における願文の重要性を示すものであり、㊻願文集もこうした意味合いからまとめられたものである。

最後に紙背文書についてふれてみよう。紙背文書は一般に紙が貴重であったため、反故《ほご》とした文書の裏を利用して、典籍や聖　教《しようぎよう》・記録が書写されたことにより伝わったものといわれている。そのため、紙背文書は故人の菩提を弔うために紙背に経典を書・摺写する場合を除くと、まま表裏の関係が薄いものとして考えられていた。しかしながら、意識的に文書の紙背を利用することによって、原文書を併せ存する意図によって遺された紙背文書も少なくないのである。その典型例が聖教紙背文書にみられるもので、法勝寺御八講問答記紙背文書の㊲宗性書状、㊷倶舎論第八九巻要文抄紙背文書（聖玄書状）などは、まさに聖教と表裏一体のものとして意識的にその紙背を用いることによって遺されたものである。

現存唯一の宣旨

㊹内侍宣〔平安時代　延暦二十四年〕（重要文化財）

内侍宣《ないしせん》は、内侍司《ないしし》（後宮十二司の一つ）の女官が、天皇の勅旨を外部に伝えた宣旨で、本文書は、その唯一の原本と目される。律令制下において天皇の意志は宣によって伝えられたが、公式令《くしきりょう》に定められた形式で発布されるもの以外は、天皇に近侍する内侍を通じて宣伝されるのが建前であった。本文書に即して、宣伝の経緯を追ってみると、天皇の意を受けた「内侍」が口頭で勅旨を仰せ、これを受けた「参議左大弁菅野朝臣真道」が筆記して（ただし「真道」は自署を据えたのみか）、東大寺に伝えたものと思われる。天皇と太政官をつなぐ内侍司の重要な役割を窺うことのできる貴重な文書といえよう。

　次に文書の内容を見てみよう。延暦二十四年（八〇五）九月二十四日、桓武天皇は「太上天皇御霊のために奈良七大寺衆僧に七日間読経せしめよ」と命じた。これを奉じて菅野真道が、使の内舎人《うどねり》安倍広主に名香を東大寺に持参させるので、今月二十六日から十月三日まで「如法に行道し、至心に読誦」せよ、と東大寺に告げたのである。「太上天皇御霊」とは、崇道《すどう》天皇、すなわち早良《さわら》親王を指す。

　早良親王（桓武天皇の同母弟）は、天応元年（七八一）の桓武天皇即位により皇太子となった。長岡京遷都にからむ政争で延暦四年（七八五）九月二十三日に造宮長官藤原種継が暗殺される事件が起り、親王は「朝庭傾奉、早良王を君となす」との謀反に関わった罪で淡路国に配流されることになり、その途上、自ら飲食を絶って自死したという。早良親王に替って皇太子とされたのは、桓武天皇の息、安殿親王、のちの平城天皇である。早良親王の立太子は、桓武の父、光仁天皇の遺詔で決定したものだったが、桓武としては直系の皇子への天皇位継承を願っていたのであろうか。桓武の本心は推量るすべもないが、この事件によって、桓武は目論見どおりの皇位継承を果したのであった。

　だが、この後、桓武天皇は早良親王の御霊に悩まされることになる。延暦十一年（七九二）、病久しい皇太子安殿親王の原因を卜したところ早良親王の祟りとされ、淡路国にたびたび僧侶を遣わし御霊の慰撫につとめている。とくに桓武自身が病に見舞われた延暦二十四年には御霊鎮謝の追善仏事が国史に散見される。本文書の七大寺読経については、正史に見えないが、藤原種継暗殺事件は二十年前の九月二十三日におこっている。宣の期日（九月二十四日）をみるに、この読経は自死した早良親王の忌日法要として催されたとも考えられる。桓武天皇が親王の怨霊に脅えながら息を引取ったのは、翌年三月のことであった。

　ちなみに早良親王は、立太子以前、「親王禅師」として東大寺に住し、かの実忠を指導し寺内運営に携わった。この内侍宣を受取った東大寺の僧侶は、在りし日の親王を偲びながら、どのような思いで鎮魂の法会にのぞんだのであったろうか。

（横内裕人）

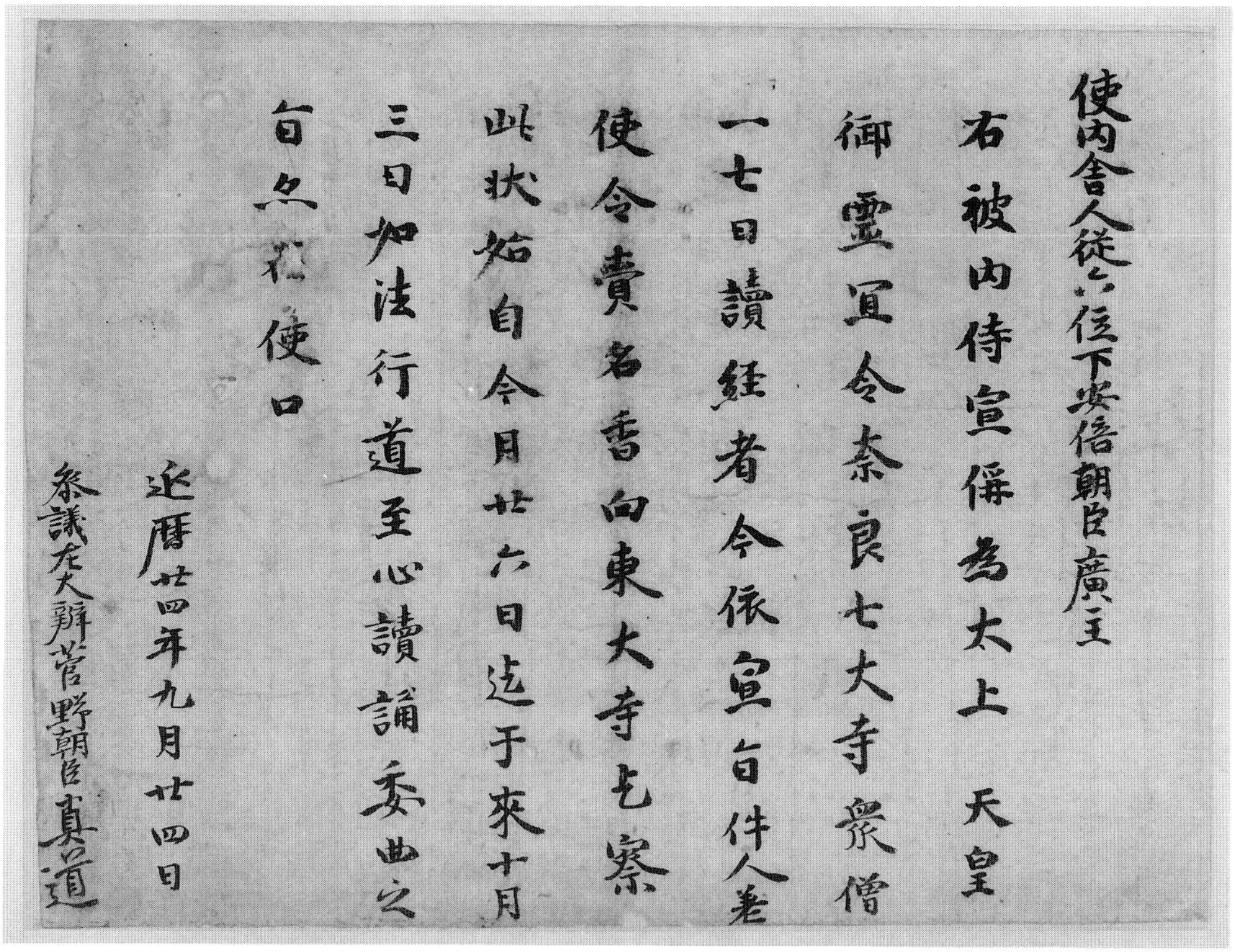

(29.0×38.5)

使内舎人従六位下安倍朝臣廣主
右、被内侍宣偁、為太上　天皇
御霊、宜令奈良七大寺衆僧
一七日読経者、今依宣旨件人差
使、令齎名香向東大寺、乞察
此状、始自今月廿六日迄于来十月
三日如法行道至心読誦、委曲之
旨亦在使口、
延暦廿四年九月廿四日
参議左大弁菅野朝臣「真道」(自署)

㊺官宣旨（平安時代　延久二年）（1―3―59）

美濃国大井庄（現大垣市内）は天平勝宝八年（七五六）に聖武天皇が東大寺に施入《せにゅう》したと伝えられ、十世紀中頃までに五十町程の荘園となった。また、同国茜部庄《あかなべのしょう》（現岐阜市内）は弘仁九年（八一八）酒人内親王が施入した厚見庄の荒廃地を天徳四年（九六〇）に東大寺別当光智が再開発した。ともに美濃国司が本田の租税を免除する国免荘《こくめんのしょう》であったが、東大寺は庄域内の公田《こうでん》（公民が入作する加納《かのう》）をも荘田として取籠めていった。延久元年（一〇六九）に制定された荘園整理令では、寛徳二年（一〇四五）以前成立の荘園は国免荘であっても官省符荘と同等に庄号が認められたから、この両庄も東大寺領と再確認を受けたはずである。しかし、加納については起請以後のものはたとえ官省符荘でも認められないので、当時の国司藤原隆経は両庄の加納の収公を企てた。これに対し東大寺は後三条天皇に収公の不当を訴えたが、国司はこれに「東大寺が籠作する公田（加納）は全部で六十八町で、そのうち三十余町は以前の国司藤原定房が、残る三町は前国司源師良が寺封未済の見返りとして租税を免除したが、その時期はいずれも起請以後で延久令に照して収公は正当である」と反論した。

十一世紀に頻発した国司と荘園領主との荘園収公をめぐる争いは、太政官での裁判に持込まれ、二回・三回と訴陳を番《つが》え、双方の意見を聴取した後に判決が下される。この官宣旨《かんせんじ》は東大寺と美濃国司との一問一答の後、太政官が東大寺に対し二問目の訴状を提出するよう促した延久二年七月七日付の問状《といじょう》である。なお、この相論は東大寺の言い分が通り、翌年太政官符で両庄の不輸不入の特権が認められた。官宣旨は十世紀頃から官符・官牒の略式文書として用いられていたが、寄進地系荘園が爆発的に増加し、奉免・収公をめぐる相論が頻発する十一世紀には、相論手続文書である問状に多用された。この官宣旨もその一例である。その様式は初行に差出所である「左弁官下」ないし「右弁官下」、その下に充所を書く。次行に一字分下げて標題である事書、さらに次行に「右」で事書を受けて本文を続ける。本文の終わる次行に日付、日下には史、奥上には弁が位置を署する。位署は官職・氏姓・実名（又は花押）のみで、位階や兼官は省略することが多い。太政官の一部局の弁官局から出す略式文書の所以である。

ところで、この官宣旨は、本来ならば「寺宣承知、依書行之、故下」等という執達文言が書止めとして書加えられねばならないが、宣旨のように「者《てへり》」で終り、執達文言がない。官宣旨も宣旨もともに太政官の略式文書であるが、これはその官宣旨をミックスしたような奇形の文書である。しかし、紙質からみても、また縦三〇・四糎、横五五・八糎という縦横の寸法の比率からみても平安時代後期の紙といってよく、東大寺伝存という点からみても正真の原本として間違いはない。

（富田正弘）

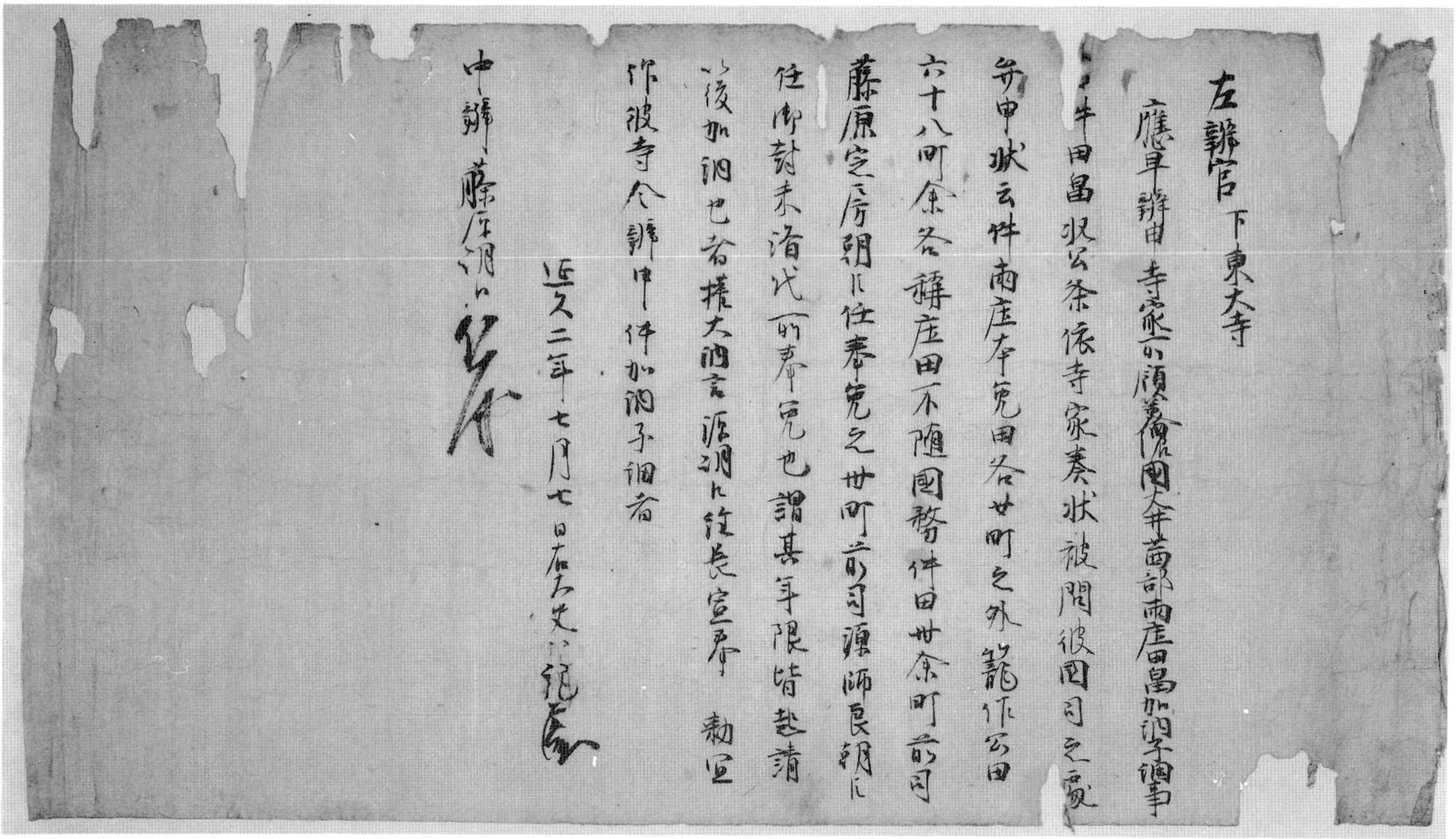

(30.4×55.8)

左弁官　下東大寺

　應早弁申寺家所領美濃国大井・茜部庄田畠加納子細事

右、件田畠収公条、依寺家奏状、被問彼国司之處、
弁申状云、件両庄本免田各廿町之外、籠作公田
六十八町余、各称庄田、不随国務、件田卌余町、前司
藤原定房朝臣任、奏免之、卌町、前司源師良朝臣
任、御封未済代所奉免也、謂其年限、皆起請
以後加納也者、権大納言源朝臣経長宣、奉　勅、宜
仰彼寺令弁申件加納子細者、

　延久二年七月七日　右大史紀（花押）

中弁藤原朝臣(自署)「伊房」

宣旨（史奉宣旨）

㊻堀河天皇宣旨〔平安時代　嘉保三年〕（成巻23-3）

平安時代、太政官《だじょうかん》の事務局である弁官局が発給した宣旨には二種類がある。このうち、上卿《しょうけい》が職事《しきじ》から勅旨を受け、これを弁官に伝え、弁官は史官に書かせて下したいわゆる弁官下文《くだしぶみ》形式の文書を、一般に官宣旨《かんせんじ》と称する。他方、上卿の勅旨を弁官に伝え、史官が奉じて出した史奉宣《しほうせん》旨《じ》（弁官宣旨）があり、ともに官宣旨と称されていたことが知られている。

本文書は後者の史奉宣旨で、弁官下文と区別するため、従来より天皇宣旨の名で呼ばれていたが、その名称については議論のあるところである。この形式の官宣旨は、差出所と充所《あてどころ》がなく、始めに宣下すべき事項の事書があり、本文の終りに次第宣下の順が書かれ、最末行の年紀の下に行事史の花押《かおう》がみえる。弁官下文よりは簡略化されたその形式は、これが宣旨書の覚書として始まったことを示している。

本文書は、嘉保三年（一〇九六）の東大寺による諸国封《ふ》戸《こ》の未済訴訟のうちの若狭国をめぐる前国守藤原行綱と東大寺別当経範の相論を伝えたものである。これより前、嘉保三年十月三十日付の弁官下文（成巻23―257）では、行綱側の、前別当慶信時代の寛治六・七・嘉保元年の返抄の例に基づき進済したとの主張によって、東大寺に主計寮にある勘状に拠って究済すべき封戸の色数を言上すべきことが命ぜられており、これに関連して、行綱の前任者藤原正家への尋問が行われたようである。本文は、その正家の陳状を引用し、正家が応徳元年（一〇八四）六月の国司補任時に、その前任の藤原通宗の死によって封戸の色数を記した文書の引継がなかったため、寺側の催促通りに進済した所当米が一年百五十石であること。前別当慶信の時に進済してその返抄を請うた所、嘉保二年正月の慶信の入滅により果さず、却って別当経範が未済分二百二十六石を要求してきたので、これを弁済したという主張に基づき、東大寺に別当慶信の例に任せて封戸五十烟の代米百五十石を勘進することを命じている。

当時、東大寺の堂舎修造のための封戸は二十箇国にあったが、弁済は五箇国のみで、残り十五箇国は全く未済の状況にあり、その確保は東大寺にとって大きな課題となっていたのである。

（湯山賢一）

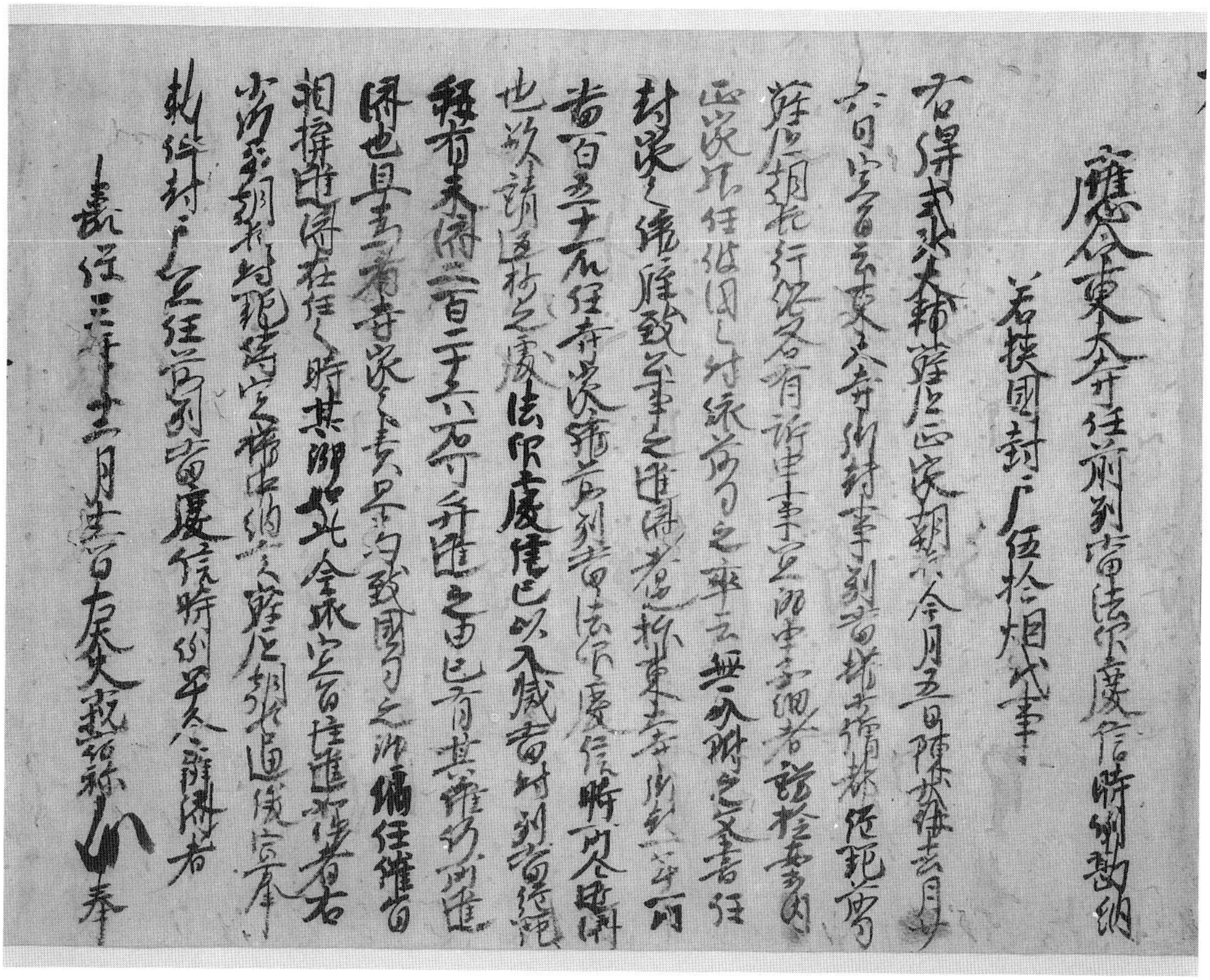

(30.2×39.2)

應令東大寺任前別当法印慶信時例勘納

若狭国封戸伍拾烟代事

右、得式部大輔藤原正家朝臣今月五日陳状偁、去月廿六日宣旨云、東大寺御封事、別当権少僧都経範・前司藤原朝臣行綱、各有訴申事、宜弁申子細者、謹検案内、正家拝任彼国之時、依前司之卒去、無分附之文書、任封家之催牒、致公事之進済者也、抑東大寺御封一年所当百五十石、任寺家催、前別当法印慶信時、所令進済也、欲請返抄之處、法印慶信已以入滅、当時別当経範、称有未済二百二十六石、可弁進之由、已有其催、仍所進済也、且為省寺家之責、且為致国司之助、偏任催旨、相搆進済、在任之時、其弁如此、今依宣旨、注進如件者、右少弁平朝臣時範伝宣、権中納言藤原朝臣通俊宣、奉勅、件封戸、宜任前別当慶信時例、早令弁済者、

嘉保三年十二月十六日左大史小槻宿祢(祐俊)(花押)奉

白紙の綸旨

　正応四年（一二九一）十二月十七日東大寺造営国である周防国の国庁に放火され、その真相究明をめぐって東大寺内に大きな内訌が起こった。事の真相は不明な点もあるが、当事者の言い分を総合すると経過はこうである。前東大寺大勧進の道月上人聖然が還任をねらって現大勧進で周防国衙を支配する実緒上人円乗を失脚させるため召使の随教に放火させたという。円乗は犯人随教の白状を東大寺に送り、東大寺では聖然や与同の寺僧の拷問白状を調成した。翌年三月七日張本人僉議のため大湯屋で満寺集会《まんじしゅうえ》が行われるが、衆徒が円乗派と聖然派に分裂、刃傷に発展する。十日聖断を仰ぐということで一旦和解するが、十四日年預五師実樹は聖然と前周防国目代証達房淳海ら主謀者を除く白状交名人を処分する。被処分者の中には放火事件に直接関係のない聖尊や明寛らの寺僧も含まれていたため、寺内は円乗支持の実樹ら、聖然支持の寺僧、聖然らと一線を画しながら反円乗の聖尊らの三派に分かれての争いとなる。聖尊の申状によれば、七日の満寺集会では年預五師派の寛徹《かんてつ》・寛久が聖尊らに切掛かり、一同が抜刀してにらみ合うところに円乗が予め隠置いた武者に弓矢を射かけさせた。聖尊らは大仏殿に逃込み、危うく虎口を脱したという。これ以後三派が寺内の各学舎に立籠り、あるいは寺を離れて対峙し合った。ちょうどこの時期、東大寺は近江国石山寺の寺務職をめぐって比叡山と確執があり、造東大寺別当葉室頼藤は

㊼伏見天皇綸旨（鎌倉時代　正応五年）（1—15—186）

東大寺の立場から朝廷工作に奔走していた。

　このように正応五年の東大寺は内外の問題で激昂していた。時の治天の君であった伏見天皇は周防国庁放火事件の張本糺明の一方で、国家の祈禱寺東大寺の異常事態を慎めるため東大寺別当（聖忠か）をして静謐させる綸旨を何度も出した。この綸旨は四月十三日に出した何回目かの静謐命令である。閉門して御願の祈禱を行わない東大寺に開門して平常の活動に戻るよう求めている。伏見天皇の命を奉行して綸旨を書いたのは右の葉室頼藤であり、充名の中納言僧都は東大寺別当の侍僧である。頼藤はこの次いでに末寺である石山寺の寺務に天台僧が任ぜられることは当分ないことを申添え、東大寺衆徒をなだめようともしている。

　この綸旨の形態をみると、包紙（おそらく折封）を欠くものの本紙二紙からなり、料紙は頼藤が蔵人でないため宿《しゅく》紙《し》を用いていない。開門を求めたもので公験《くげん》綸旨でないので、日付は年号のない月日のみ、差出書も花押ではなく自署である。本紙は頼藤が調製した当初は第一紙と第二紙（裏紙）が背中合せに重ねて奥から折畳まれていたと思われるが、東大寺で保管される過程では、第一紙の上に第二紙が重ねられて奥から折畳む形に変えられたのであろう。折畳んだ形の一番外側となる第一紙の端裏には、「可開門由綸旨　正応五四十三」なる文書整理上の銘が書き付けられている。

（富田正弘）

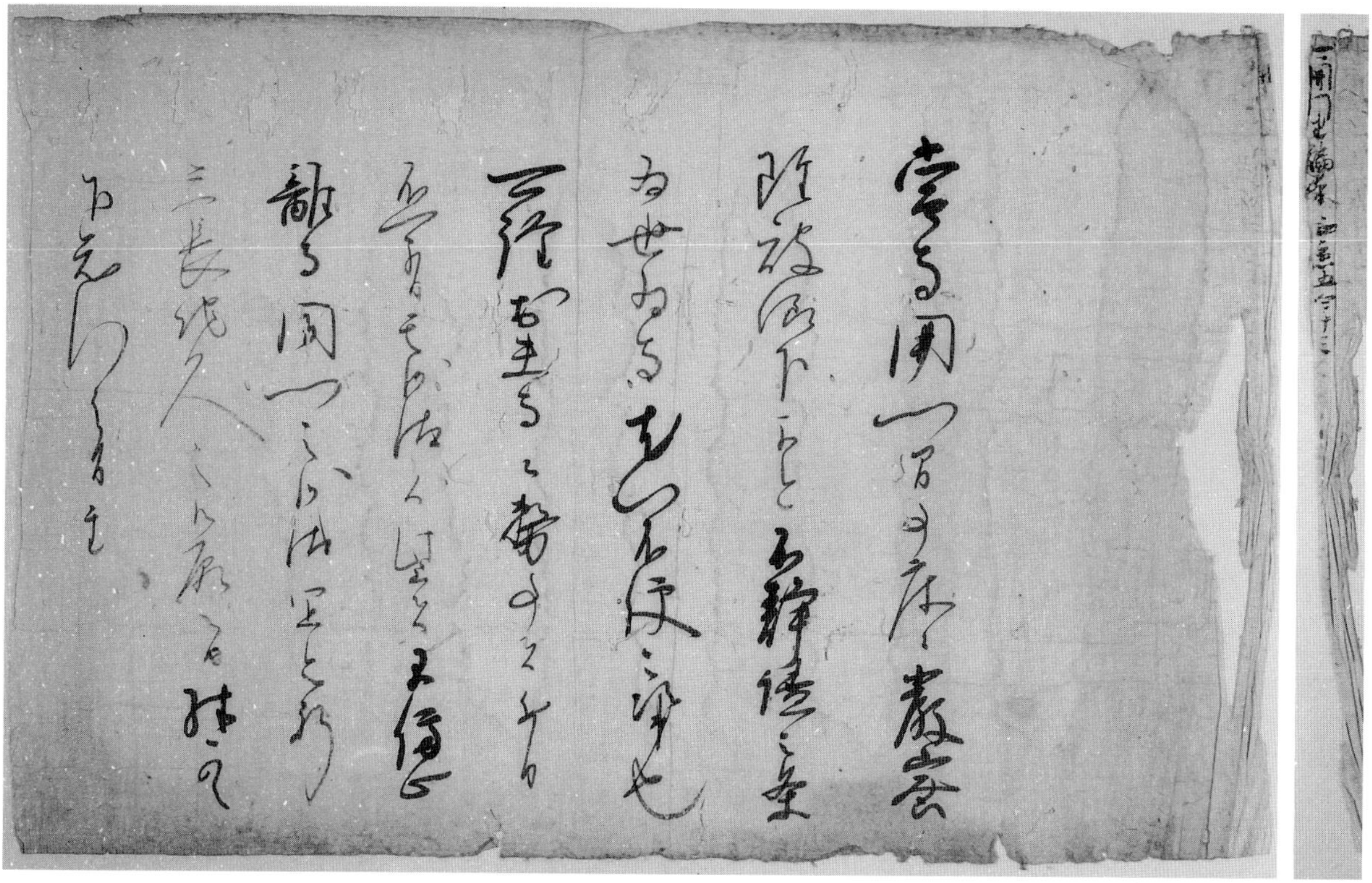

(33.7×53.4)

(端裏書)「可開門由綸旨　正應五四十三」
当寺(東大寺)開門間事、度々厳密
雖被仰下、于今不静謐之条、
為世為寺尤以不便之次第也、
所詮於末寺々務事者、近日
不可有其沙汰候、此上者早停止
離寺閉門之沙汰、宜令祈
天長地久之御願之由、殊可令
下知給之旨、重

(33.7×54.0)

天気所候也、以此旨可令洩申入
別当僧正御房給、仍執達如件、
四月十三日　左大弁頼藤(葉室)
謹上　中納言僧都御房

書状の古い姿

㊽大僧正雅慶書状〔平安時代（寛弘九年）〕（1—25—478・490）

この書状は、大僧正雅慶が寛弘九年（一〇一二）三月二十七日付で別当僧都に宛てたものである。この年は六月十三日に改元され長和元年となる。

手紙は私信であって、用が済めばいつかは整理され、捨てられてしまう運命である。雅慶の書状が約千年もの間、東大寺文書中に残されているのは、いかなる理由からであろう。

内容から言えば大和国春日庄園文書である。雅慶自身の私的な書状ではなく、訴訟関係文書というべきものである。春日庄は大和国添上郡東六条三・四里と七条三・四里を占める東大寺領である。現在の奈良県天理市・大和郡山市付近にあたる。

荘園の成立は、天平勝宝八歳（七五六）聖武天皇の勅による施入地《せにゅうち》にはじまり、毎年の五月二日御国《おんこっ》忌料《きりょう》にあてられている。

時代が経つとともに、隣接する他の荘園と境相論が各地でくりひろげられるのが、世の常である。

春日庄も隣の興福寺領との争いが正暦二年（九九一）頃からはじまった。相論が何十年、時には百年二百年と続くことがある。激しさを増すのは、二十年もたった本書状時代である。文面に「山階寺」とあるのは、興福寺の本来の名称である。藤原鎌足の本貫地が山城国山科（山階）であるところから寺名が付けられた。山階寺が従来の由を知らない。在地また在地郡司にも文書図面等を知らしめて、再認識させるとの意味である。

この荘園も栄枯盛衰、建保二年（一二一四）荘園目録に、「この庄、無きがごとし」とあり、春日庄は没落していた。

振り返って書状の形式を見ていこう。冒頭に雅慶の草名がある。次に、普通の書状では文章の最後にくる「謹言」と続く。「謹言」は最後にもある。この形式は、王羲之《おおぎし》の書状に見えるもので、古い形式を伝えている。また、公的な文書と同じ効力を持っていたからこそ、東大寺に残されたのである。古文書学で言えば、室町時代の将軍等が私信で出す御内書《ごないしょ》と同じ内容である。

本状などの文化財は自然に遺ったものではない。伝える人々が遺そうと思って遺したものである。それだけに、人の思いが一点一点に込められているのである。

（藤本孝一）

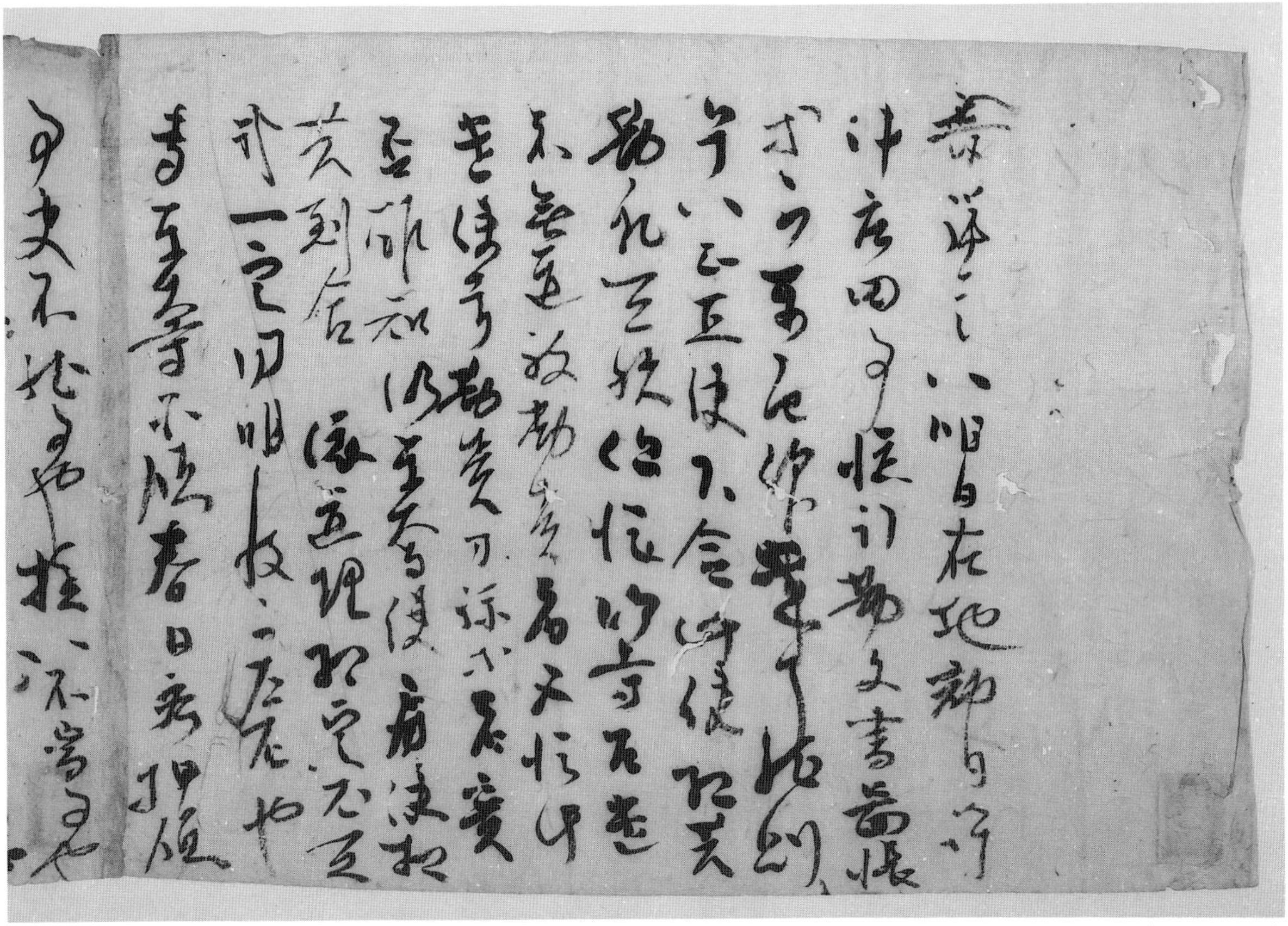

(28.7×40.3)

(雅慶)(草名)謹言、以明日、在地郡司許
件庄田事、慥引勘文書図帳
等可示之由、仰遣了、然則、
早以正直使、下合此使、相共
勘糺宜歟、但従御寺召遣
者、無道被勘責者、又従此
遣使号、勘責刀祢等者、實
否難知、仍東大寺使房決相
共到合、　依道理相定、尤宜
哉、一定同明後可左右也、
専東大寺所領春日庄押領

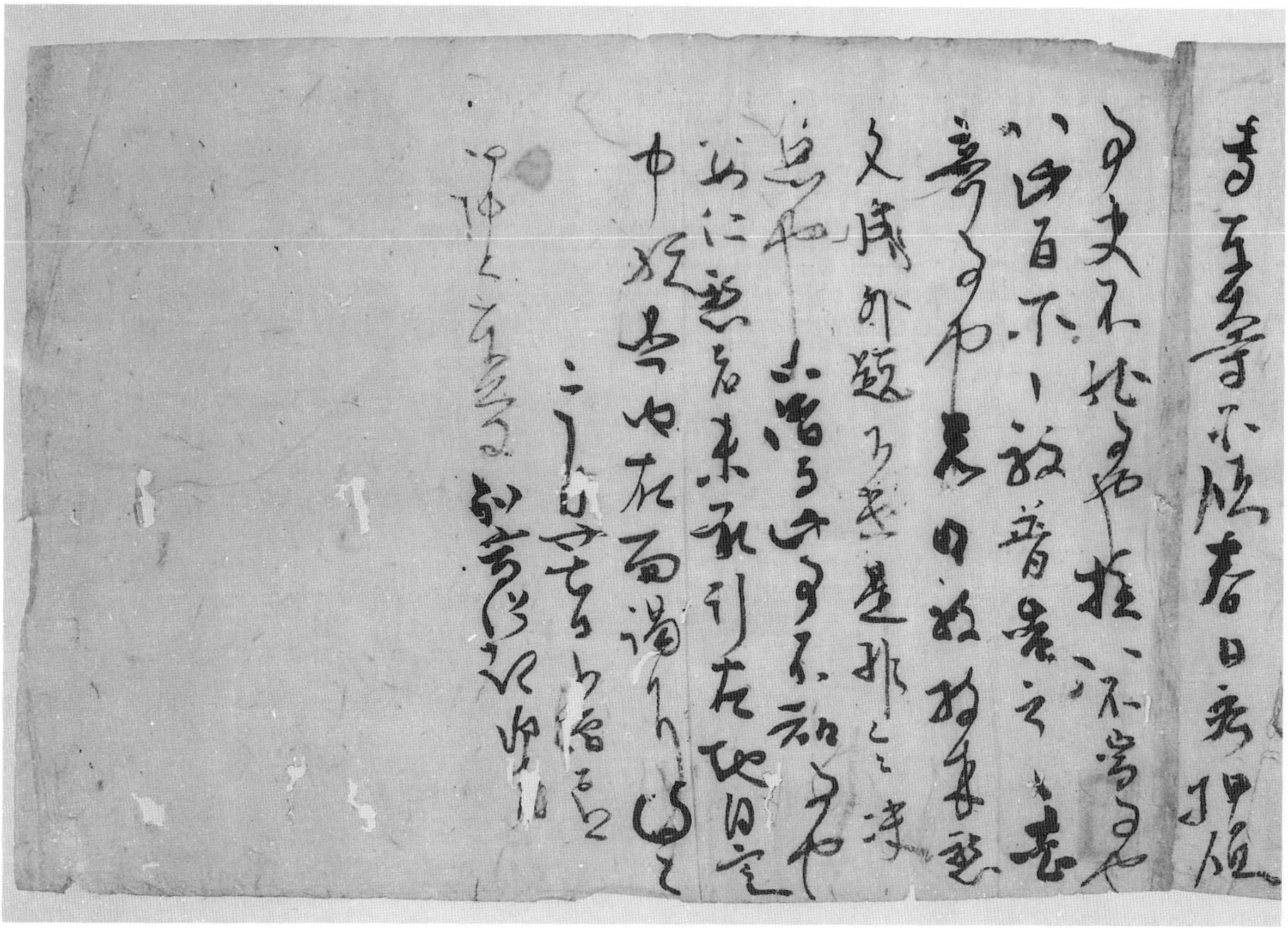

(28.7×40.6)

……………………

事、決不然事也、極以不当事也、
以此旨、所々被普告之了、甚
奇事也、先日被持来愁
文、成外題下遣、是非令決
思也、山階寺此事不知事也、
安仁愁者未承引、在地日定
申歟、其由在面謁耳、謹言、
三月廿七日　小僧（草名）
謹上　東大寺別当僧都御房

㊾門ワキノセアミ田地作職売券〔室町時代　応安七年〕（3—5—179）

この文書は、応安七年（一三七四）九月二十日付で、門ワキノセアミ（門脇世阿弥）が、銭二貫七百文をもって東大寺に隣接する同寺領河上庄（現奈良市川上町）内の石原田の作職《さくしき》を、セんサイ五セ（善哉御前カ）なる女性に売却したことを記した売券である。

売券であることを示す「ウリワタス」の文言から始まり、その対象地、売価と買主の名を書上げ、「モシ、セんアミヨリ丅（ホ）カイラん申候トモ、五（後）モイアルマシク（異有間敷）候ナリ」との他所からの妨害行為に対する売主の担保保証文言に続き、当該作職の加地子得分《かじしとくぶん》が二斗五升であることが記され、最後に契約の永続性を示す言葉で結ばれている。末尾には売主に並び、トクセんハウ（徳善坊カ）とマんスハウの証人両名が名を連ねている。また端裏には、これを入手した側で整理覚えのために記した「カイフミ、石ワラタ」の墨書がみえている。

拙い片仮名の候文で書かれた本文は、全文一筆で、日下の署判も略押を据えるほか、年紀も最末行に記すなど、本文書の作成者が売主・証人等のいずれかの手になることを示している。売主の門ワキノセアミは、その名からみて、転害門西側に家地を構えていた東大寺七郷中の転害郷の郷民の一人と考えられる。売券の本文が片仮名を用いて書かれているのは、南北朝時代以降の和漢兼帯の時代的風潮の影響をうけたこともあるが、一つには当時の神仏への願文が仮名で書かれていたのと同様に、売券に起請誓約的な意味合いをもたせたことによるものであろう。

都市やその周辺の売券料紙には、漉返《すきかえ》した再生紙が用いられているものが多く見受けられ、中には四周に耳のついたものも珍らしくない。この売券もそれらの例にもれず漉返紙がその料紙として使われている。

この売券自体には、これが東大寺文書中に伝わった事の次第を示す記載はみえないが、嘉慶三年（康応元＝一三八九）二月九日センサイ御前息女等連署作職寄進状（成巻11‐143）によって、この石原田が百八十歩あり、センサイ御前の遺言に基づき、その息女法妙・ヒメツル女の手で、大仏殿燈油料田として寄進された経緯が判明する。本文書が大仏燈油料所の関係文書のうちとして伝来したことを考えると、端裏書部分は、東大寺へ寄進された時のものとみられる。

（湯山賢一）

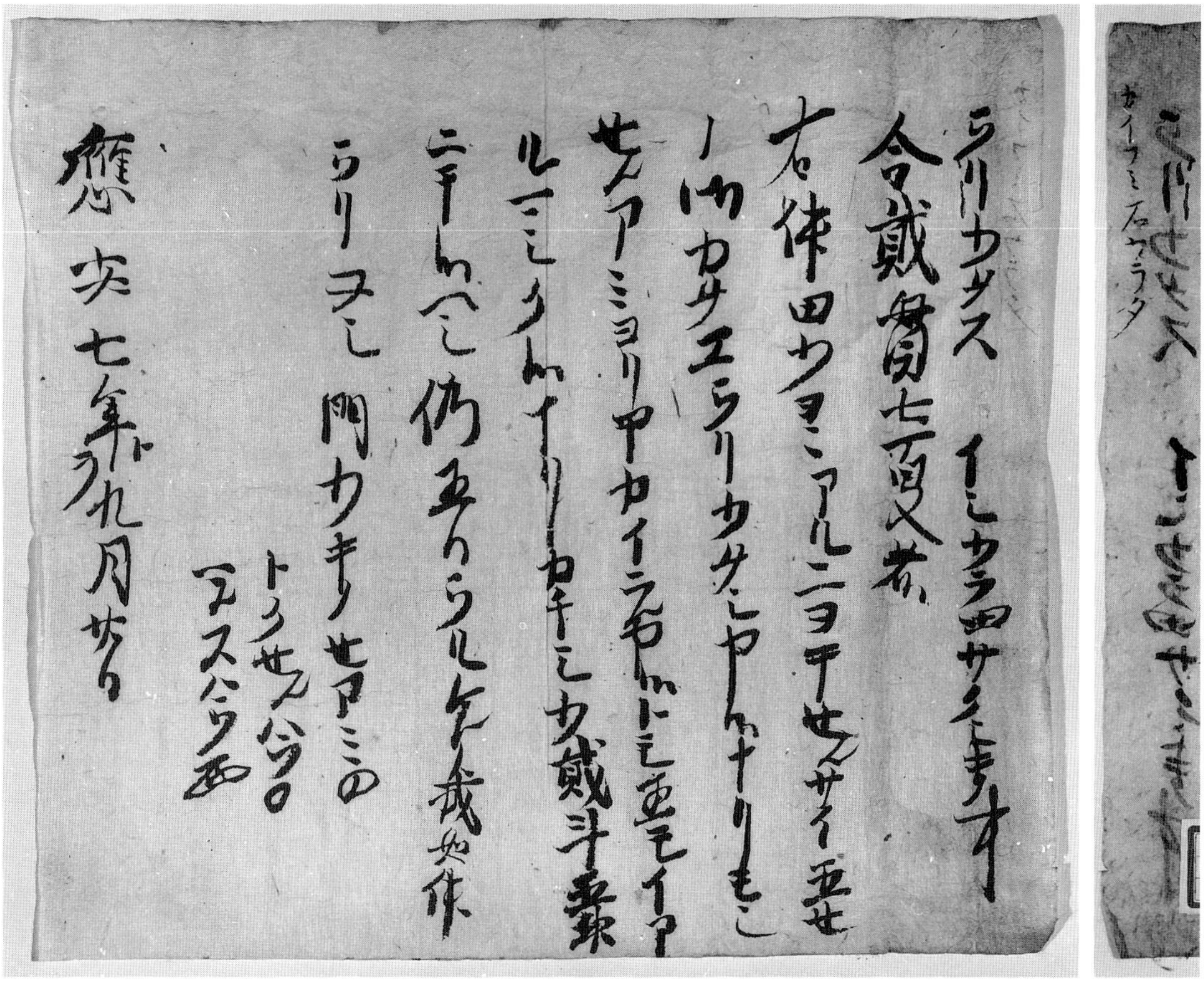

(29.7×33.2)

（端裏書）
「カイフミ　石ワラタ」
ウリワタス　イシワラ田サクシキノ事
　合貳貫七百文者、
右件田ワ、ヨヽアルニヨテ、せんサイ五セ（善哉御前）
ノ御カタエウリワタシ申候ナリ、モシ
せんアミヨリ卜（ホ）カイラん申候トモ、五（後）モイア（異有）
ルマシク（間敷）候ナリ、カチシ（加地子）ワ貳斗五升
ニテ候ヘシ、仍五（後）日ウルケんノ成（状）如件、
ウリヌシ　門ワキノセアミ（略押）
　　トクせんハウ（略押）
　　マんスハウ（略押）
應安七年ラト九月廿日

㊿大仏殿大般若経転読経衆請定〔鎌倉時代　弘安四年〕（3—9—158）

十三世紀、東アジアを席巻したモンゴル帝国は、文永十一年（一二七四）、日本に来襲し、その脅威は公武に衝撃を与えた。いわゆる元寇《げんこう》は、前近代の日本が経験した数少ない対外的危機であった。いったんは撃退された元軍は弘安二年（一二七九）に南宋を滅ぼし、さらなる日本遠征を企図していた。この緊迫した情勢のなか、鎌倉幕府は御家人を動員し防備にあたり、一時は「異国征伐」を企てたほどであった。朝廷では亀山上皇が率先して「降伏異朝悪賊」の祈禱を寺社に命じ、再度の来襲に備えた。これを受けて東大寺をはじめとする諸寺社は、挙げて調伏の祈禱に勤めたのであった。

本文書は、弘安四年五月の来襲に先立つ二月に大仏殿で開催された「異国御祈」大般若経転読の請定《しょうじょう》である。請定とは僧侶に法会への出席を要請するために用いた文書で、交名《きょうみょう》が多数にのぼる場合は、二紙にわたって書き継ぐこともある。

寺僧集団の代表たる年預五師《ねんよごし》実樹は、「衆儀」を受けて、都合六十名の僧侶に出仕を求め、大般若経六百巻を一名につき一帙（十巻）ずつ割り宛て、二月十一日より三箇日の間、転読するようにと命じている。この請定を受取った寺僧は、名前の下に「奉」と記し出仕の意を伝えたのである。請定は、回覧のために使用されたばかりではなく、法会当日、参仕の確認のために名前の右方に合点《がってん》を付し出仕の日数を把握している。中には「奉」を付けながら、出席していない者もいたようだ。文末に「五人合科」という不参の者への罰則規定が見える。袖に「集会舎利講鐘定」と記すのは、請定を受取った僧侶に集会の刻限を周知させるものである（舎利講は後述の新禅院での長日舎利講か）。

実は同一日時に東大寺手向山八幡宮で百座仁王経《ひゃくざにんのうきょう》転読を命じた請定も現存し（3—4—201）、先の大仏殿大般若経転読と合わせて、八十余名もの僧侶が異国調伏の御祈に参仕したことになる。同じく六月には八幡宮で二日間の最勝十講が、七月には二カ月に及び大仏殿で最勝王経の転読が開催されている。こうした院による祈禱命令に呼応して、同年四月、東大寺では三論・真言の学者聖守（東大寺大勧進。著名な円照上人の実兄）が新禅院を亀山院祈願所に寄せ、「異国異賊之凶悪」を却けるため四天王像を造立し金光明経の転読を行わしめている（「東大寺続要録」諸院編）。平成四年から進められた東大寺諸尊像の修理調査に際して、現・真言院地蔵堂に安置される四天王の胎内より聖守発願の由来を記す願文・経巻・白檀《びゃくだん》五輪塔が発見された。それによると本像は、「異国降伏」のために、弘安三年より造立に着手され、翌年三月に完成したごとくである。文書といい仏像といい、蒙古襲来という国家的危機がもたらす緊張感を現在にまでつたえる貴重な資料である。

（横内裕人）

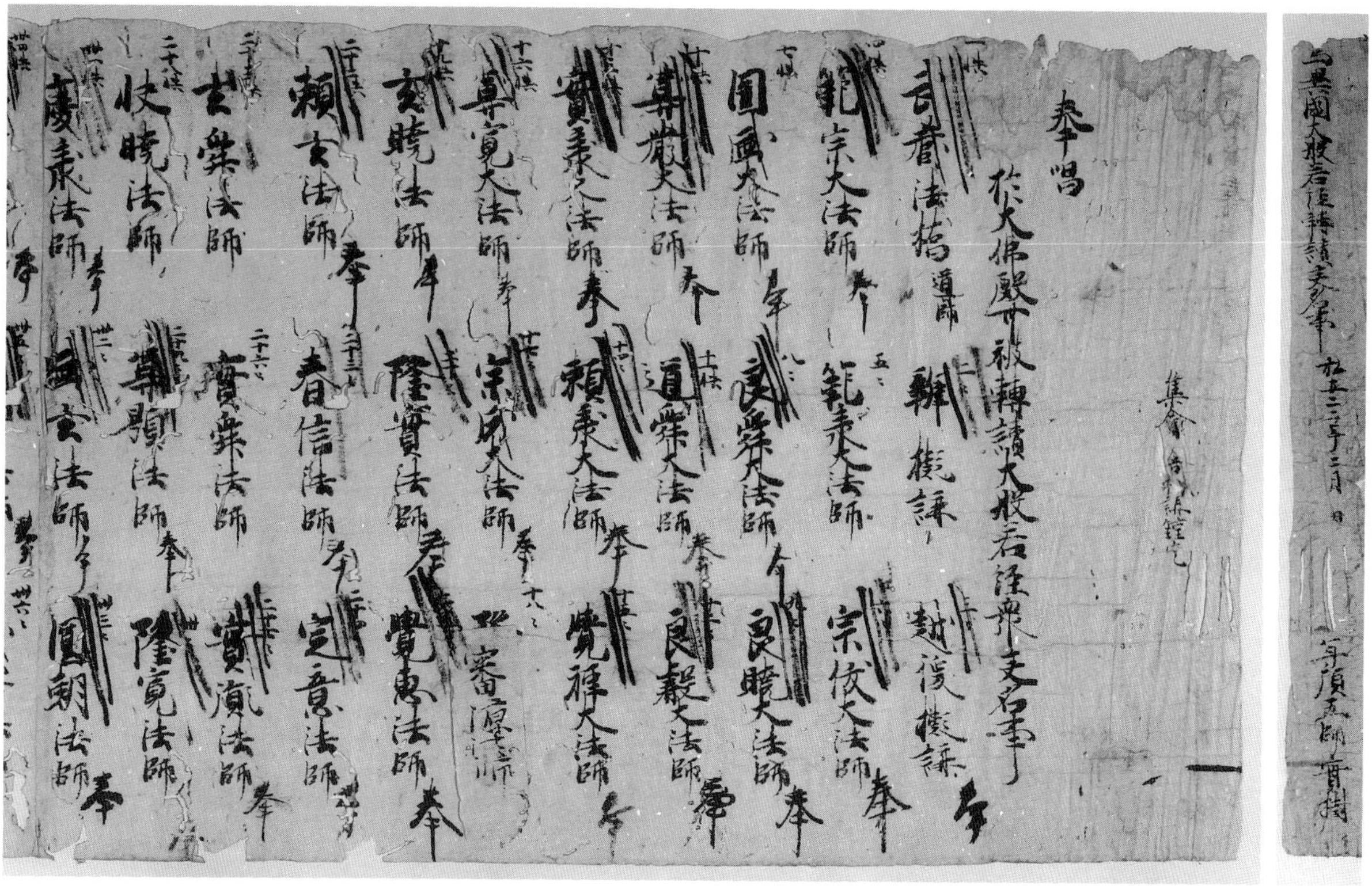

(30.1×90.1)

（端裏書）「為異国大般若経転読交名事　弘安三（四）年二月　日　年預五師實樹」

集會舎利講鐘定

奉唱

於大佛殿可被転読大般若経衆交名事

一帙 武蔵法橋 導師　二々 弁擬講　三々 越後擬講「奉」

四帙 範宗大法師「奉」　五々 範承大法師　六々 宗俊大法師「奉」

七帙 圓盛大法師「奉」　八々 良舜大法師「奉」　九々 良暁大法師「奉」

十帙 尊厳大法師「奉」　十一帙 道舜大法師「奉」　十二々 良叡大法師「奉」

十三帙 實承大法師「奉」　十四々 頼承大法師「奉」　十五々 覚禅大法師「奉」

十六帙 尊寛大法師「奉」　十七々 宗成大法師「奉」　十八々「審源法師」（貼紙）

十九帙 玄暁法師「奉」　二十々 隆實法師「奉」　二十一々 覚恵法師「奉」

二十二帙 頼玄法師「奉」　二十三々 春信法師「奉」　二十四々 定意法師「奉」

二十五帙 玄舜法師　二十六々 實舜法師　二十七々 實胤法師「奉」

二十八帙 快暁法師　二十九々 尊顕法師「奉」　卅々 隆寛法師「奉」

卅一帙 慶承法師「奉」　卅二々 盛玄法師「奉」　卅三々 圓朝法師「奉」

……………（紙継目）……………

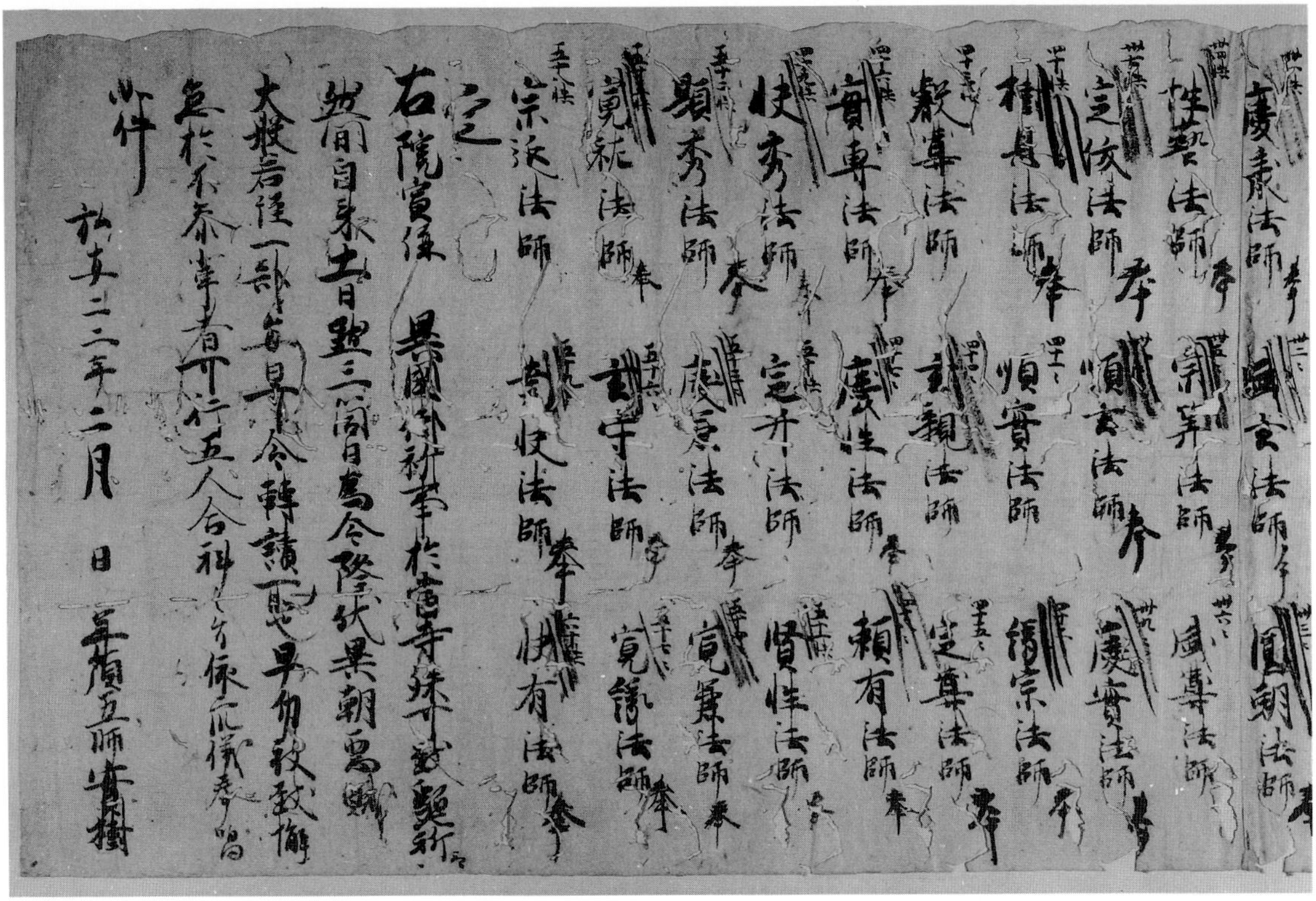

卅四帙 性藝法師「奉」 卅五々 宗算法師「奉」 卅六々 盛尊法師
卅七帙 定俊法師「奉」 卅八々 順玄法師「奉」 卅九帙 慶實法師「奉」
四十帙 樹恩法師「奉」 四十一々 順實法師 四十二々 縁宗法師「奉」
四十三帙 叡尊法師 四十四々 玄親法師 四十五々 定尊法師「奉」
四十六帙 實専法師「奉」 四十七々 慶性法師「奉」 四十八々 頼有法師「奉」
四十九帙 快秀法師「奉」 五十帙 定弁法師 五十一帙 賢性法師「奉」
五十二帙 顕秀法師「奉」 五十三々 慶兼法師「奉」 五十四々 寛兼法師「奉」
五十五帙 寛祐法師「奉」 五十六々 玄守法師「奉」 五十七々 寛縁法師「奉」
五十八帙 宗延法師 五十九々 堯快法師「奉」 六十帙 快有法師「奉」

定

右、院宣偁、異国御祈事、於当寺殊可致懇祈云々、
然間、自来十一日点三箇日、為令降伏異朝悪賊、
大般若経一部毎日可令転読所也、早勿被致懈
怠、於不参輩者、可行五人合科之旨、依衆儀奉唱
如件、

弘安二二（四）年二月　日　　年預五師實樹

⑤1小東庄仏聖米返抄〔平安時代　永暦元年〕（3―10―120）

継がれた切紙

東大寺文書には、比較的粗な料紙の縦切紙《たてきりがみ》に書かれた文書群がある。それらには、切符、返抄《へんしょう》や請取状などの文書名がついていることが多い。この永暦元年（一一六〇）の文書も、そのうちの一通である。

切符とは、下行《げぎょう》切符のことであり、米飯などを支給するときに作成された伝票の機能を持つ文書である。返抄の方は、書き出しに「納」という文字があるが、これは「請け納める」または「検納する」の意味で、以下のものを受け取ったということを示す文言であり、内容は請取状である。別項の奈良段銭請取状も同じ様式の文書であり、そちらは内容から文書名がつけられている。返抄は請取状であるが、文書名は、その請取状の端裏書《はしうらがき》に「返抄」とあったり、別の文書にその文書をさして「返抄」と称していることによる。文書名を、その内容を明確に示すものにするか、それとも当時呼んでいた名称を活かすかたちで文書名をつけるかは、判断の分かれるところであろう。

小東庄《こひがしのしょう》は、大和国広瀬郡に所在した荘園で、総田積は二十町一反余あったが、そのうち十三町ほどが、毎年東大寺に白米を日々大仏に供える仏聖米《ぶっしょうまい》を納める白米免田であった。その負担額は反別一斗三升（はじめは一斗）であった。白米免田は、上納責任者名がつく名のもと、直接東大寺に白米を納入する者がいた。図版の文書では、正行が白米納入者に当たり、その人物の田が名《みょう》に編成されている場合には、「某名某上」と記載されるのである。なおこれらの仏聖米返抄は、基本的には請取状であるから白米納入に当たり当然納入者に交付されるものであった。「件の返抄等、尋ねといえども、領家これを賜ず、返抄を相い尋ねる事、全く先例の事なりと申も、給わざるところなり」とある場合は、領主が興福寺であったために返抄の交付がなかったので、白米納入者がその事情を東大寺に訴えていることがわかる。また交付を受けた場合でも、「件の返抄においては、領主、これを具足し住京せば、庄の許に当時候らわず」と返抄は領主とともにあったために白米納入者の手元にはないことや、「件の返抄においては、作人返抄を取り、逃去り了れば、領主の許候らわず」こともあった。この白米納入者に交付され、上納責任者（領主）の許で保管された返抄は、「正返抄」といわれたようである。そうすると現在、東大寺に所蔵されている返抄はいかなるものであったろうか。

東大寺側では、請取状を白米納入者に手渡したときに手控えを作成し、それを取りまとめた「納帳」が堂司のもとにあった。そのことは右に記した返抄が手元にない場合には、その納帳による確認を求めていることからわかる。納帳に記入するための手控えとして作成された返抄に当たると考えるのが妥当であろう。

（綾村宏）

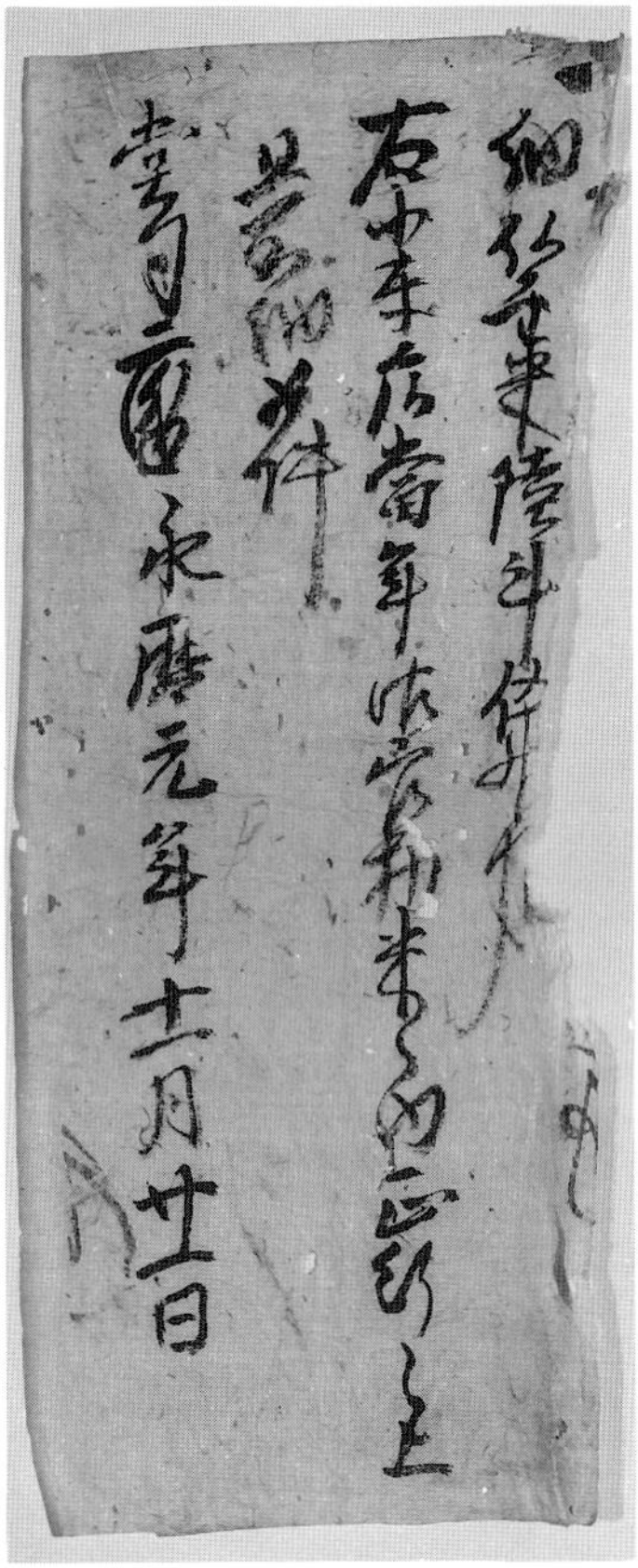

(26.3×11.3)

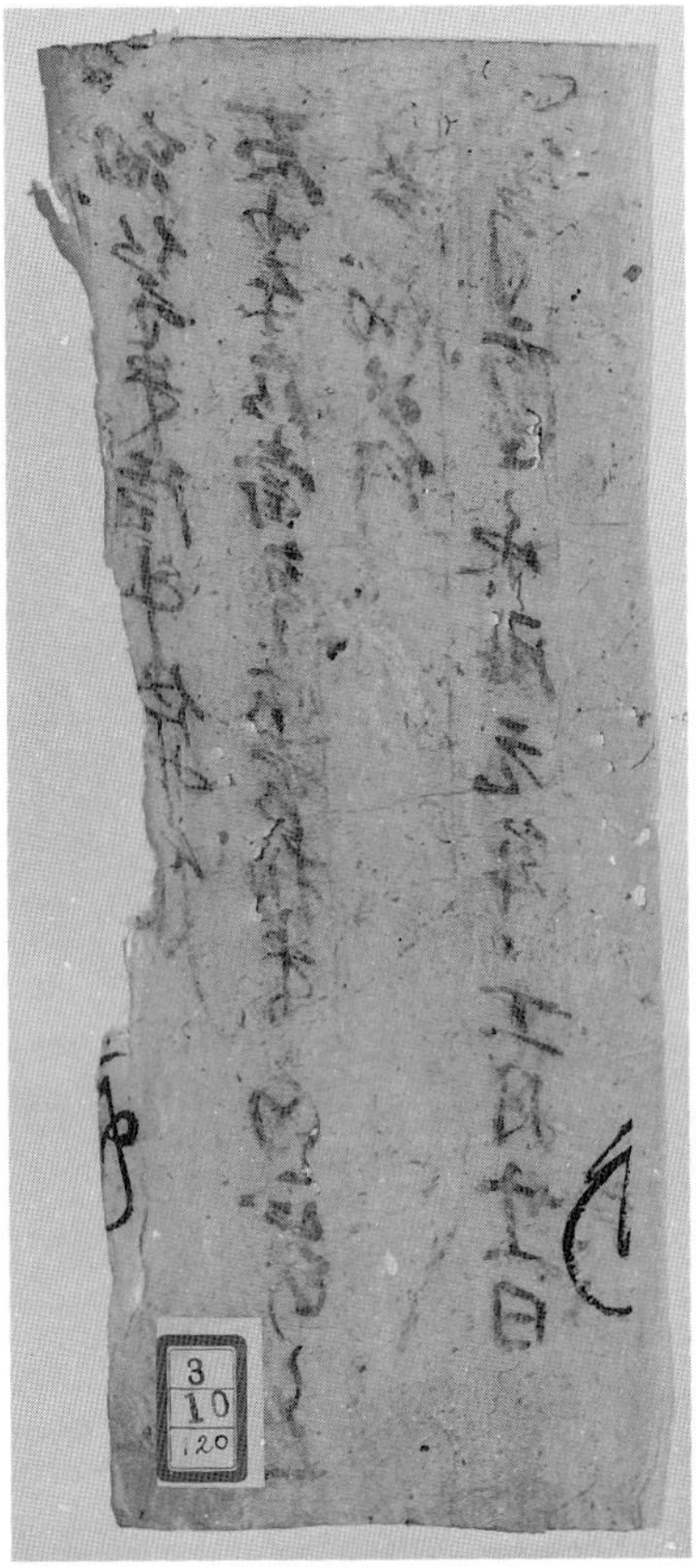

〈紙背〉

…………（紙継目裏花押）…………

納　佛聖米陸斗伍升事

右、小東庄当年御官物米之内、正行之上、

且所納如件、

堂司（花押）　永暦元年十一月廿一日

…………（紙継目裏花押）…………

綴じられた切紙

南北朝時代から段銭《たんせん》賦課が一般的に行われるようになる。段米、段銭は、当初は田地段別に賦課される臨時的な負担であったが、次第に恒常化していく。はじめ賦課の権限は朝廷が持っていたが、次第に幕府の手に移り、さらには守護や領主が賦課する私段銭も出現した。

大和においては、興福寺が造営費をはじめ 各種法会の費用などについて段銭《たんせん》賦課を行っている。この奈良段銭の請取状も大安寺宿三郎二郎から納められた段銭三百文に対して、興福寺の納所である唐院が出したものであり、縦切紙で、受け取りの「唐院」と花押の部分は木版刷りである。段銭の請取状を多量に作成しなければならないことによるものである。また束ねてある紙縒《こより》も当初のものである。このような形態の文書は、天文年間にも、大仏燈油方から奈良段銭が納められたときのものも、多数伝来する。

縦切紙を料紙とする文書は、このような請取状をはじめ切符や返抄などに多くみられる。時代を遡れば、奈良時代の木簡にまで行き着こう。

奈良時代の長屋王家木簡には、長屋王家邸内の各部署に飯米などを支給したときの伝票木簡といわれるものがある。それは、支給品目と数量、支給先、支給責任者などを短冊形の木片に記すものであるが、それにはそれを綴ったことを示す孔が上端や下端にある。この伝票木簡は、米飯を支給する側で作成し、一定期間綴って保管したうえで、その支給額を紙に集計したものと思われる。

ところで東大寺文書に切符という文書名がつけられているものも、縦切紙の体裁で同じ様な記載内容を持つものである。それがいわゆる下行切符であり、物品を下行したときに、作成されるものである。こちらの方は、各文書に継目裏花押があり、貼り継がれていたことが判る。また数通ごとに集計したことを示す数字の書き込みがあり、その箇所で集計し、それを転記した後に、切符の本文を抹消した横墨線も残っている。

木と紙と文字が書かれる材質は異なり、一括にする仕方も異なるけれども、短冊形の体裁と機能は共通する。この縦切紙のかたちが、この奈良段銭請取状にも引き継がれているといえよう。こちらの一括の仕方は、木簡と同じように、紙縒で綴じ合せるかたちを採っているのである。

なお興福寺の経尋記のなかに、同じ大永の頃、奈良段米でなく大和諸郡に対しての段米ではあるが、段米収集において興福寺側で「段銭の切符共、今日悉く以て相整え、郡使に遣わし了ぬ」のように、切符の準備をしている記事がみえ、また春日大社文書では、天文頃、率川社造替の費用に唐院を通して得た段米が充てられていることが知られる。

（綾村宏）

㊾奈良段銭請取状〔室町時代 大永二年〕（3―10―461・462）

(25.3×6.9)

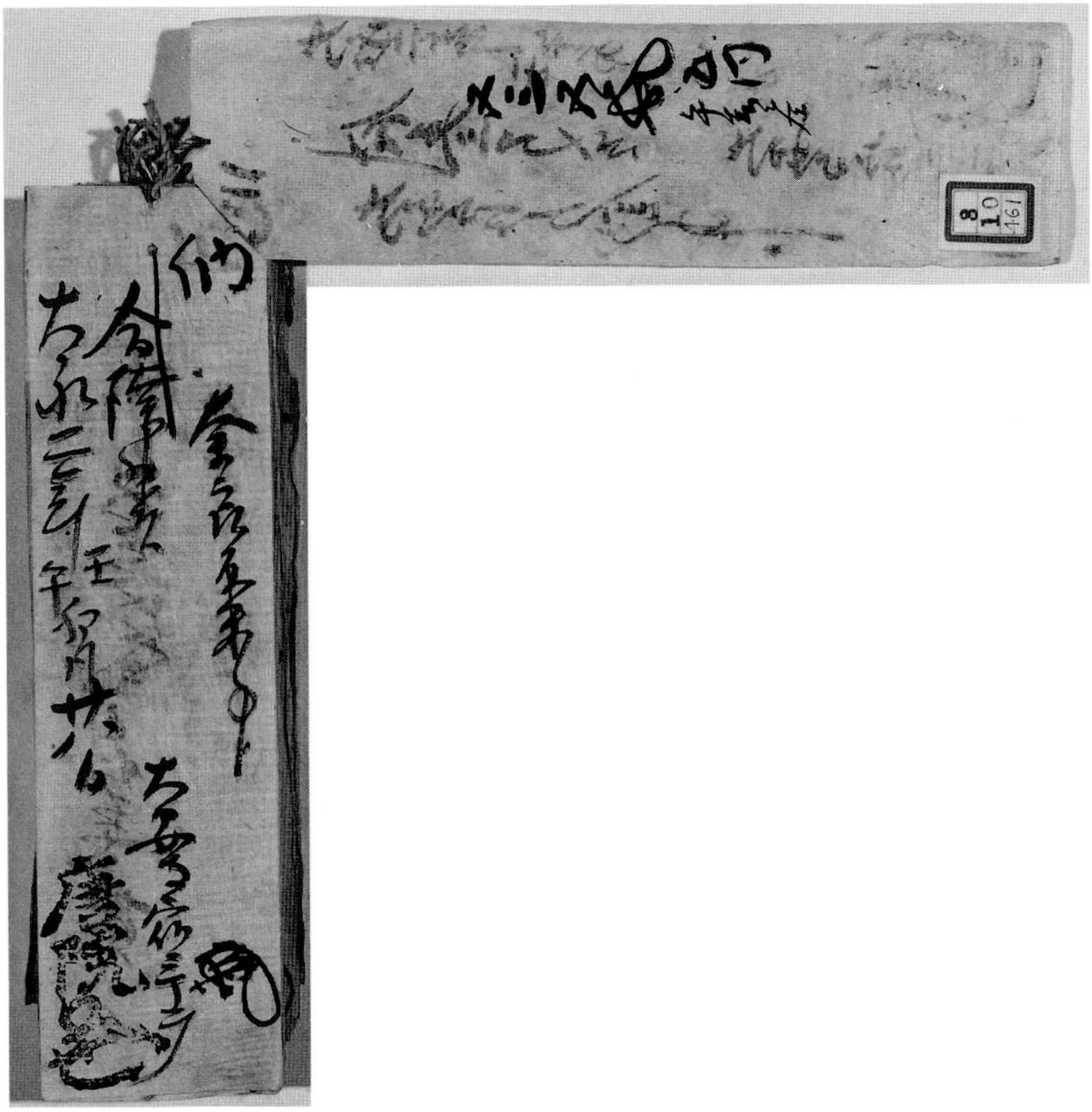

(25.1×6.8)

納　奈良反銭事　（花押）
〆合参百文者　大安寺宿三郎二郎
大永二年壬午卯月廿八日「唐院（無廓黒印）（花押）」
（裏書）「五三五（花押）返同
午春二合、」

納　奈良反米事　（花押）
〆合陸升者　大安寺宿三郎二郎
大永二年壬午卯月廿八日「唐院（無廓黒印）（花押）」

○裏書に「五三五（花押）巳秋大安寺兵衛五郎二合、」とある。

冊子の姿

53 大部庄領家方名寄帳（室町時代　永享七年）（1—12—136）

播磨国大部庄《おおべのしょう》は現在の兵庫県小野市付近の加古川東岸河岸段丘上に位置した荘園である。本帳は永享七年（一四三五）十一月日付の領家方名寄帳《なよせちょう》である。名寄帳とは、荘園支配の基礎となる土地台帳の取帳をもとに作成された年貢収取台帳である。耕地の一筆ごとの検注のあとで、人ごとに集計されているので、名寄帳と呼ばれる。特定の耕地を領主に対して誰が請け負ったかを証明するものである。

本帳の体裁は袋綴《ふくろとじ》装冊子本である。料紙は表紙と共紙で、簀《す》の目が顕著で、やや漉《す》きむらがあるものの、硬くて質の良くない楮紙《ちょし》である。大部庄年貢算用状には「杉原中紙等日記帋料」とあり、杉原紙《すいばら》が利用されている。杉原紙は播磨国杉原で漉かれている楮紙で、大部庄も流通圏内であったのであろう。文字は油煙墨を用いて書かれている。

本帳は、庄内の農民ごとの保有面積（町・段・代）・年貢額（斗・升・合・勺）を記載する。記載事項などを具体的にみていくと、まず、「ヒヤウヘ四郎」の右肩に記されている「シキチ」は居住字名である。「惣相田」とは取帳を単純集計した総面積である。この現作面積の内訳として、「ヨシ相田」「フク相田」「クテン相田」がある。「ヨシ」は吉富の略、「フク」は福富の略、「クテン」は公田である。吉富、福富は荘を構成している名と呼ばれる単位で、こうした縁起のよい名が多い。その「相田」を「才」「不」と「イ」とに区別している。「才」は損の略形、「イ」は得の略形である。「才」はおそらく旱水風などの被害をうけたことを意味するもので、「不」はその年度の作毛の不作を意味し、ともに年貢収納不可能な田地である。「イ」は年貢納入可能な田地である。「相田」から「損」「不」とされた面積を除いた面積が「得」で、それによって定田が確定する。得田に対してのみ、年貢が賦課される。賦課される年貢を「分米」と表現している。面積と分米との比をくらべてみると、「ヨシ」「フク」「クテン」によって、斗代が異なっていることが知られる。惣合から「ヒキモノ」である除田分（村々の井料、池守給など）などを引いた分が「定米」となり、最終的に納める年貢高が決定される。

こうした検注に関連して作られる詳しい室町時代の土地台帳類が、何冊も東大寺に残っている。証文としての法的拘束力を有し、永続的効力をもつ帳簿であると同時に農民の権利を保証する記録ともなった。村で生活する人々の姿や村々の景観や耕地の状況を知る上に貴重な手がかりを与えてくれるのみならず、現地を訪ねると、土地台帳類に記されている地名が残っており、土地に刻まれた歴史の舞台を生き生きと浮かび上がらせることができる。（池田寿）

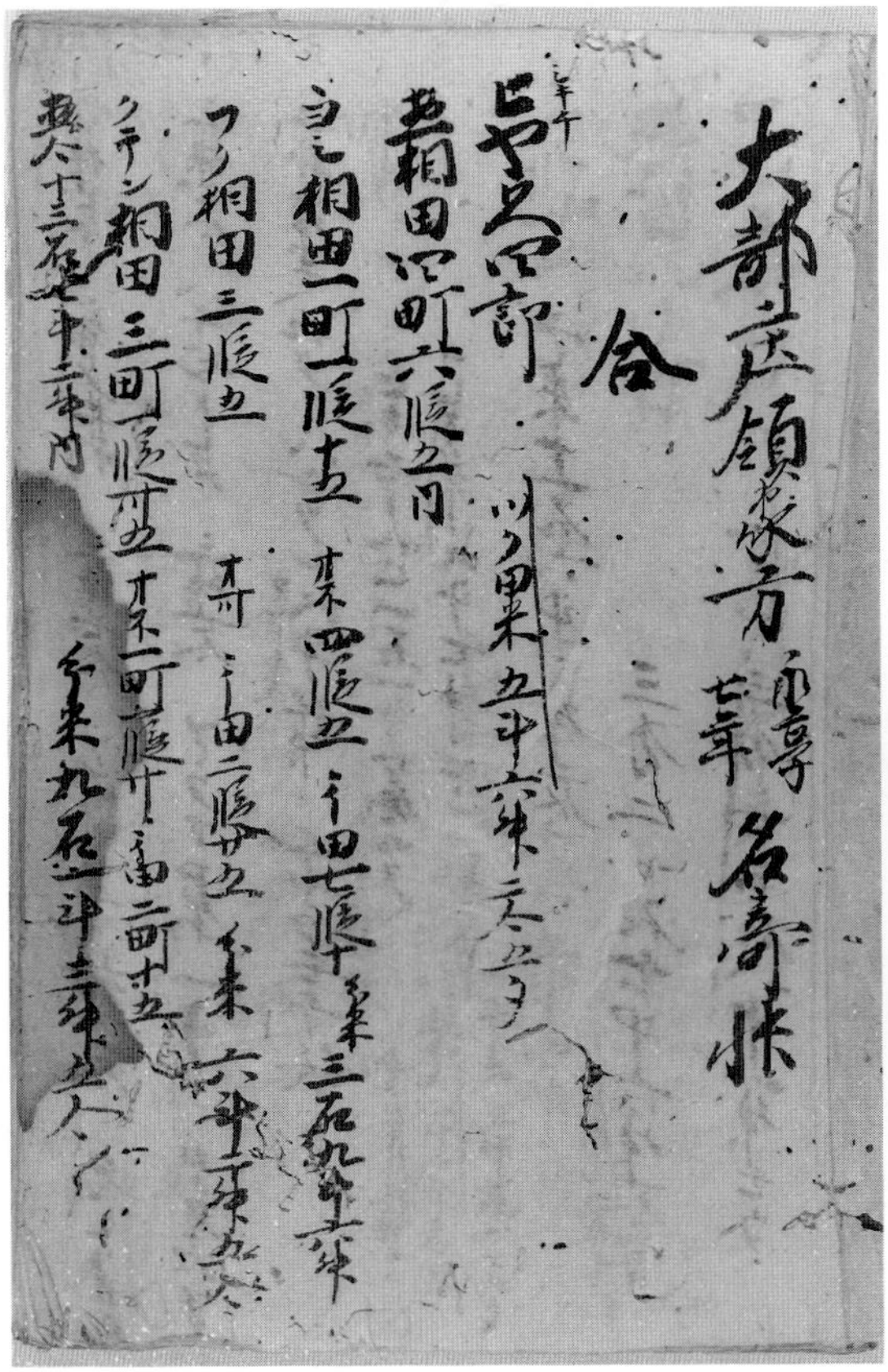

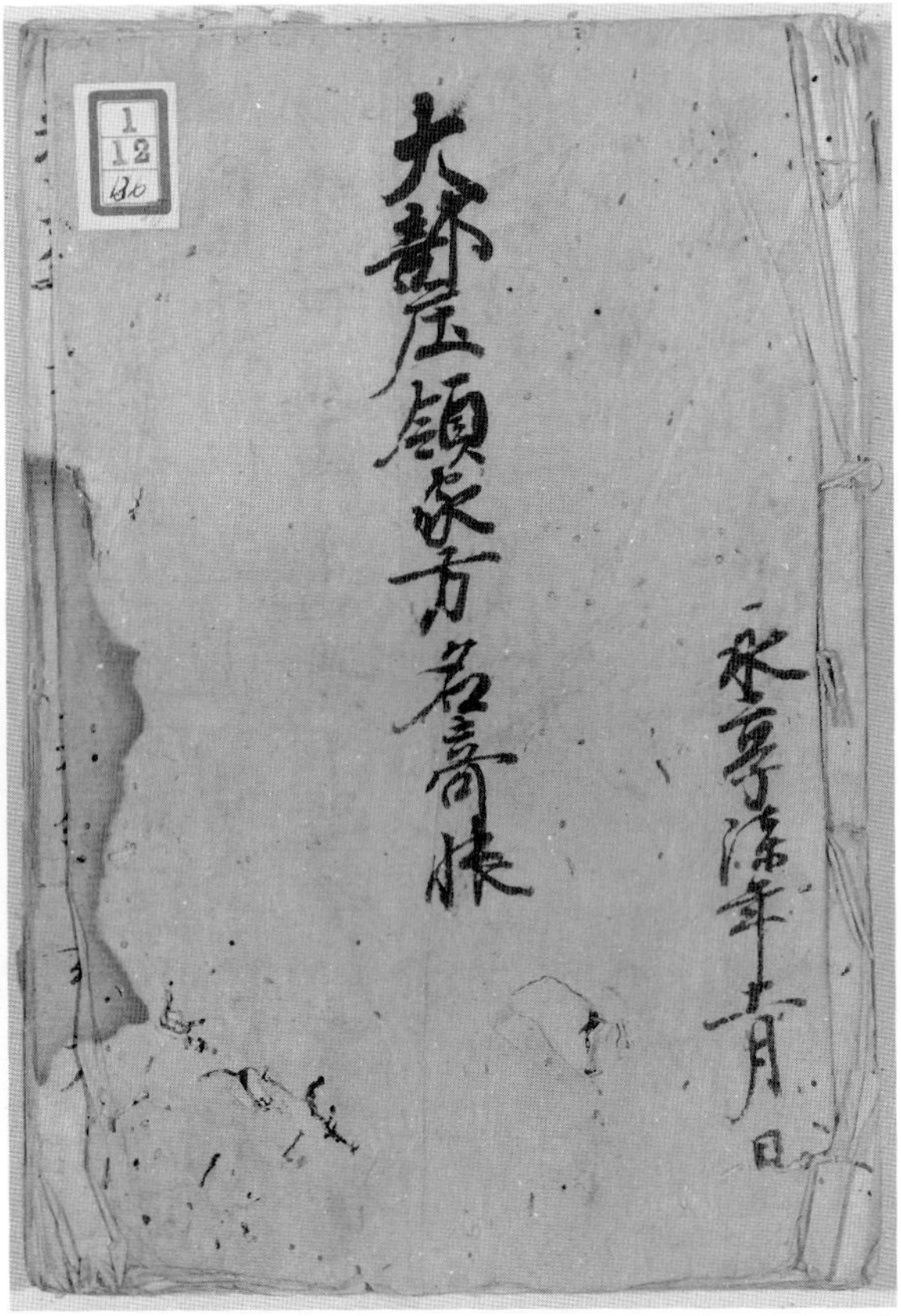

(26.8×18.0)

「(表紙)

永亨柒年十一月　日

大部庄領家方名寄帳

」

大部庄領家方 永亨七年 名寄帳

合

ヒヤウ《シキチ》ヘ四郎　ツク田米五斗六升二合五夕

惣相田四町六段五内

ヨシ相田一町一段十五　才(損)不四段五彳(得)田七段十分米三石九斗六升

フク相田三段五　才卅　彳田二段廿五　分米六斗二升五合

クテン相田三町一段卅五才不一町一段廿彳田二町十五

分米九石一斗三升五合

惣合十三石七斗二升内

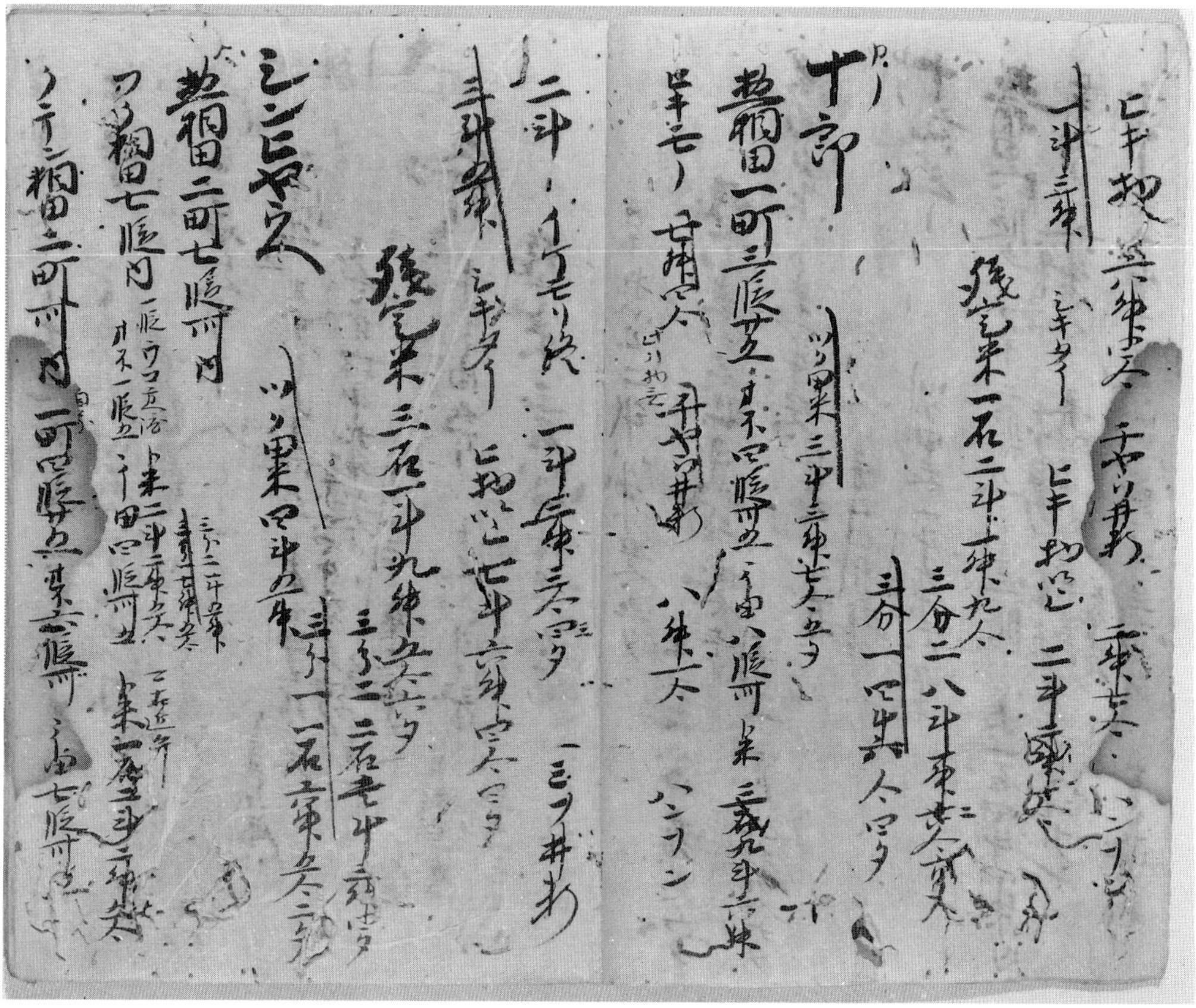

ヒキ物　六升四合　チヤウ井析　二升七合　ハンソン
〵一斗三升　シキタイ　ヒキ物以上　二斗二升一合
残定米一石二斗一升九合
〵三分二八斗一升六合六夕〔二〕
三分一四斗六合四夕
十郎《カノ》　〵ツク田米三斗七合五夕
惣相田一町三段廿五ォ不四段卅五ィ田八段卅分米三石九斗六升
ヒキモノ七升四合　〵チヤウ井析　八升一合　ハンソン
二斗イケモリ給　此引物無　一斗三升三合四夕〔三〕　ミソ井析
〵三斗五升　シキタイ　ヒ〔キ脱〕物以上七斗六升四合四夕
残定米三石一斗九升五合六夕
〵三分二二石壱斗三升四夕
三分一一石六升五合二夕
シンヒヤウへ　〵ツク田米四斗五升
惣相田二町七段卅内
〵三分二一斗五升
三分一七升五合
フク相田七段内　一段ウコ方へ渡、分米二斗二升五合　ォ不一段五ィ田四段卅五　可左近弁、分米一石二斗二升五合
クテン相田二町卅内一町四段廿五（自分）ォ不六段卅ィ田七段卅五

二月堂牛玉宝印

54 東大寺世親講衆等連署起請文〔鎌倉時代　文永三年〕（3―3―123）

鎌倉時代における東大寺学侶の教学復興の気運により始められた世親講《せしんこう》を構成する世親講衆が連署している起請文《きしょうもん》である。文永三年（一二六六）十二月の年紀があり、牛玉《ごおう》宝印《ほういん》紙を用いた起請文で、年紀のあるものとしては、最古のものである。一枚の横切紙《よこきりがみ》に二月堂牛玉宝印三顆《か》を捺した料紙を翻して、すなわち裏返して起請文本文を記し、東大寺世親講衆として一致同心することを誓約している。

二月堂牛玉宝印紙は、ふつう縦横約十五センチほどの小切紙で、「南無頂上仏面除疫病」と「南無最上仏面願満足」という二月堂修二会のときに唱えられる声明《しょうみょう》の章句二行が、両端や行間の「二月堂」「牛玉宝」「印」の文字とともに陽刻され、それに朱の宝印（十一面観音の種字）が捺されたものである。この牛玉宝印紙は庄牛玉と呼ばれる。起請文には、このように横切紙に数版捺した用紙を使用することもみられるが、その正方形の小切紙一紙を、またはそれを数紙貼り継いで使用したり、竪紙《たてがみ》または続紙にしたためた起請文の神文《しんもん》を書く部分に牛玉宝印紙を翻して貼り付けて、使用されることが多い。二月堂牛玉宝印紙にはもう一つ「南無頂上仏面除疫病／二月堂／南無最上仏面願満足」と三行に陽刻する小型縦長の堂牛玉がある。こちらの方は、起請文には室町時代に入ってから神文部分に貼り付けるかたちで使用される。これらの二月堂牛玉宝印紙は、いまでも修二会のときに練行衆《れんぎょうしゅう》により三月八日、九日の牛玉日に刷られている。

倶舎《くしゃ》宗の祖師世親の名を冠した世親講は、建久六年（一一九五）、学侶二十七名の発議により、倶舎宗の紹隆のために、創始され、翌年から始行された。その講会では世親菩薩などの三幅の画像をかけ、その前で論議が行われた。世親講衆は、講衆三十人、先達十人の定員四十人により構成され、その運営は講衆の評議により行われ、寺内において衆としての集団性を帯びるようになっていった。

その集団性を発揮したのが、この連署起請文が作成された事件である。文永三年、上座《じょうざ》慶算法橋という僧が、平僧且つ若臈の身でありながら臈次を越えて、僧綱に任官したことに対して抗議をし、慶算を平衆の集団である講衆から「非道の僧綱は、仏法の衰微の基也」として「非道の僧綱、同座すべからず」として、除名しようとした。それに対し東大寺惣寺から処罰を受けることがあった場合、連署の世親講衆とそれに同調する学侶が逐電し寺役を放棄し山林に籠もるとし、その一致団結をこの起請文で誓約しているのである。この主張は実行され、二十四日には世親講衆は西小田原西方院に集会している。その結果寺家側は、世親講衆の主張を入れ、慶算の寺役出仕を止めたのである。

なおこの二月堂牛玉宝印紙は、学侶衆徒などの起請文にのみ使用され、東大寺文書に数多く残る落書《らくしょ》起請には、一枚も使用されていない。

（綾村宏）

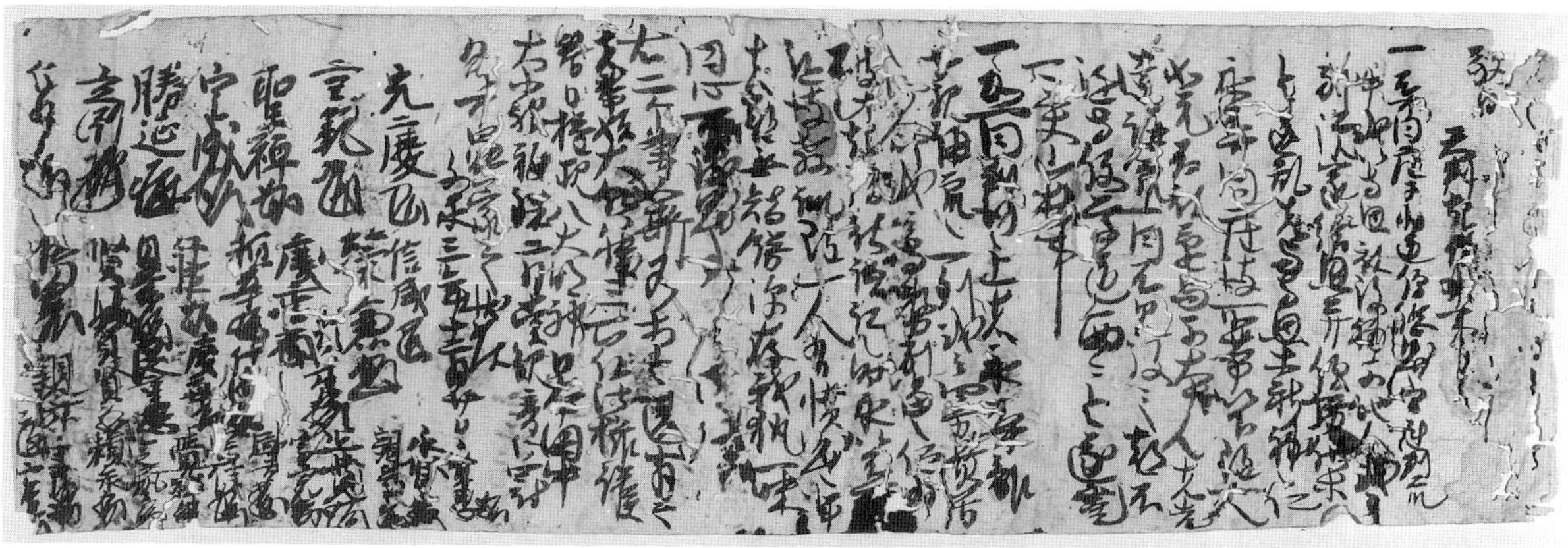
〈表〉　(15.1×46.1)

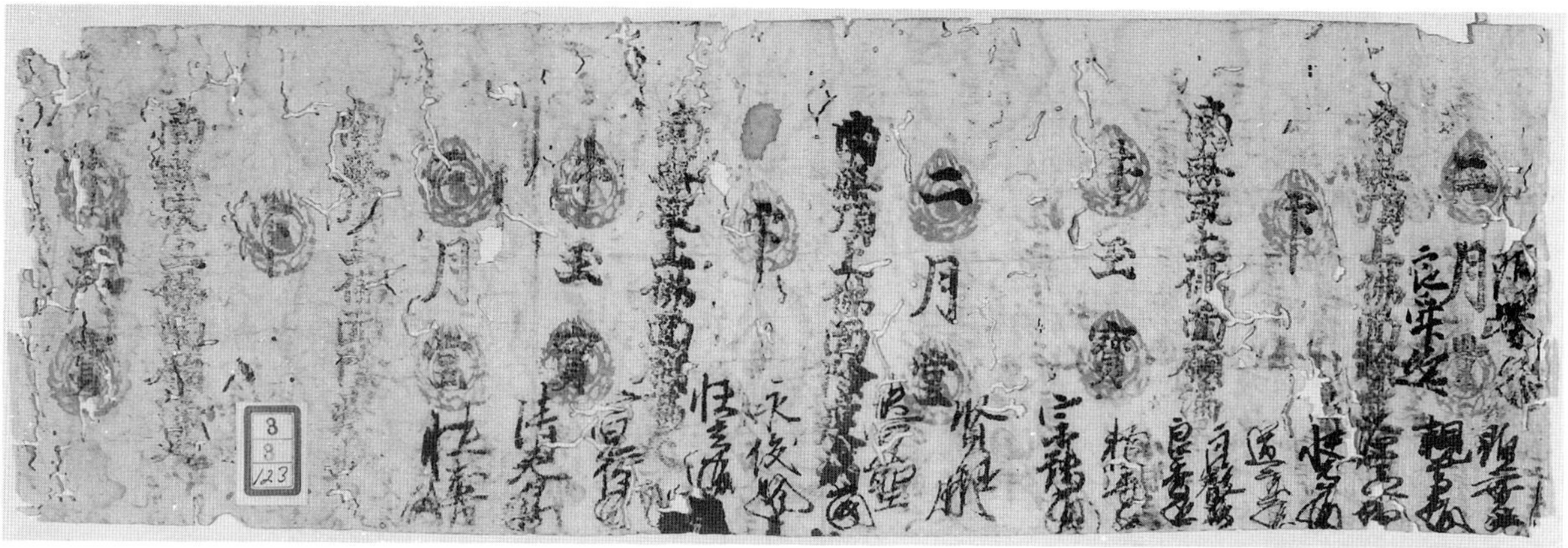
〈裏〉

敬白

天判起請文事

一不可同座于非道僧綱沙汰之間、連判衆
中、或以寺恩被改補于他人、或云
別院家給恩并僧坊供等、
令違乱者、与寺恩等新補之仁、
永不可同座、彼所帯以下、雖一人
如元不被還与于本人者、先
達講衆一同不見放之、都不
随寺役学道、面々令逐電、
可交山林事、

一加一同判行之上者、永不可離
世親講衆之一列、或云四方貴芳
之御命、或云寺務別当之仰、為
破此起請被語取之時、永以不可
随彼教訓、雖一人有憤沙汰之輩
者、都無矯餝深存我執、一味
同心可致沙汰事、

右、二ケ条如斯、若於令違背之
者、奉始大佛、八幡三所、佛法擁護
春日権現、八大明神、日本国中
大小神祇、殊二月堂観音御罰、
具可罷蒙之状如件、

文永三年十二月廿日　賢恵（花押）

（以下署判略）

落書起請

⑤東大寺亀松丸殺害事落書起請文〔南北朝時代（貞和二年）〕（3—3—241）

中世、寺内やその周辺で刑事事件が発生すると、その検断は寺家で行われた。犯人が判明しない場合には、寺家の命令で犯人摘出のため落書起請《らくしょきしょう》が実施された。落書起請とは、事件の関係者と考えられる人々に無署名で、その事件についての関与の有無、犯人に関して見知する情報などをしたためた文書を提出させ、その情報をもとに犯人を捕えようとするものである。東大寺では、鎌倉末期から南北朝期にかけて、この落書起請がたびたび行われた。

南北朝時代の貞和元年（一三四五）、東大寺内の上院で亀松丸が殺害されるという事件が発生した。そのときもその犯人を捜し出すために、寺内で落書起請が行われた。この亀松丸殺害事件に際しては犯人がなかなか判明しなかった模様で、事件の翌年貞和二年五月十九日になって寺内で落書起請が実施された。現在東大寺文書中には、そのときの落書起請文が十数通遺っている。ここに掲げた東大寺亀松丸殺害事落書起請文も日付はないが、そのうちの一通である。そこには、稚拙な片仮名書きで、自分はこの事件について「カツテミスシラス候」と記している。別の文書には、つづけてその後に神仏名を記し、虚言ならば神仏の懲罰を受けても致し方ない、との誓約を記しているものもある。同事件の他の落書起請文はいずれも、文言に少々差異があるとはいえ、ほぼその事件につき見知しないとするのはみな同じである。

この落書起請にみられる片仮名書きの稚拙な文字は何を物語るのであろうか。このような程度の文字しか書けなかったのであろうか。いや逆に皆が同じ様な筆跡のカタカナを書くことによって、その落書起請文の筆者の判別をしづらくしたと考える方が蓋然性があるように思える。落書起請文は、無署名でその上に切封で墨引きをしてある。落書の際、起請文を提出した人間につき、確認照合は行われたであろうが、基本的に個々の起請文は誰のものかは明示しない方式になっている。さらに書かれた文言もほぼ共通しており、筆跡もよく似たものが多くある（例3—3—8と57号、3—3—9と76号など）ということはより投書者を判明しがたくしていよう。

またこの落書起請文は法華堂の牛玉宝印紙を翻してしたためられている。紙としては表に当たる平滑な面に「法華堂牛玉宝印」と木版刷りされ、起請文の文言が書かれている面には、紙の裏を示す刷毛目が確認できるものが多い。紙の裏が使用されていることが知られる。またこの牛玉宝印紙には縦中央に折り目があり、その部分で起請文の文字の墨痕は切れており、この料紙は牛玉宝印が摺られた後、摺られた側を内側にして折られていたことが知られる。宝印の面を汚さないための措置であろう。神仏の冥慮をその紙にこめる牛玉宝印紙に事件の証言を記する緊張感は、当時の人にとっていかばかりであったであろうか。（綾村宏）

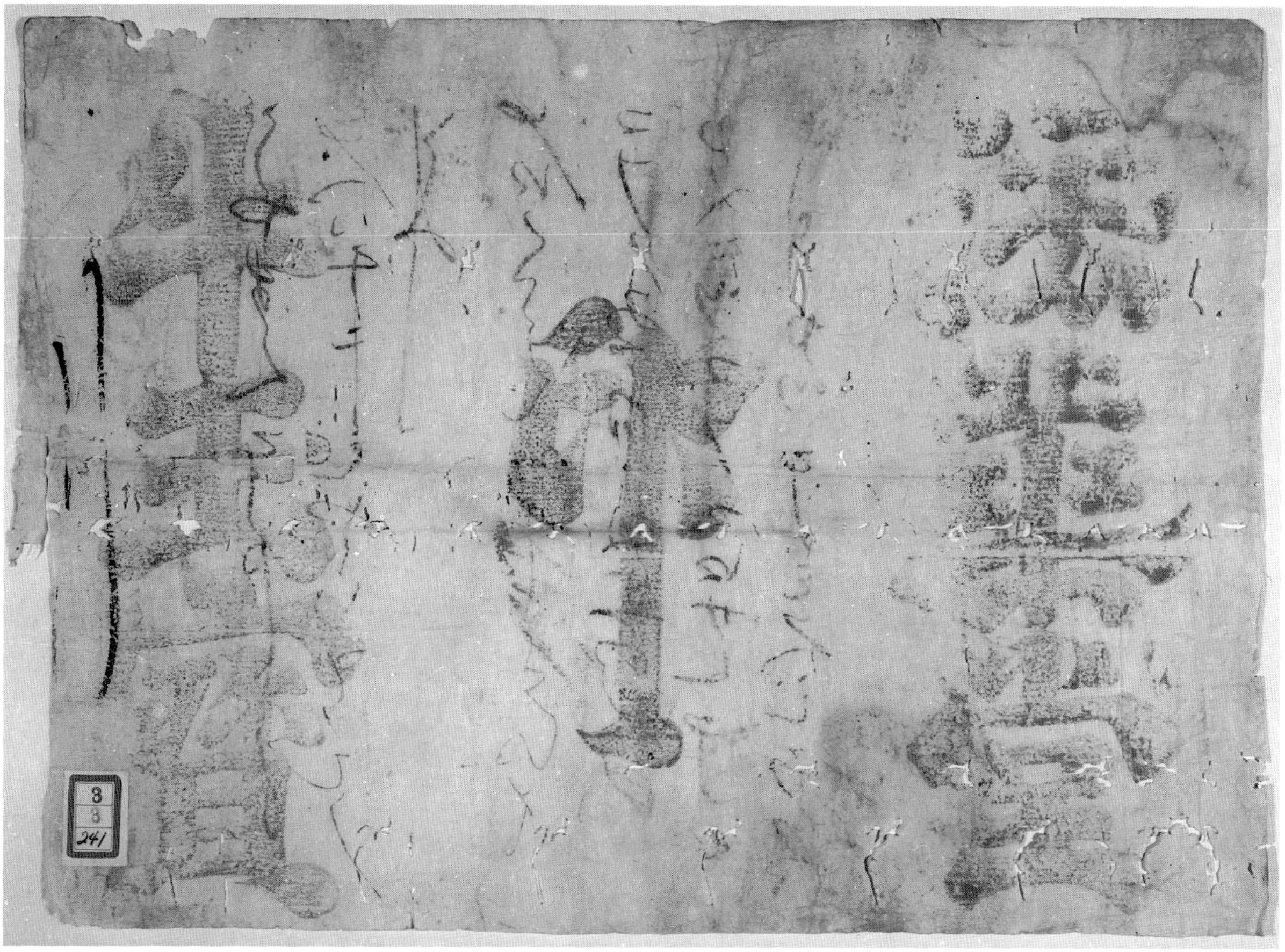

(29.0×40.6)

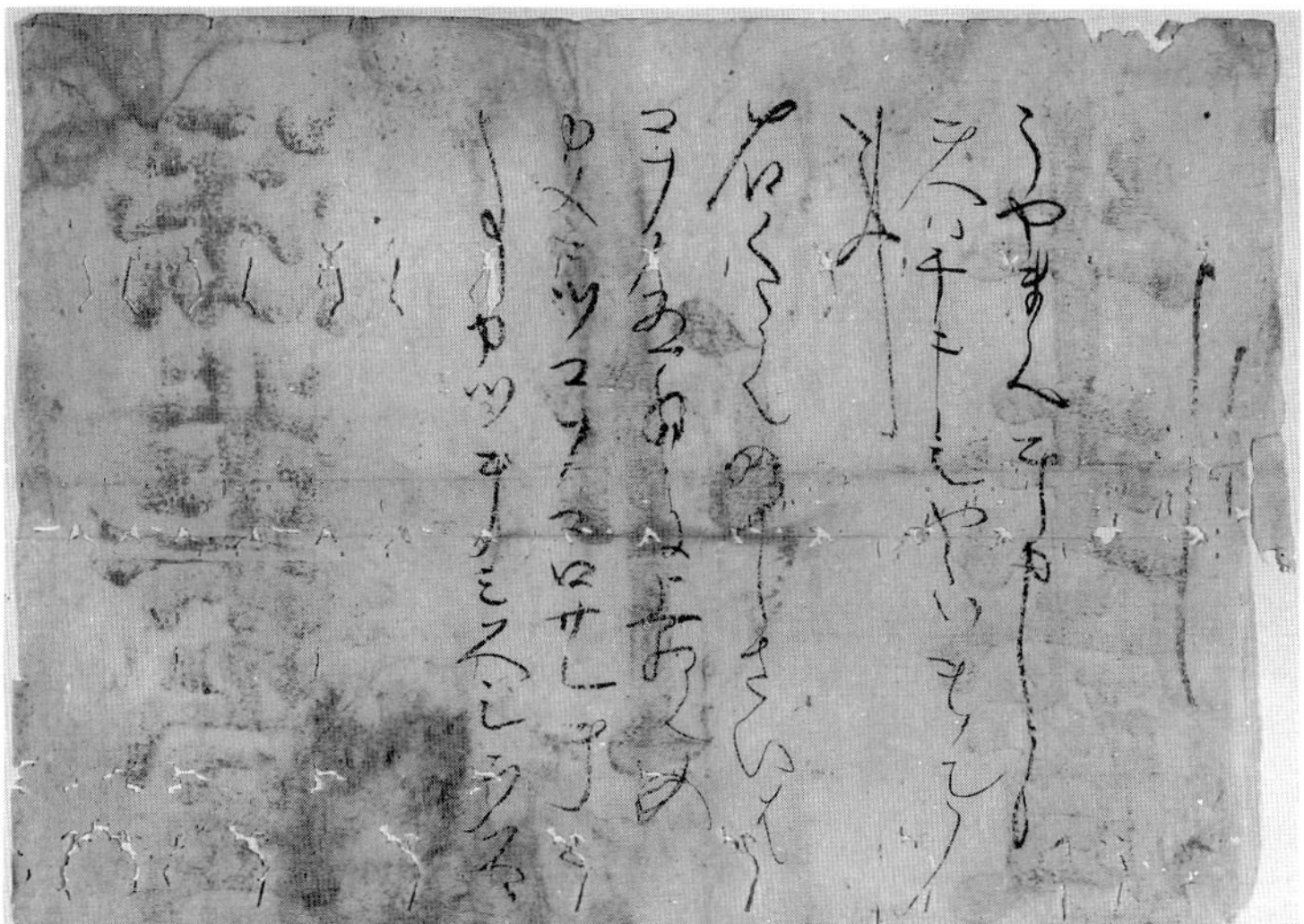

（端裏切封墨引）

うやまんテ申候、
天ハチキシやふもんノ
事、
右、くたん《（件）》のしさい《（子細）》は、
コソ《（去年）》ノ五月に、上ゐん《（上院）》の
カメマツ《（亀松）》コソコロサレテ候
事、カツテミスシラス候、

㊻願文集（左大臣源俊房願文）〔平安時代　康和四年〕（重要文化財）

造寺・造仏や供養などにあたって、神仏に祈願の意を捧げる願文《がんもん》の作成は、平安貴族社会に必要な儀礼の一つであった。

この願文集は、巻末に付せられた識語によって、南都教学を代表する学僧であった第百二代東大寺別当宗性（一二〇二～九二）が、寛元三年（一二四五）十一月、東大寺中院において後学のために種々の願文を結集したものであることが知られ、表紙に「願文集」と宗性の自筆外題がみえる。

本文は巻頭に、橘孝親・菅原定義・同是綱等十一人の七言絶句があり、ついで①長暦四年（一〇四〇）十月二十日式部大輔藤原資業作文になる藤原頼通室隆姫女王先父中書王供養願文、②永承五年（一〇五〇）五月十八日宮内大輔橘孝親願文、③応徳二年（一〇八五）十二月二十六日阿波守藤原行家作文の隆姫女王園城寺常行堂供養願文案、④寛治二年（一〇八八）八月二十九日藤原行家作文の祐子内親王園城寺内新堂供養願文案、⑤康和三年（一一〇一）十月二十四日太皇大后賢子職写経奉納願文、⑥康和四年七月十九日左大臣源俊房願文、⑦嘉承元年（一一〇六）十二月二十五日左大臣源俊房園城寺金剛項陀供養願文草案（前欠）の七篇を収めている。いずれもが平安時代後期から院政期にかけての仏事供養の実相を知る上に貴重なものである。

掲載の⑥源俊房願文は②⑤と並ぶ正文で、願主の源俊房（一〇三五～一一二一）は右大臣源師房の長男で母は藤原道長の女尊子、頼通の妹という関係から、寛徳二年（一〇四五）関白頼通の猶子として従五位下に直叙、以後累進して永保三年（一〇八三）左大臣となり在職三十八年、村上源氏の隆盛を築いた人物である。俊房は文筆にも優れ、仏教への関わりの深かったことでも知られる。

端裏に平安後期の筆で「康和四年」の整理墨書がある。檀紙四枚を継いで料紙とし、本文は「善根を勤修」と事書し、般若心経二十一巻から両界曼荼羅図絵・法華経・浄土三部経・真言三部経の書写以下の造仏・仏画・写経の作善を書上げるが、これらの中には頼通や尊子の仏果を祈るためのものもみえている。まさに「朝に法華経を講じ、夕には弥陀を念」（『三宝絵詞』）ずる浄土信仰と、法華経の修善観に基づく「善を尽くし、美を尽くす」という作善・善根が成仏につながる、信仰と美を一体とした当時の貴族社会の風潮を余すところなく伝えている。本文は温雅な和様に豊潤な筆致をみせており、年紀下の「俊房」の署名のみが自筆で、恐らくは、俊房の作文になる願文を当時の能筆の手に委ねたものであろう。文中には後筆の傍訓、送仮名がみえるほか、料紙にはもと折本であった痕跡を示す二十七センチ巾の折跡がみえ、古くには折本の文範として用いられたことを伝えている。

（湯山賢一）

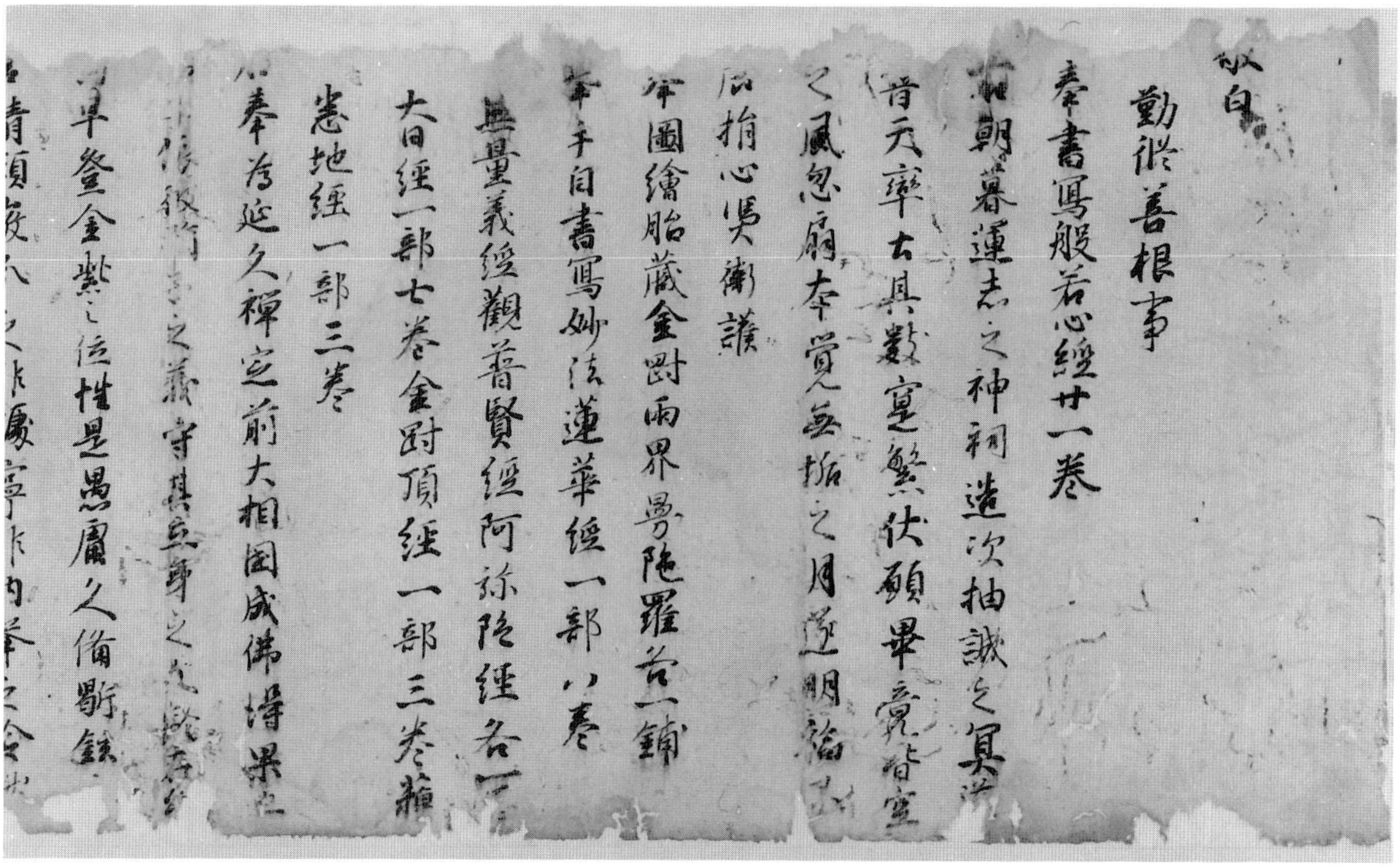

(28.8×235.1)

敬白
勤修善根事
(一)□奉書写般若心経廿一巻
右、朝暮運志之神祠、造次抽誠之冥道、
普天率土其数寔繁、伏願畢竟皆空
之風忽扇、本覚無垢之月遂明、福不
唐損心憑衛護、
(二)□奉図絵胎蔵・金剛両界曼陀羅各一鋪
奉手自書写妙法蓮華経一部八巻
無量義経・観普賢経・阿弥陀経各一巻
大日経一部七巻・金剛頂経一部三巻・蘇
悉地経一部三巻
右、奉為延久禅定大相国(頼通)成佛得果也、
弟子依彼猶子之義、守其立身之文、齢在幼
弱、早登金紫之位、性是愚庸、久備鼎鉉之

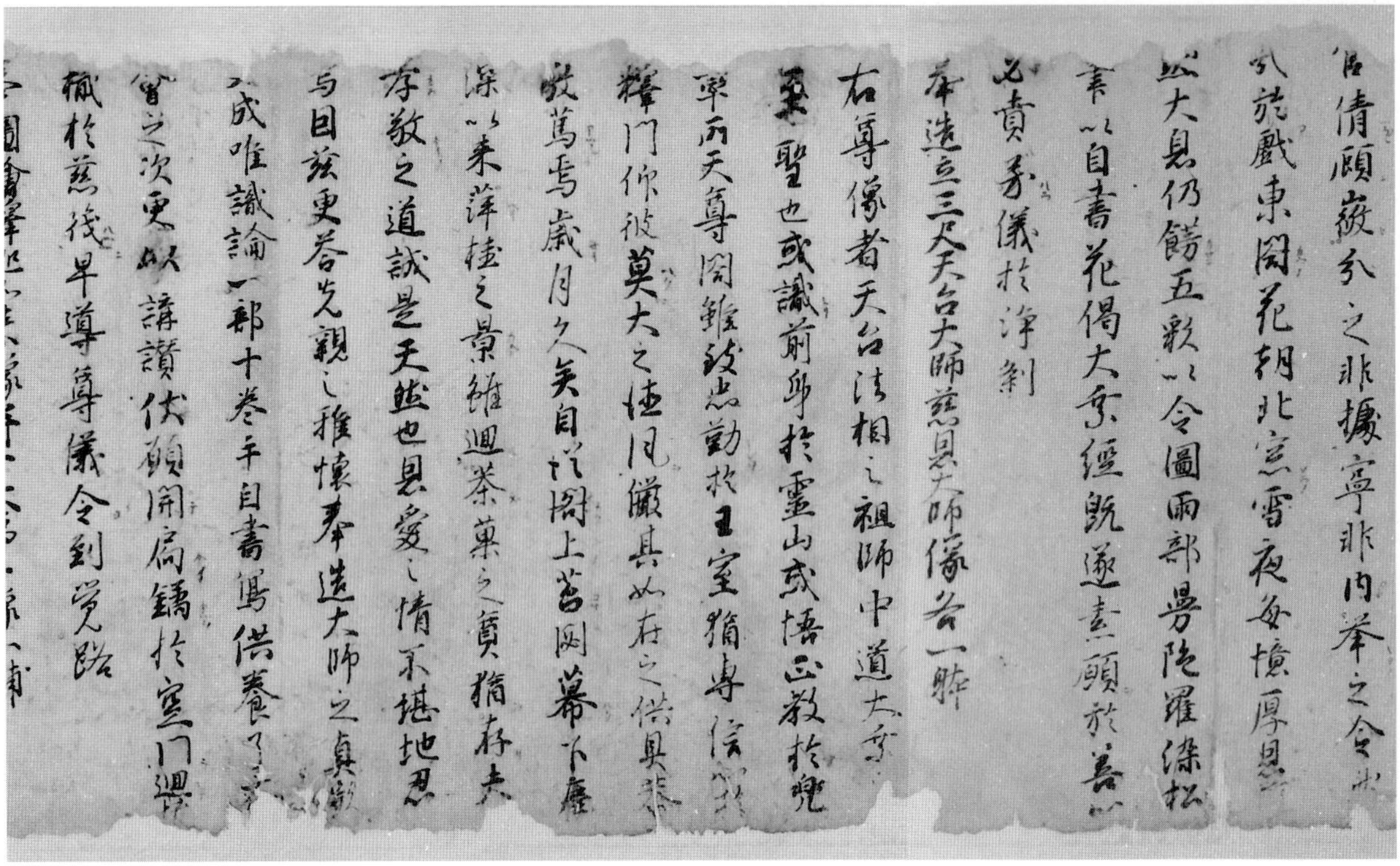

官、倩顧微分之非拠、寧非内挙之令然
哉、於戯東閤花朝、北窓雪夜、毎憶厚恩、慨
然大息、仍飾五彩、以令図両部曼陀羅、染松
筆、以自書花偈大乗経、既遂素願於善心、
必貴芳儀於浄刹、
□(一)奉造立三尺天台大師・慈恩大師像各一躰
右尊像者、天台・法相之祖師、中道大乗之
至聖也、或識前身於霊山、或悟正教於兜
率、所天尊閤、雖致忠勤於王室、猶専信心於
釈門、仰彼莫大之徳風、儼其如在之供具、恭
敬篤焉、歳月久矣、自従閣上苔閟、幕下塵
深、以来萍植之景、雖廻荼菓之奠、猶存夫
孝敬之道、誠是天然也、恩愛之情不堪地忍
焉、因茲更答先親之雅懐、奉造大師之真影、
又成唯識論一部十巻、手自書写供養了、□
會之次更以講讃、伏願、開扃鐍於空門、廻橈
檝於慈筏、早導尊儀令到覚路、

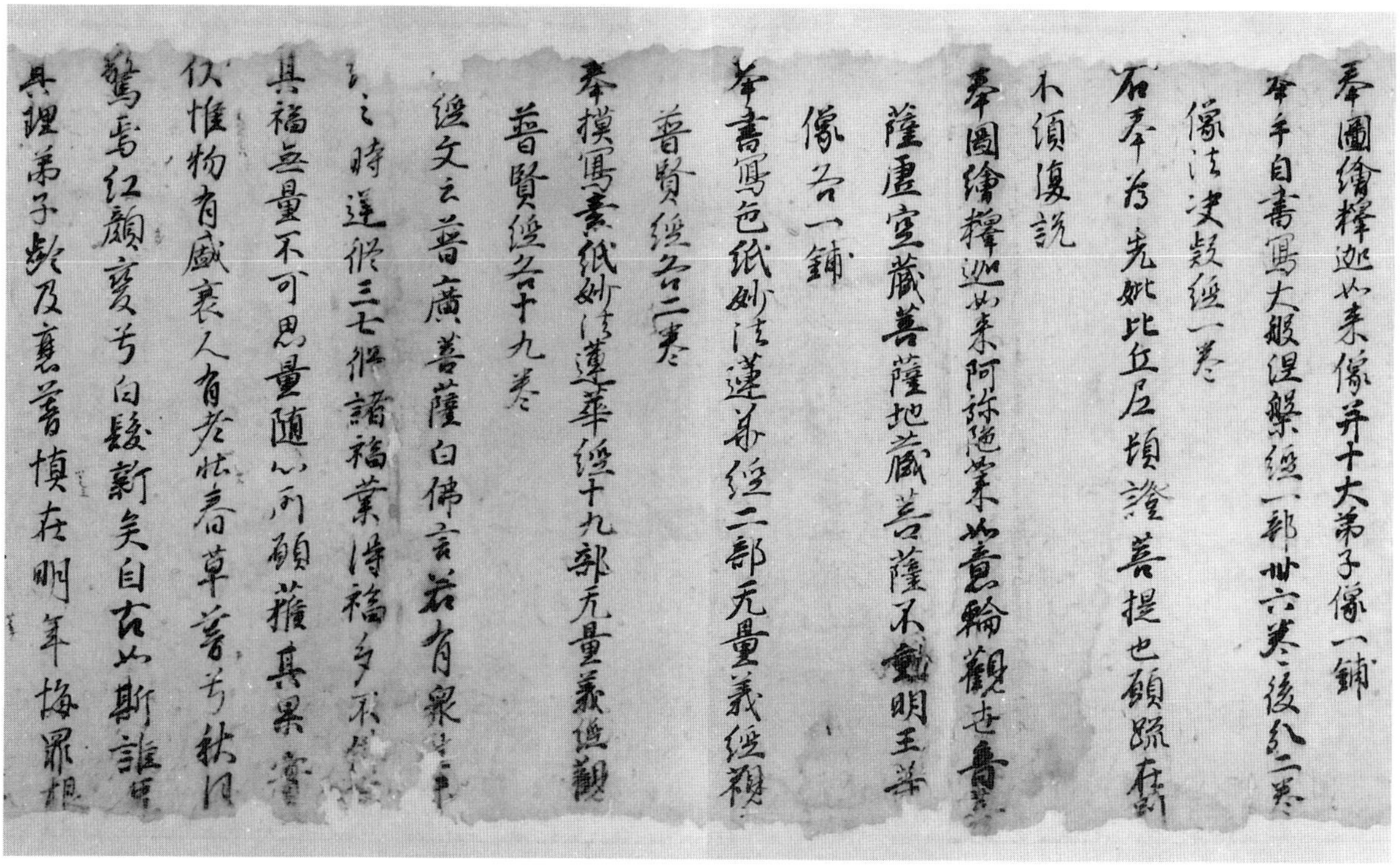

□(一)奉図絵釈迦如来像并十大弟子像一鋪

奉手自書写大般涅槃経一部卌六巻・後分二巻

像法決疑経一巻

右、奉為先妣丘尼頓證菩提也、願疏在別

不須復説、

□(一)奉図絵釈迦如来・阿弥陀如来・如意輪観世音菩

薩・虚空蔵菩薩・地蔵菩薩・不動明王等

像各一鋪

□(一)奉書写色紙妙法蓮華経二部・无量義経・観

普賢経各二巻

□(一)奉模写素紙妙法蓮華経十九部・无量義経・観

普賢経各十九巻

右、経文云、普廣菩薩白佛言、若有衆生未

終之時、逆修三七、修諸福業、得福多不、佛言、

其福無量、不可思量、随心所願、獲其果實、

伏惟、物有盛衰、人有老壮、春草暮兮秋風

驚焉、紅顔変兮白髪新矣、自古如斯、誰免

其理、弟子齢及衰暮、慎在明年、悔罪根

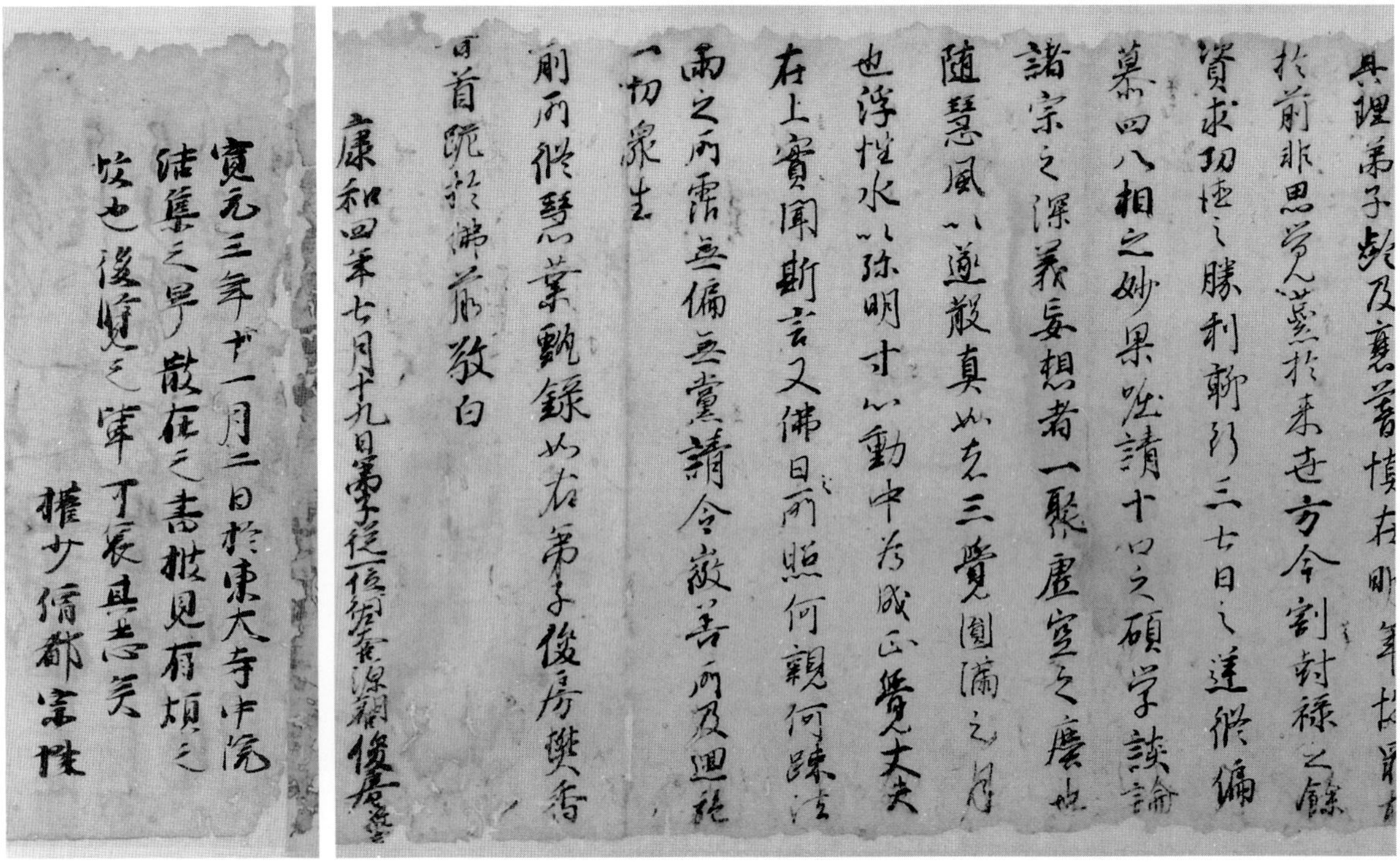

於前非、思覚蘂（悉）於来世、方今割封禄之余
資、求功徳之勝利、聊行三七日之逆修、偏
慕四八相之妙果、啒請十口之碩学、談論
諸宗之深義、妄想者一聚虚空之塵也、
随慧風以遂散、真如者三覚圓満之月
也、浮性水以弥明、寸心動中、為成正覚、大夫
在上、實聞斯言、又佛日之所照、何親何疎、法
雨之所霑、無偏無党、請令微善所及、廻施
一切衆生、
前所修慧業、甄録如右、弟子俊房、焚香
稽首、跪於佛前、敬白、
康和四年七月十九日弟子従一位行左大臣源朝臣「俊房」敬白

（巻末識語）
「寛元三年十一月二日於東大寺中院
結集之畢、散在之書披見有煩之
故也、後覧之輩可哀其志矣、
権少僧都宗性」

天平勝宝八歳二月 一日	七五六	㉑越前国田使解（重要文化財）	二七・八×八六・〇
天平勝宝八歳八月二二日	七五六	⑪東大寺三綱牒（重要文化財）	二八・二×五六・八
神護景雲元年八月三〇日	七六七	㉛阿弥陀悔過料資財帳（重要文化財）	二八・二×三六三・〇
延暦二四年 二月二五日	八〇五	㊳太政官牒（重要文化財）	三〇・四×五六・五
延暦二四年 九月二四日	八〇五	㊹内侍宣（重要文化財）	二九・〇×三八・五
（寛弘九年） 三月二七日	一〇一二	㊽大僧正雅慶書状（1―25―478・490）	二八・七×四〇・三／二八・七×四〇・六
天喜 四年 七月二三日	一〇五六	⑫東大寺政所下文案（1―24―46）	二五・九×三三・八
延久 二年 七月 七日	一〇七〇	㊺官宣旨（1―3―59）	三〇・四×五五・八
嘉保 三年一二月一六日	一〇九六	㊻堀河天皇宣旨（成巻23-3）	三〇・二×三九・二
康和 四年 七月一九日	一一〇二	(56)願文集（左大臣源俊房願文）（重要文化財）	二八・八×二三五・一
大治 元年 六月一九日	一一二六	③玉滝杣文書東大寺印蔵返納目録（成巻92-10）	三〇・四×八四・五
大治 五年 三月一三日	一一三〇	①東大寺諸庄文書并絵図目録（成巻7-1）	二八・八×七一九・〇
長承三年（室町時代後期写）	一一三四	㉒東大寺要録・封戸水田章（本坊宝物）	二八・〇×二一・八
久寿 三年 四月一七日	一一五六	④東大寺文書取出日記（3―11―81）	二五・四×五四・〇
保元 三年 六月一五日	一一五八	②観世音寺文書記録所進上目録土代（成巻99-7）	二九・七×一三・八
永暦 元年一一月二一日	一一六〇	(51)小東庄仏聖米返抄（3―10―120）	二六・三×一一・三
承安 四年一二月一三日	一一七四	㉓後白河院庁下文案（成巻93-6）	二九・五×五六五・九
治承 五年 二月	一一八一	㉞二月堂修中練行衆日記第二（貴141―468A）	二八・〇×三三・〇
文治元年（室町時代後期写）	一一八五	㉜東大寺続要録（本坊宝物）	二八・〇×二一・八
文治 三年一〇月 九日	一一八七	⑥源頼朝書状（宝庫68-2）／三条西実隆極書（宝庫68-3）	三一・六×七九・五／三一・七×二一・六
正治 二年一一月 日	一二〇〇	⑰周防国阿弥陀寺領田畠注文（重要文化財）	三三・三×五三〇・〇
元久 二年一二月 日	一二〇五	⑦重源上人勧進状（重要文化財）	三四・五×一五六・三
建暦二年（江戸時代写）	一二一二	㊵明本鈔日記并明本要目録（貴103―94―11-1）／明本鈔相承契状写（貴124―37―1）	三〇・九×三七三・三／三三・六×三三・〇
（鎌倉時代前期）		㊶玄範申状（探玄記義決抄紙背文書　貴104―1―8-4）	二九・七×一五九五・三
（鎌倉時代前期）		㊷倶舎論第八九巻要文抄并紙背文書（聖玄書状）（貴103―3―5-1）	三〇・三×七四七・九
鎌倉時代前期（室町～江戸時代写）		⑩東大寺上院修中過去帳（本坊宝物）	二八・〇×三四三六・〇

(嘉禄二年) 六月二六日	一二二六	㊲宗性書状(法勝寺御八講問答記紙背文書 貴113—28—8-1)	三〇・四×二五・五
寛喜 三年 六月二九日	一二三一	㉘東大寺衆徒申状土代(1—16—9)	二九・五×一三・六
延応 元年 四月三〇日	一二三九	㊸纂要義断宝勝残義抄(貴113—174)	二九・七×二一・八
文永 三年一二月二〇日	一二六六	(54)東大寺世親講衆等連署起請文(3—3—123)	一五・一×四六・一
(文永九年) 九月二〇日	一二七二	⑲宗性書状(華厳宗枝葉抄草第一紙背文書 貴113—1A—4-1)	三一・二×五一・六
建治 二年一一月 日	一二七六	⑬別当坊政所下文(成巻12-4)	三三・七×五四・二
弘安 四年 正月一〇日	一二八一	㉖太政官牒(宝庫76-17-1)	三四・〇×一五八・二
弘安 四年 二月	一二八一	㊿大仏殿大般若経転読経衆請定(3—9—158)	三〇・一×九〇・一
正応 二年 正月一八日	一二八九	⑱東大寺修理新造等注文(成巻7-2)	二八・八×二四〇・九
正応 五年 四月一三日	一二九二	㊼伏見天皇綸旨(1—15—186)	三三・七×五四・〇 三三・七×五三・四
永仁 元年一一月一二日	一二九三	㉙東大寺満寺評定記録(2— —77)	二九・三×八六・八
永仁 三年 二月 日	一二九五	㉕東大寺三綱大法師等申状(1—12—63)	三四・〇×五三・八
永仁 五年一〇月 七日	一二九七	⑮年預所下知状(成巻72-5)	三一・〇×四二・二
正和五年(長享元年写)	一三一六	㊴戒壇院定置(貴104—807—1)	二七・七×一二四・〇
文保 二年一一月 七日	一三一八	㉔六波羅下知状(1—4—21)	三三・六×一〇〇・四
(元応元年) 四月 四日	一三一九	⑯後宇多法皇院宣案(3—1—3)	三一・〇×四二・〇
正中 二年 三月 日	一三二五	⑳小綱了賢・珍尊申状(薬師院1-26)	三三・九×五三・七
正中 二年一一月 三日	一三二五	⑭東大寺満寺評定記録(1—12—100)	三〇・九×四〇・五
嘉暦 三年 六月二九日	一三二八	㉟東大寺衆徒評定記録(10— —315)	三三・〇×五三・八
鎌倉時代後期(南北朝時代写)		㉝東大寺年中行事(薬師院2-220)	二九・七×二四・三
(貞和二年) 五月一九日	一三四六	(55)東大寺亀松丸殺害事落書起請文(3—3—241)	二九・〇×四〇・六
正平 七年 二月二五日	一三五二	⑤観応二年分文書勘渡帳(3—11—10)	三三・三×一五一・八
応安 七年 九月二〇日	一三七四	㊾門ワキノセアミ田地作職売券(3—5—179)	二九・七×三三・二
応永二三年 五月 二日	一四一六	⑧足利義持経巻施入状(宝庫70-1)	三五・二×四七・九
永享 七年一一月 日	一四三五	(53)大部庄領家方名寄帳(1—12—136)	二六・八×一八・〇
永享 八年 四月 二日	一四三六	㉗兵庫北関代官職請文(1—15—162)	二九・五×四九・〇
永正一五年一二月	一五一八	㊱維摩会遂業日記(貴142—467)	三三・〇×一九・六
大永 二年 四月二八日	一五二二	(52)奈良段銭請取状(3—10—461・462)	二五・一×六・八 二五・三×六・九
天文一六年	一五四七	㉚二月堂縁起(本坊宝物)	三五・〇×八七一・〇
貞享 二年 五月 吉日	一六八五	⑨公慶上人大仏殿修復勧進帳(貴112—142)	三〇・一×三四二・〇

東大寺境内図

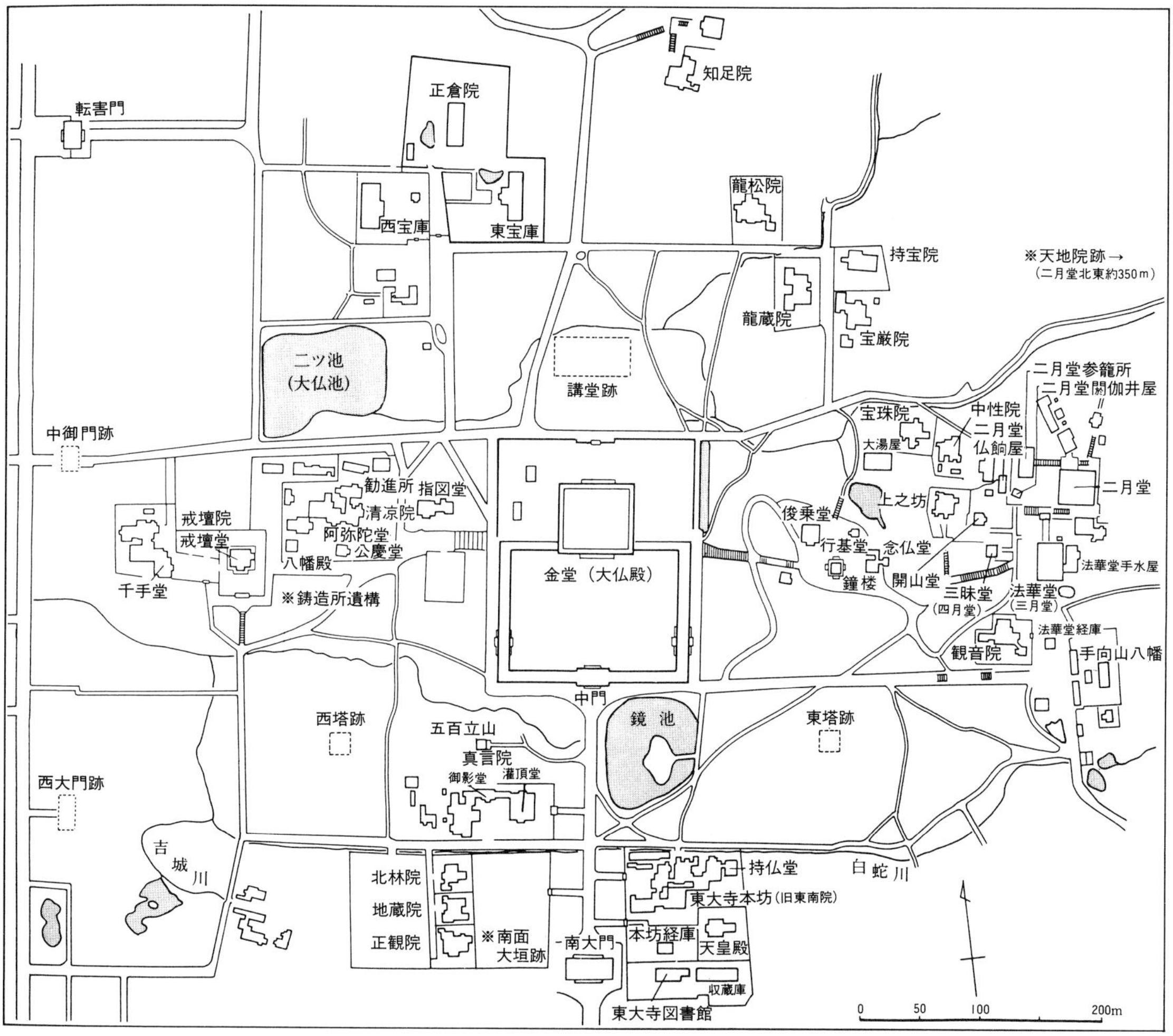

（図録『東大寺展』〈東大寺・奈良国立博物館・朝日新聞社編、1991年〉より転載）

あとがき

　本書は平成十年に東大寺文書が国宝に指定されたことを記念して編集したもので、その体裁は、先行の『東寺百合文書を読む』に倣っている。

　奈良時代から江戸時代におよぶ大量の文書群である東大寺文書は、平安時代の文書が比較的多いことや、修理・装幀を加えていない生《うぶ》な文書がまとまっているなど、文書形式上にも注目すべきものが少なくない。東大寺文書には、正倉院をはじめ寺外に分蔵されているものも多いが、対象文書の選定にあたっては、広く国宝となった東大寺文書を紹介する意味からも、現在東大寺（東大寺図書館）が所蔵する文書に限定し、一部に記録・聖教までを含めた。

　本書の編集にあたっては、私たち三人が集まり、東大寺文書の伝来をはじめとした寺領、寺院組織や法会のあり様、文書の形など、寺院史料としての東大寺文書のもつ多種多様な面の一コマを紹介することを念頭に、全体の構成を「文書の伝来・勧進と檀越・寺家と寺領・法会と教学・文書の姿」の五つの章立てに決めた。各章十点程度の候補文書の選定と執筆分担の相談を重ねたが、その過程で「寺家と寺領」が多くを占めるにいたったのは、東大寺文書の歴史的性格を語る上からも止むを得ないものがあると考えている。最終的には堀池春峰先生にお目通しいただき、五十六点の文書を選定し、これまで、それぞれの研究テーマで東大寺文書との関わりをもってこられた二十四名の多彩な方々に執筆をお願いし、本書をまとめることができた次第である。内容についてもなかなか読みごたえのあるものができたと思っている。

　ところで、本書の出版にいたる経緯の中で、今一つふれておきたいことがある。それは東大寺文書が重要文化財に指定されるために行われた奈良国立文化財研究所歴史研究室による調査事業のことである。この古文書調査は、文化庁の依嘱をうけた当時の歴史研究室長田中稔氏の下、昭和四十九年から足掛け十年にわたって行われ、その成果は奈良国立文化財研究所編『東大寺文書目録』全六巻として結実している。今回の国宝指定も本書の刊行も、この調査なくしてはあり得なかったといっても過言ではない。私たち三人を含む多くの者がこの東大寺文書調査の場で、田中稔氏より一方ならぬ御指導をいただいた。本書もこうした出合いの上に作られたものの一つである。

　終りに、本書作成の過程でお世話になった皆様にお礼を申し上げたい。まず、御多忙ななか原稿をお寄せいただいた執筆者各位。掲載写真の新写をお願いした京都国立博物館の金井杜男氏。とくに本書の出版と写真の掲載の許可を下さった東大寺当局、中でも当時の執事長森本公誠師、図書館長北河原公敬師をはじめ、新藤佐保里・横内裕人・野村輝男・野村かおる氏等の東大寺図書館の方々には多大な便宜を図っていただいた。改めて謝意を表したい。また、思文閣出版の長田岳士・林秀樹氏、とくに原宏一・中村美紀氏には最後まで御迷惑をかけてしまったと思っている。

平成十三年五月

編者　綾村　宏
　　　永村　眞
　　　湯山賢一

■執筆者一覧

堀池　春峰（ほりいけ　しゅんぽう）　東大寺史研究所長
綾村　　宏（あやむら　ひろし）　奈良文化財研究所文化遺産研究部歴史研究室長
永村　　眞（ながむら　まこと）　日本女子大学文学部教授
湯山　賢一（ゆやま　けんいち）　文化庁文化財部美術学芸課長

新井　孝重（あらい　たかしげ）　獨協大学経済学部教授
池田　　寿（いけだ　ひとし）　文化庁文化財部美術学芸課文化財調査官
稲葉　伸道（いなば　のぶみち）　名古屋大学大学院文学研究科教授
遠藤　基郎（えんどう　もとお）　東京大学史料編纂所助手
岡野　浩二（おかの　こうじ）　駒沢大学・國學院大學非常勤講師
勝山　清次（かつやま　せいじ）　京都大学大学院文学研究科教授
黒川　高明（くろかわ　たかあき）　大正大学文学部教授
佐伯　俊源（さえき　しゅんげん）　種智院大学専任講師
佐藤　道子（さとう　みちこ）　東京文化財研究所名誉研究員
新藤佐保里（しんどう　さおり）　東大寺図書館嘱託
髙山　有紀（たかやま　ゆき）　新島学園女子短期大学専任講師
富田　正弘（とみた　まさひろ）　富山大学人文学部教授
徳仁親王（なるひとしんのう）
西山　　厚（にしやま　あつし）　奈良国立博物館資料管理研究室長
畠山　　聡（はたけやま　さとし）　板橋区教育委員会生涯学習課文化財専門員
久野　修義（ひさの　のぶよし）　岡山大学文学部教授
藤井　恵介（ふじい　けいすけ）　東京大学大学院工学系研究科助教授
藤井　雅子（ふじい　まさこ）　総本山醍醐寺霊宝館学芸員
藤本　孝一（ふじもと　こういち）　文化庁文化財部美術学芸課主任文化財調査官
森本　公穣（もりもと　こうじょう）　東大寺塔頭新禅院住職
山岸　常人（やまぎし　つねと）　京都大学大学院工学研究科助教授
横内　裕人（よこうち　ひろと）　東大寺図書館員・東大寺史研究所研究員
吉川　真司（よしかわ　しんじ）　京都大学大学院文学研究科助教授
渡辺　晃宏（わたなべ　あきひろ）　奈良文化財研究所平城宮跡発掘調査部史料調査室長

（2001．5．1現在）

東大寺《とうだいじ》文書《もんじょ》を読《よ》む

平成13(2001)年6月1日発行

監　修

堀池春峰

編　集

綾村宏・永村眞・湯山賢一

発行者

田中周二

発行所

株式会社 思文閣出版

〒606-8203 京都市左京区田中関田町2-7　電話 075(751)1781㈹

定価：本体2,800円(税別)

印刷／同朋舎　製本／大日本製本紙工

ISBN4-7842-1074-1 C0021